治安維持法の歴史 I

荻野富士夫

治安維持法の「現場」

治安維持法事件はどう裁かれたか

六花出版

治安維持法の歴史I

治安維持法の「現場」

治安維持法事件はどう裁かれたか

◉目次

Ⅲ　予審――裁判所Ⅰ　117

◉凡例
一、原則として常用漢字を用いた。
二、史料の引用にあたっては、旧字旧かなは新字新かなとし、カタカナ表記はひらかな表記にあらためた。また、適宜、句読点を付した。難読の語・人名にはルビ（振りかな）を付した。

はじめに

オトッツアンケンソクシタ
ズンサヲブッテヤレ
カミイチバノズンサガ
コンドキタラ
イシヲブツケテヤレ
セキノシタトヲタラ
ジョンベンカケテヤレ
尋二、某

父親を検束された子どもの画

「いわれいんねんの、いちぶしじゅうを、みなもとにさかのぼって」

一九三八年に週刊『土曜日』の発行責任者として治安維持法違反で検挙され、有罪（懲役二年、執行猶予二年）となった弁護士の能勢《のせ》克男は、戦後まもなくの著書『人民の法律　現代史のながれの中で』（一九四八年）の「国家と道徳」において、次のように記している。

> すべての法が「神聖である」「悪法もまた法である」というとるに足りない仮説は、この地を噴き上げているような（この前で治安維持法改悪に反対した山本宣治の暗殺に言及――引用者注）、治安維持法のごとき法律を、いったい、どういって合理化することができるのだろう。私たちはぜったいに、ていさいのいいことに、だまされるわけにいかない。……そういう法律の多くは（この前で新聞紙条例・治安警察法・国防保安法に言及――引用者注）、いま、すでに、すがたを消した。けれども、そういう法律が、どうして、どんなにして、つくられたか。どんなに法律としての力をふるって、人民を苦しめたか。――そのいわれいんねんの、いちぶしじゅうを、みなもとにさかのぼって、私たち人民が知りぬき、考えぬいていないということは、危険きわまることだ。もう一度、そういうことが何かにまぎれて、おこって来ないとは、だれもいえない。いや、そういうことは、何度でも、まきかえし、くりかえし、おこって来る。人民の敵そのものが、根絶やしになっていないで、私たち人民が、ほんとうに敵味方の見わけがつかず、ボヤボヤしているかぎり、それはいく度でも、くりかえし、おこって来る。

これを能勢が書いたときに「もう一度、そういうことが何かにまぎれて、おこって来」つつあった。戦後民主化への反動の波のなかで、一九四九年四月のポツダム政令である団体等規正令と五〇年一〇月の占領目的阻害行為処罰令を経て、講和条約発効後には破壊活動防止法が五二年七月に成立していく。

それから半世紀以上が経過し、なお破壊活動防止法が、その本来の目的である「暴力主義的破壊活動を行った団体」の解散という「伝家の宝刀」を抜くに至っていないのは、「治安維持法の再来」として同法に対する反対運動が広範に展開されたことによる抑制効果、そして治安維持法の悪法性についての記憶がなお現在まで生きつづけているからである。とはいっても、二一世紀になって、数度の頓挫をくりかえしながらも「現代の治安維持法」の危険性を内包した共謀罪法（組織犯罪処罰法）が二〇一七年に成立し、現代における「機能的治安法令」の要としての準備を整えた。「現代の軍機保護法」というべき特定秘密保護法はこれに先立ち、二〇一三年に成立していた。こうして現代の治安体制は、戦前の治安体制を髣髴とさせるかたちで、整備強化されつつある（拙著『よみがえる戦時体制』〈二〇一八年、集英社新書〉参照）。

その復活を招いた要因の一つは、能勢のいう治安維持法が「どうして、どんなにして、つくられたか。どんなに法律としての力をふるって、人民を苦しめたか。――そのいわれいんねんの、いちぶしじゅうを、みなもとにさかのぼって、私たち人民が知りぬき、考えぬいていないということ」にある。なぜ戦後の早い段階で治安維持法の根源とそのもたらした被害の実態と影響を追及しえなかったのか、ということじたいも問われなければならないが、まずは現代の治安体制がその機能を全面発揮する前に、ずいぶんと遅ればせながらであるが、本書では能勢の求めた治安維持法の「そのいわれいんねんの、いちぶしじゅう」について、現時点でできる限りの解明と考察を試みたい。

奥平『治安維持法小史』のめざしたもの

これまで治安維持法については法学・歴史学の領域を中心に多くの研究の蓄積があり、膨大な治安維持法犠牲者の証言・回想も集積されている。しかし、いぜんとして治安維持法の「いわれいんねんの、いちぶしじゅう」については未解明な部分を多く残し、その悪法の悪法たる根源はまだ十分に突きつめられていない、というのが私の判断である。

奥平康弘の『治安維持法小史』（一九七七年、その後岩波現代文庫）の「はしがき」冒頭は、「治安維持法が、たいへんな悪法であったことについては、ひとびとのあいだにほとんど異論がみられないようにおもう。けれども、この法律が、どういう意味で、どういうところが、悪法であったというべきなのか、という点になると、かならずしも多くのひとびとの意見ははっきりしていないようにおもう」とはじまる。この『小史』は「なによりも、悪法だという評価を確実に成立させるためには、治安維持法とはなんであったのかという、事実の認識にかんする作業を、大いにおこなう必要がある」というところから出発していた。

そして、同書は「従来、治安維持法をただやみくもに特高警察の駆使する弾圧法規という程度の紋切り型でとらえていた単純なみかたにたいし、歴史の段階に応じて、弾圧法規の中身や性格が変化してゆくさまを、追っ」た。その結果、「法制度としての治安維持法の全体像」を明らかにするという目的を達成し、治安維持法研究の土台となるだけでなく、多くの読者を獲得することによって、その悪法性についての社会的な理解を大きく前進させた。

にもかかわらず、奥平は「いろいろな点で不十分さを随伴する態《てい》のもの」という自省の念から、「小史」という限定を外した本格的な「『治安維持法の研究』と名乗れるようなもの」に充実させること、能勢の言葉をかりれば、治安維持法の「いわれいんねんの、いちぶしじゅうを、みなもとにさかのぼって」明らかにすることを終生の課題とした。

どのような点で治安維持法研究は「不十分さ」を残しているといえるだろうか。「法制度としての治安維持法の全体像」の内実をさらに豊かに、堅牢なものにしていくために、奥平自身も「治安維持法という一つのシステムを組成する、いろいろなサブシステム（たとえば、特高警察、思想検察、裁判所などのそれぞれの任務分担）を洗ってゆく作業」の必要性について言及していた。

私にとっていえば、その不十分さや物足りなさの第一は、奥平『治安維持法小史』も含めて、拡張解釈を含む運用全般の検討が主に大審院の判例を追跡することにとどまっている点にある。それは概略を提示しえてはいるものの、治安維持法の大多数を占める地方裁判所・控訴院という段階での判決が視野に入っていない。さらにいえば、その判決に至る警察での検挙・取調、検察における取調、予審における取調、そして一審から上告審に至る公判廷での訊問や弁論なども、これまでほとんど視野の外におかれていた。史料的な制約があるとはいえ、それは克服されねばならない課題である。

また、治安維持法の悪法性は植民地における国内以上の苛酷な運用にあることも指摘されているが、その実態はまだ不分明なことが多い。朝鮮における治安維持法の運用状況はある程度明らかにされてきたが、台湾におけるそれはほとんど言及されていない。「満洲国」における「満洲国」治安維持法の運用状況も、朝鮮をもはるかに上回る苛酷さであったと推測されるにもかかわらず、その全貌の解明にはほど遠い。

特高警察とともに治安維持法違反として検挙する権限をもっていたのが思想憲兵であるが、その運用の実態は断片的に判明する程度である。思想憲兵による取調後、通常の思想犯罪として検察に送致されて「処理」されていく場合と、軍法会議による司法「処理」の場合があるが、後者についてもその実態の解明は遅れている。

先の引用につづけて、能勢の「私たち人民にとって、最大の不幸は、人民の敵の切りくずし、中傷によって、私たちじしんの中に分裂がおこることである。軍国主義者とむすびついたニッポンの支配勢力は、さかんにそれをやり、官製の宣伝機関によって、人々のアタマの中で、左翼に対しては「非国民」「非人間」として印象づけてしまうことに、成功した。そのために「赤」は、まるで法律の外におかれたようになり「赤」に対しては、何をしても、いっさいお咎めなし、ということになった。しかし、左翼に対して、公然行われたテロルは、しだいに一般刑事事件にも波及し、伝染して、帝人事件（一九三四年の帝国人造絹糸の株式売買をめぐる疑獄事件。起訴された全員が無罪となった。激しい拷問がおこなわれた。――引用者注）その他の人権じゅうりん事件を、ブルジョア陣営の内部においてすら見出すことになった」という指摘は現在においても示唆に富む。

治安維持法違反とみなした者を「法律の外」におくうえで大きな力を発したのが、第一条の「国体」の観念である。この非法律的な概念がどのように治安維持法のなかに取り込まれ、その運用を通じて一挙に魔力を発揮するようになり、一九三〇年代半ば以降は天皇機関説事件にかかわる「国体明徴」、そして『国体の本義』『臣民の道』イデオロギーとして、国民思想を統制・動員し、戦争遂行に不可欠な理念となって膨張していくことについても、その具体的な状況についてさらに明らかにしていく必要がある。

治安維持法違反とみなされた人々は司法的に「処理」＝断罪されることによって、その人生を大きくゆがめられ、遮断されもした。ゆがめ、遮断した元凶の根源が何であったのかの追究とともに、思想犯罪「処理」過程における被検束者・被疑者・被告・受刑者・被「保護観察」者・被「予防拘禁」者の無数の機微の実際に少しでも近づきたいと思う。

このような意味で、本書は奥平が『治安維持法小史』のその先に展望した「『治安維持法の研究』と名乗れるようなもの」に近づくための第一歩でありたいと願う。

治安維持法は「適法」

能勢克男の憂慮に満ちた予測は、破防法の復活だけではなく、戦前の治安維持法運用の担い手であった特高警察と思想検察が、戦後の逆コースの流れにそって警備公安警察と労働検察・公安検察として復活していったという点でも現実のものとなった。それは、やはり治安維持法の悪法性を究極まで突きつめることなく、曖昧で無責任なものとしてしまったことに大きな要因があった。思想検察のもっとも中枢にいた池田克《かつ》が、公職追放の解除後、最高裁判所裁判官（一九五四年一一月～六三年五月）となったことは、この曖昧さと無責任さを象徴する出来事といえる。

　治安維持法への無反省さは、現代の国家においても継承され、貫徹している。近年の共謀罪法案の審議において、治安維持法への認識を問われて、官僚の答弁書を棒読みした法務大臣にそれは端的にみることができる。二〇〇五年七月一二日の衆議院法務委員会で、南野《のおの》知恵子法相は「治安維持法は、戦前の特殊な社会情勢の中で、国の体制を変革することを目的として結社を組織することなどを取り締まるために、これを処罰の対象としていたものと承知いたしております。憲法違反かどうかということは申しかねます」と答弁した。

　この見解をさらに進めたのが、二〇一七年六月二日の衆議院法務委員会の共謀罪法案審議における金田勝年法相の次の発言である。

> 治安維持法は当時、適法に制定されたものでありますので、同法違反の罪にかかります、拘留《ママ》・拘禁は適法でありまして、また、同法違反の罪にかかる刑の執行も、適法に構成された裁判所によって言い渡された有罪判決に基づいて、適法に行われたものであって、違法があったとは認められません。したがって、治安維持法違反の罪にかかる拘留もしくは拘禁、刑の執行により生じた損害を賠償すべき理由はなく、謝罪、および実態調査の必要もないものと思われます。

　これらの「悪法も法」の論理がどれほど治安維持法の運用の実態からかけ離れているかは、これまでの治安維持法研究の蓄積で十分に明らかになっており、その悪法性は社会的に広く認識されている。にもかかわらず、国家はそれらに学ぼうとせず、かたくなに治安維持法の形式的な適法性のみを強弁し、悲惨な実態から目をそ

図　思想犯罪「処理」の流れ

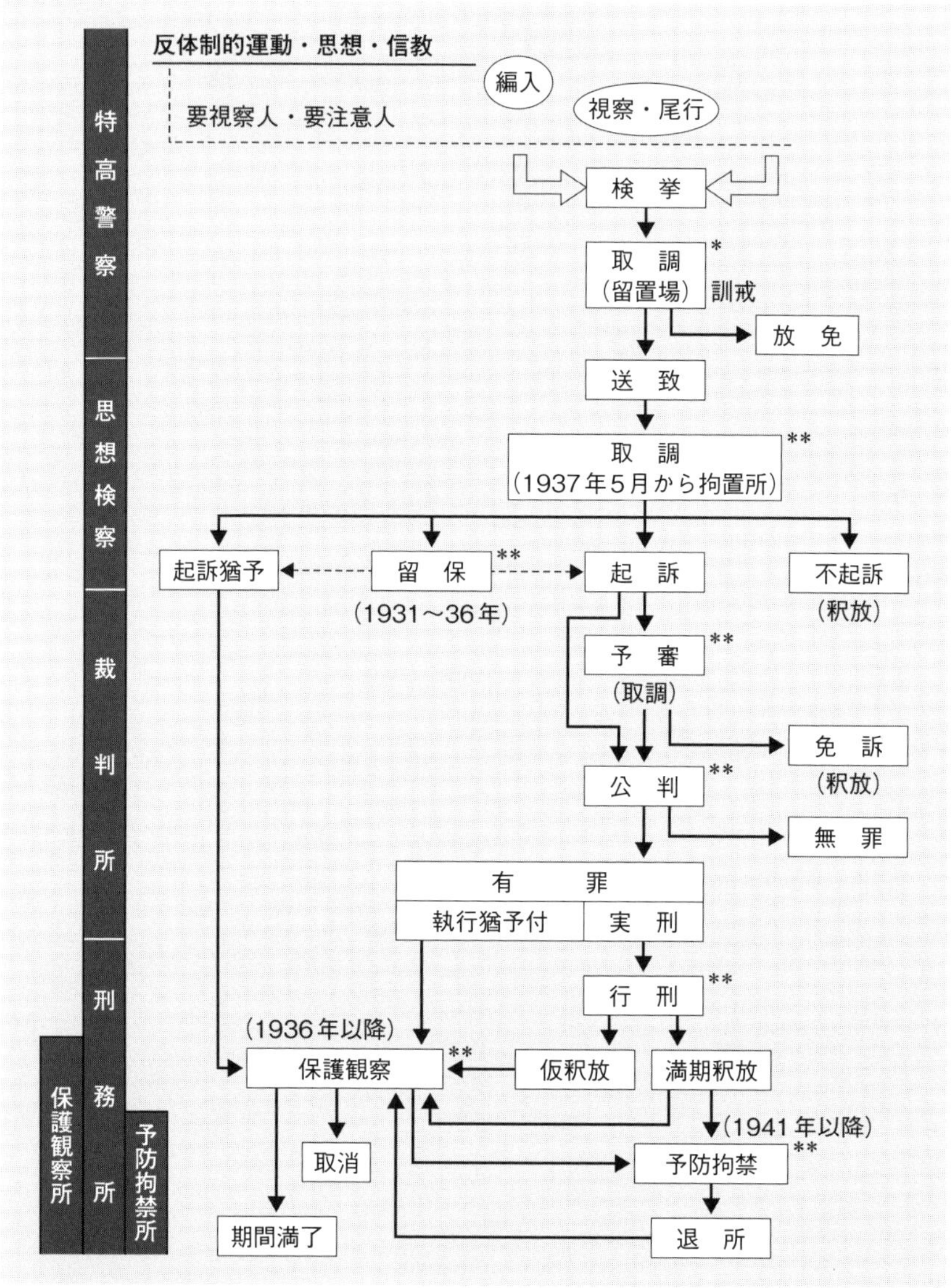

＊　肉体的・精神的拷問および「転向」への誘導
＊＊「転向」への誘導

らしつづけた。一方で、国民の記憶に治安維持法の悪法性が深く刻み込まれていることについては敏感に察知しているだけに、共謀罪法と治安維持法が同列視されることを頑強に否定する。

為政者がしばしば治安維持法の評価は後世の史家にゆだねるといって、その判断を明言しないのは、悪法として定着している治安維持法をあからさまに肯定して自らの反動ぶりを露呈することを避けたいからである。すでに治安維持法の時代から一世紀近くが経過した現在、私は「後世の史家」の一人として、微力ながら具体的な実証にもとづく評価を下したいと思う。

思想犯罪「処理」の流れにそって

前述のように明らかにすべき課題として治安維持法公判の実態の徹底解明、植民地・傀儡国家における治安維持法の運用実態の解明、「国体」観念に着目した治安維持法拡張の論理の解明などがあるが、本書では第一の課題としてあげた日本国内における治安維持法公判の実態の解明のなかで、まず基礎的な作業として、検挙から起訴、予審、公判、行刑という司法「処理」の流れを追っていくことにする。奥平が示唆していたサブシステムの「任務分担」を、思想犯罪の「処理」の流れを通して具体的に明らかにしていく作業といえる。そのおよその見取り図については、拙著『思想検事』（二〇〇〇年、岩波新書）の冒頭において「思想犯罪「処理」の流れ」として提示したことがある。一部これに修正を加えたうえで、この「流れ」にそって本書は叙述されていく。

治安維持法の運用の特色の一つは、それが行政警察的な機能をもっていたことにある。奥平『治安維持法小史』には、「治安維持法は「思想犯」を——裁判の結果によるようないにかかわらず——こらしめ、「転向」（「改心」）させるためにもちいられたから、刑事法というよりも検察や警察にとっての行政運営法というようなものであった。それだけに運用の実態に着目しなければ、この法を語ったことにならない」とある。

長期間かつ徹底した内偵作業を通じて特高警察は、治安維持法に違反するとみなした人物を検挙・検束し、長期間の勾留と物理的・精神的な拷問をともなう取調をおこなうが、その後、検挙者の約二割強が検事局に送致され、司法「処理」がなされていく。検挙者の約八割弱と検挙のおそらく数倍に達したとみられる検束者は、きびしい訓戒を受けたのち、警察限りで釈放される。検挙・検束にしろ警察に引っ張られたというそれだけで、「主義者」「思想犯」としてあつかわれ、学校や会社などから退学・停学や解雇などの処分を受け、社会からも冷眼視されることになり、実際に運動と思想からの多くの離脱者が生まれた。このことを特高警察は十分に理解し、計算したうえで、治安維持法を強力な武器として社会運動・思想の抑圧取締を最大限に効果的に実行した。これが治安維持法の行政警察的機能といえるものだが、それはほぼ特高警察の活動そのものといってよく、弾圧の手法や独善的な理念について私自身もこれまで論じてきた（『特高警察体制史』〔一九八四年、二〇二〇年に増補新装版〕、『特高警察』〔二〇一二年、岩波新書〕など）。

これに対して、「思想犯罪「処理」の流れ」では、治安維持法違反とされた者がどのような司法手続によって「処理」をなされていったかに焦点をあてるものである。警察段階、そして思想検察の段階についてはこれまでにある程度論及したことがあるので、司法「処理」の手続とそこから派生する問題に即して概略の論述にとどめる。本書で重点を置くのは、その後の予審段階から公判段階を経て、行刑や保護観察・予防拘禁の段階に至る司法「処理」過程とそれらから派生する諸問題である。

奥平『治安維持法小史』は、「治安維持法はその成立から崩壊にいたるまでのあいだ、ノッペラボウに一本調子で悪法であったのではない」として、その「悪法であった意味が、戦前日本社会がおかれていた歴史の諸位相によって、少しずつちがっていたこと」を鮮明に描き出した。これに学んで、私はその「サブシステム」というべき特高警察、思想検察、予審、公判、行刑などの各段階の展開が、やはり「ノッペラボウに一本調子で」なかったことを明らかにしたい。その際、三つのことを心がけた。

第一に、特高警察と思想検察、思想検察と予審、予審と公判、思想検察と行刑などの相互の関係に目を向けることである。そこでは思想犯罪の断罪のために協力・協調が求められつつ、実際には全体として思想検察による強力な指導や指揮がなされ、それゆえに他機関との齟齬や批判なども生じていた。

第二に、それぞれの「サブシステム」自体も、決して「ノッペラボウ」の一枚岩ではないことを明らかにすることである。実態に即して仔細にみるならば、総じて特高警察や思想検察においては上意下達がほぼ貫かれて一体的な運用がなされるが、予審判事や公判判事のなかには少数ながらも異論を唱える者、つまり治安維持法の運用が際限なく拡大していくことに違和感や躊躇を覚える者も存在したことがわかる。そのことは治安維持法の悪法性をさらに際立たせる。

第三に、治安維持法公判における弁護士の弁論にも着目する。これまで論及されてきたのは布施辰治らを中心とする日本労農弁護士団に至る裁判闘争における協力や支援であった。それすらも治安維持法の目的遂行罪の標的とされて封殺されてしまった以降の弁論については、ほとんど触れられることがなかった。しかし、戦時下の裁判においても、その罪刑法定主義から大きく逸脱した治安維持法の拡張解釈に対して、果敢に無罪を主張する弁護士がごく少数とはいえ存在したことは、ここでも治安維持法の悪法性を照射するものとして、また「悪法も法」の論理を打破するものとして記憶に値する。それは戦争への抵抗として新たに付け加えられるべき事例でもある。

なお、本書では特高警察や思想検察などの「サブシステム」の思想犯罪「処理」の流れを追っていくため、時系列が何度も錯綜する叙述となっている。

植民地・傀儡国家における治安維持法の運用実態については次の課題となる。

I

検挙・取調——特高警察

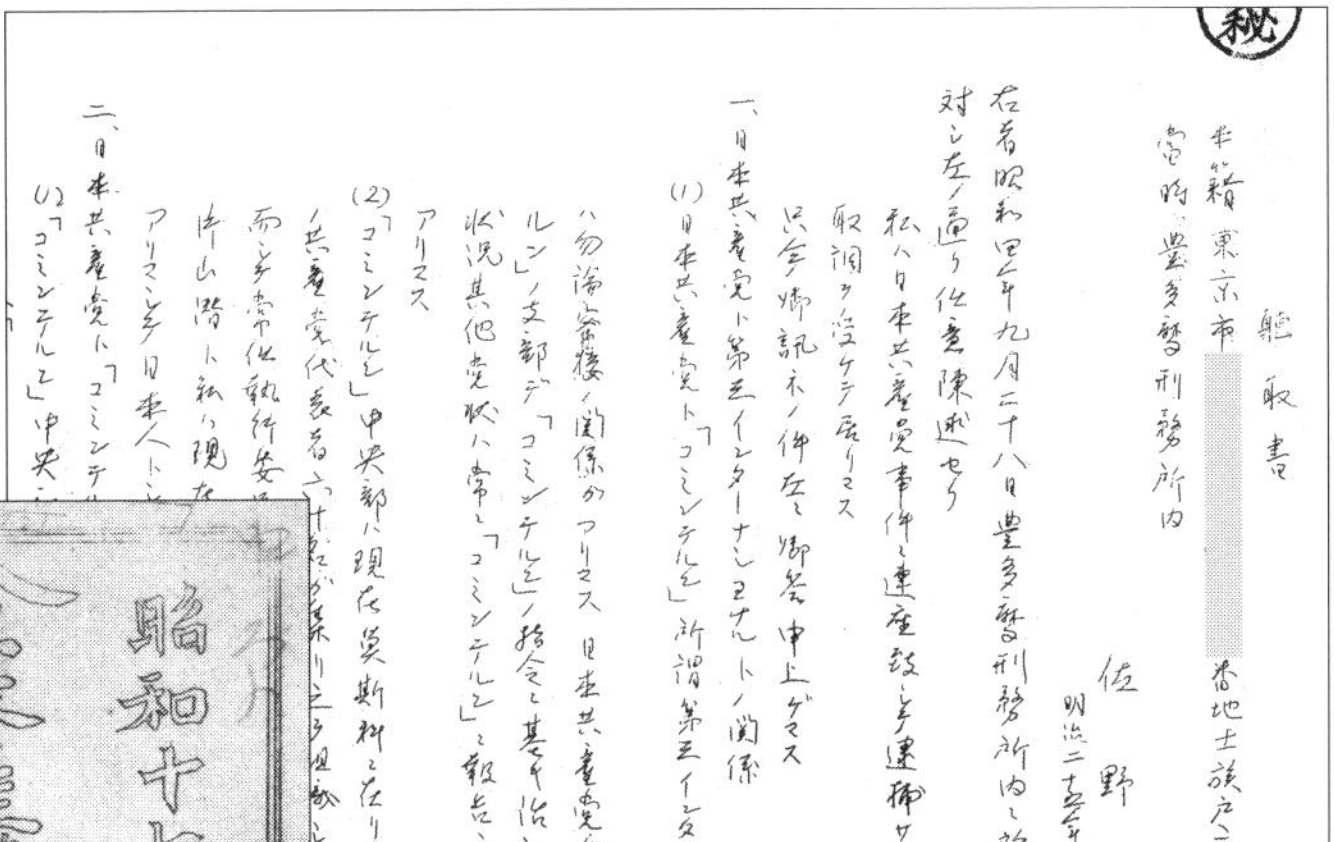

秘

聴取書

本籍 東京市　番地士族戸主
当時 豊多摩刑務所内

佐野学
明治二十五年二月二十三日生

右者昭和四年九月二十八日豊多摩刑務所内ニ於テ本職ニ対シ左ノ通リ任意陳述セリ

私ハ日本共産党事件ニ連座致シテ逮捕サレ目下予審取調ヲ受ケテ居リマス

只今御訊ネノ件ニ付御答ヘ申上ゲマス

一、日本共産党ト第三インターナショナルトノ関係

(1)日本共産党ト「コミンテルン」所謂第三インターナショナルトハ勿論密接ノ関係ガアリマス　日本共産党ハ「コミンテルン」ノ支部デ「コミンテルン」ノ指令ニ基キ活動シ其ノ活動状況其他党状ハ常ニ「コミンテルン」ニ報告シテ居ルノデアリマス

佐野学「聴取書」1929年8月29日

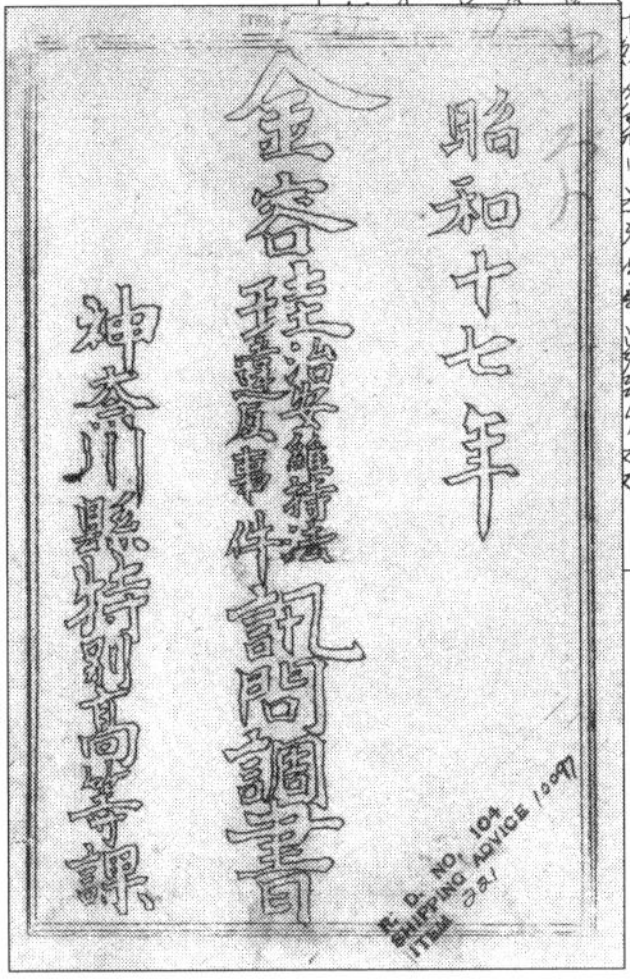

昭和十七年

金容珪治安維持法違反事件訊問調書

神奈川県特別高等課

神奈川県特別高等課
「金容珪治安維持法違反事件訊問調書」表紙　1942年

一　内偵捜査

視察内偵戦術

一九四一年五月の新治安維持法への変貌といえる二回目の治安維持法「改正」施行を受けて、大阪府警察部が内部用にまとめた「特高警察に於ける視察内偵戦術の研究」（一九四二年頃、『特高警察関係資料集成』第二〇巻、以下『資料集成』⑳などと略）には、「治維法改正と捜査の関係」について、次のような一節がある。

斯様《かよう》に左翼運動が最近巧緻化し、捜査が困難を来すに加えて、又治安維持法の改正が一層検挙前の視察内偵の厳重且徹底を要請するに至った……この最後の改正は我が捜査陣営に与うる影響、蓋《けだ》し画期的なる意義を有するのである……仝《どう》法第二章第十八、九条に拠り容疑事実を発見したる場合は必らず管轄地方裁判所検事局に即報し、その指揮を受けて召喚し、又は勾引状の執行をやるという形式を踏んで検挙するを要し、従前の如く〝之は臭い、何かがある〟と捜査官一個の予断や独自の見解で捕えて行政留置による取調という便法が封ぜられたこと……等、頗《すこぶ》る適確なる事前内偵により容疑事実を具体的に提出整備することが左翼検挙の重要必須の前提条件となったことであり、視察内偵の任や頗る加重せられたと謂《い》うべきである

ここでは、アジア太平洋戦争の遂行のために絶対的な治安確保が求められた特高警察にとって、「左翼検挙

の重要必須の前提条件」として、それまで以上の「厳重且徹底」した視察内偵が必要という認識が強調されている。従前の検挙の場合、「〝之は臭い、何かがある〟と捜査官一個の予断や独自の見解」で拘引し、行政留置によって取調べるという方法が通用しなくなり、検事局の指揮を受けなければならないという状況になったとする。先の引用では、「往年の左翼取締は検挙の困難なるに対し取調は容易だったが、当今は検挙は容易でも内偵と取調が困難になったと謂うことも可能である」とつづいている。

実際にはアジア太平洋戦争下の治安維持法事件の検挙においてタテマエとしては検事局の指揮を前提とするものの、従来どおり特高警察の「予断や独自の見解」でなされていったといえるが、その「予断や独自の見解」を導くためにも徹底した「視察内偵」が必要不可欠であった。それは明治末以来の「特別要視察人制度」などを根幹に、一九二〇年代以降に整備拡充された特高警察の運用過程で確立してきたものである（拙著『特高警察』参照）。

たとえば、一九三八年四月、内務省警保局長は「共産主義運動の査察内偵に関する件」（警保局『特高警察例規集』、『資料集成』㉓）という通牒を発し、「組織形態は従来の形体を打破し、新社会情勢に適応せしめ、長期に亘るも強固なる組織を結成せんとしつつあるを以て」として研究会やグループ的組織など「凡《あら》ゆる場面を考慮して慎重に内偵すること」を指示している。以後、いわゆる生活主義教育運動や生活俳句、そして学生らの読書会にかかわる治安維持法事件が頻発していくのも、この通牒によって慫慂《しょうよう》された厳重な「視察内偵」の成果である。

また、ピンポイントでの指示もあった。四二年二月、警視総監から各警察署に発せられた「大東亜戦争下に於ける特異基督《キリスト》教団の動向に関する件」（第二報、同志社大学神学部図書室所蔵）では、「基督教関係」の内偵団体の一つとして「きよめ教会」についての情報提供がおこなわれている。「日本民族は猶太《ユダヤ》民に提携援助して所《いわ》謂《ゆる》千年王国を建設し、全世界を統治せしむる民族的使命を有するものなりと高調力説する民族革命思想より、猶太人を排斥しつつある盟邦たる独、伊枢軸側を極度に誹謗し、大東亜戦争進展の結果、軈《やが》て日独伊枢軸側に於ても対立抗争を生ずるが如き言説を弄する等、前古未曾有の今次決戦態勢下に於て民心の惑乱、国内相剋摩擦を誘発せしめつつありて、銃後治安維持上一刻たりとも放任し得ざる現況下にあるものなる」として、「きよめ教会」やその信者の動向についての厳重内偵を求めた。後述するように、まもなく「きよめ教会」などに対する一斉検挙が断行される。

「犯罪事実」の発見と報告

特高の徹底した「視察内偵」によって、しばしば「〝之は臭い、何かがある〟と捜査官一個の予断や独自の見解」にもとづき「犯罪事実」が発見されると、上司の署長らに報告され、検挙の準備がなされる。

警視庁特高課労働係は一九二六年七月頃、渡辺政之輔《まさのすけ》らによる日本共産党再建の動きをつかみ、スパイを通じて二七年二月には共産党の存在を知り、八月末にその活動と組織の実態をほぼ探知した。九月一二日付で労働係警部毛利基《もとい》は、纐纈《こうけつ》弥三特高課長に「日本共産党事件捜査復命書」を提出している。共産党再建大会のあった山形県五色温泉の宗川旅館などを実地調査した報告書で、旅館の見取り図なども添付されている。「大会開催に付き旅館側に於て認めたる不審の点」として、「社長の訓示なりとして長時間警戒しつつ、一室に籠《こも》りたる点」や旅館名の入った手拭を全員が持ち帰らなかったことなどをあげるように、詳細をきわめた調査となっている（警視庁特高課労働係「秘密結社日本共産党事件捜査顛末書」、一九二八年二月一一日、『資料集成』②）。三・一五事件の一斉検挙に向けて、警視庁特高課労働係の内偵捜査は着々と進んでいた。

長崎県のある治安維持法違反事件の捜査ぶりをみよう。南高郡深江村の郵便局事務員餅田勇らについて、三一年一一月以来、「駐在巡査による本人の言動其他内査の続行」していたところ、翌年四月、「深江《ふかえ》駅に臨検したる際、鉄道小包駅止めにて同人宛送付しあるを見、密かに内部を披見したるに、発禁処分に付せられたる雑誌、プロレタリア文化、プロレタリア科学、数冊なりしを以て、直に其旨報告する処あり」、検挙された。おそらく餅田らがプロレタリア文化運動に関心を寄せていたことを契機に要視察人としての言動の監視が開始されるなか、本人宛プロレタリア雑誌の「密かに内部」披見という違法捜査を直接の「発端」として検挙に至る（その後、「起訴猶予」で終わる。長崎県刑事課『捜査秘録』、一九三三年）。

戦時下において、在日朝鮮人学生らのかかわる治安維持法事件が頻発した。四一年二月、宮城県は内務省に「半島留学生の動静視察中……羅允浩《ナ・ユンホ》の居室より……表面国家主義を標望《ママ》し居るも、其の基本理念を共産主義思想に置きたる民族的共産主義濃厚の謄写印刷物を発見し、引続き行動内偵捜査したるに因る」と報告し、「検挙取調の要ありと認めらるるを以て何分の御指揮相仰度《たく》」としている。その端緒はここでも学生の下宿探索で、「発信せんとしたる通信文を裏面入手し」という違法なものであった（「太田耐造関係文書」、国立国会図書館憲政資料室所蔵）。

先の警視庁による「きよめ教会」の動静視察の指示を受けて、四一年九月、日暮里警察署から、ホーリネス千住聖教会では信徒に対して「キリスト教の建前あり、宮城を遥拝する様な気持ちを持つ事は出来ぬ、拝む必要はないのである云々《うんぬん》」という言動があったという報告が警視庁特高第二課にあがる。対米英開戦後の一二月下旬には「きよめ教会長老派」の理事大江捨一の「此の戦禍は尚益々拡大し、遂に最後のハルマゲドンの戦に進展するのでは無いかと思われる」という言動が報告された。「きよめ教会」への警戒は全国的になされており、その「国体否定、尊厳冒瀆、猶太復興運動等に関する言動」については、愛知県や栃木県、樺太庁などからも警視庁に「申報」がなされている（以上、警視庁特高第二課「きよめ教会日本聖教会資料」、同志社大学神学部図書室所蔵)。

特高警察だけではなく憲兵も治安維持法を駆使して、戦争遂行体制の維持にあたっていた。何らかの理由で朝鮮人の土工頭田中錦山を視察線内にとらえていた弘前憲兵隊大湊分隊では、「一等憲兵補南基益《ナム・キイク》を逃亡潜伏徴用工員に偽装せしめて求職に藉口し、被疑者に接近せしめ偵諜に努めた」ところ、「被疑者は南を朝鮮独立思想抱懐者なりと誤信し」、四四年二月以降、「民族独立運動」にかかわる「言辞を洩せる結果」となったので、治安維持法違反として検挙した（司法省刑事局『思想内報』、一九四四年五月、青森地検報告）。

二 検挙

検挙の状況

治安維持法違反事件の検挙のイメージとしては、早朝の電報配達などをよそおっての急襲と土足での家宅捜索、あるいは小林多喜二虐殺に至るようなスパイの手引きによる街頭連絡場所などでの待ち伏せなどが想起されよう。

一九二八年の三・一五事件は日本共産党に対する一斉検挙で、国内における治安維持法の本格的な発動となった。警視庁特高課労働係は主にスパイ情報にもとづいて膨大な『秘密結社日本共産党事件捜査顛末書』（一九二八年二月一一日、『資料集成』②）を作成し、警視総監・警保局長・内務大臣ら上層部に全国的な検挙断行を迫った。この入念な内偵捜査にもかかわらず、とくに地方における共産党組織の把握が十分でなかったため、「見込み捜査」で関係者と目された多数を取調べ、拷問を駆使して自供を迫り、芋づる式に検挙をくりかえすことになった。翌二九年の四・一六事件では、「捜査着手当初より各地に於ける党組織の状況を審《つまびら》かにし得たるが為、殆《ほとん》ど洩れなく党員其の他の関係者を逮捕することを得」という状況になった（警保局保安課「秘密結社日本共産党再組織運動関係者検挙概況」、『資料集成』⑤）。

その後も日本共産党や日本共産青年同盟への一斉検挙がくりかえされ、三二年末になるとそれまでは外郭団体としていた日本労働組合全国協議会（全協）を新たな「国体」変革結社と見なすようになった。警視庁の安倍源基特高部長・宮脇参三労働課長らは内務省警保局の田中省吾事務官、東京地方裁判所検事局の金沢次郎・戸沢重雄思想検事らと「極秘裡に数次会合打合せを行うと共に、司法省とも連絡を採り」、三三年一月以降、「其の組織の判明せるものより逐次検挙の手を進めることとし、管下各警察署を督励して街頭に於ける不審訊問の励行、管下新転入同居者の行動調査等を為さしむる」こととした。その結果、検挙部隊の絶えざる追及により、「街頭に飛び出し、四方に逃走せんと企てたるを以て、街路上随所に格斗を演じ」という状況が生まれたと、警視庁「日本労働組合全国協議会一斉検挙の概要」（一九三三年一一月、『資料集成』⑤）にはある。

なお、この文書は全協事件の公表にあたり、警視庁が各新聞社に配布したもので、これをさらに脚色し、新聞はセンセーショナルに報じた。たとえば、三三年一一月二〇日の『東京朝日新聞』号外の見出しは、「覆面の組合「全協」 大検挙で壊滅す 総員千六百九十六名」「市設食堂内で首脳部会議 警官隊一斉に襲撃す」であった。

先の大阪府警察部「特高警察に於ける視察内偵戦術の研究」にあった「行政留置」、すなわち行政執行法や警察犯処罰令による身柄の検束、しかも長期にわたってつづく勾留が、治安維持法検挙における「便法」として広く活用された。三・一五事件にあたり、三月二〇日の『小樽新聞』は、「小樽署の留置場は検束その他で満員／ところで検束の幾日もつづくやつは行政執行法第一条に翌日の日没後に至ることを得ずとあるので、警察署は日没になると規則通り形式的ではあるが、留置場から一先づ入り口まで引出して「廻れ右ッ」」と報じている。無産運動や労働運動の活動家が一斉に警察に引っ張られ、大事件が起こりつつあることが、事件の公式発表のかなり前に予兆されていた。

特高警察による検挙のマニュアル

一九三九年頃、特高警察運用の理念・戦略・戦術を集大成したというべき警保局「特高警察草案」(『資料集成』⑳)は、「治安維持法違反事件の検挙」の種類として、「組織破壊の為の検挙」と「徹底的の検挙」に大別する。前者は「運動を早期に破壊し、其の影響を最少限度に止める為めには、運動が未だ必ずしも起訴し処分する程度に達せざる時に於ても、之を検挙し、其の組織を破壊し、以て運動を屏熄《へいそく》せしむる必要がある」もので、後者は「組織破壊によっては、運動を終熄せしむるに困難で、関係者を徹底的に検挙し、厳重の処分を為し、一時社会と分離せしむる必要があるが如き情勢に在りては、運動が適当の程度に進展せる際、一挙に関係者全部を検挙することを有利とする」ものであり、特高警察にとって「検挙」が運動の逼塞化および壊滅のためになされたことがわかる。

治安維持法運用の二〇年をながめた場合、総じて「組織破壊の為の検挙」から「徹底的の検挙」へと推移したといえる。とりわけ後半一〇年の治安維持法検挙は拡大解釈を重ねた苛酷なもので、為政者の意に沿わないとみなされた思想そのものが断罪された。

この「特高警察草案」では、思想犯の早期検挙は「検挙の労力を軽減し、効果を大にし、事件の悪影響を縮小することが出来る」ともする。「検挙の準備」として、「1．検挙資料の蒐集　2．検挙目標人物、検索ヶ所の決定　3．関係各方面との連絡協調　4．県境に関する諸方策の決定　5．検挙隊、取調班の編成　6．検挙隊及取調班に対する注意事項の決定　7．武装　8．留置場の用意と被疑者の配置予定　9．自動車其の他必要物件の用意　10．秘密厳守の諸方策　11．負傷者に対する用意」の順で説明される。さらに「検挙の実施」における注意事項としても、「1．検挙隊の極秘運用　2．検挙隊に対する注意　3．敏活果敢の検挙　4．周密なる検索　5．被疑者の同行及収容　6．押収物件の整理　7．張込　8．関係各方面への敏速なる手配」が列挙される。特高警察の創設以来ほぼ三〇年におよぶノウハウの蓄積が、こうした周到なマニュアルを生み出した。

「無慈悲なる追撃戦」

治安維持法の運用拡大のテコとなったのは、一九二八年「改正」による目的遂行罪の導入だった。おそらくこれは、捜査・取調にあたる実務当局の要請であった。共産「党員ではないが……色々命令されて活動されて居る者」（松阪広政「三・一五、四・一六事件回顧」『現代史資料』16「社会主義運動（3）」）を不起訴・釈放せざるをえないという法の「不備」を是正するために、この規定が導入された。「国体」変革の処罰強化の影にかくれて、この「改正」時点ではほとんど注目を集めなかった。まず、目的遂行罪は共産党の外郭団体への弾圧となってあらわれる。起訴者中の目的遂行罪の割合は三一年には六割を超えた。特高官僚の木下英一の『特高法令の新研究』（一九三二年）では、「法が目的遂行云々と極めて概括的な規定を為した点から言っても、可成的《なるべく》広義に解すべきもの」とする。

こうした目的遂行罪の自在な活用の後押しとなったのが、大審院の確定判決である。共産党と直接関係がないにもかかわらず『無産者新聞』を配布した行為が処罰された事件が、目的遂行罪での最初の判例となった（三〇年一一月七日判決）。ここから拡張解釈のテンポが速まり、共産党に対する認識さえあれば、あらゆる行為が処罰対象として可能になっていく。

一九三〇年代後半以降の治安維持法違反事件の判決の多くは、この論理によった。

弁護士色川幸太郎は著書『無産者運動取締法規須知』（一九三一年）のなかで、「その後その目的遂行罪の規定は、或は立法者が予想したよりも更に有効に働いた」として、「読書会などを催し「目的遂行を企てた」者に対し検挙したのが極めて多くなって居り、而もこの検挙は地方に多く、都会の労働者に対する検挙が少ないことが特色」と指摘する。目的遂行罪が地方においてより活発に適用されているのは、「東京や大阪では「合法的」になし得ることが、組織の弱い地方に於て遠慮会釈もなく治維法でやられている」からであった。色川は治安維持法違反事件の裁判に弁護人として立ち会うなかで、目的遂行罪を駆使して治安維持法が猛威を発揮しつつあることを実感していた。

ほぼ共産党の組織的運動の封じ込めに目途が立った一九三五年の時点で、特高警察の元締めというべき内務省警保局保安課の事務官永野若松が執筆した「凋落《ちょうらく》期にある共産主義運動に対して」（『資料集成』⑤）には、次のような一節がある。

言う迄もなく国体変革と言うが如き運動は、絶対に其の存在が許さるべきではないのであって、斯《かく》の如き不逞矯激の思想運動に趨《はし》らんとする者に対しては須《すべか》らく最后の一人迄之を追及し、悉《ことごと》く之を検挙し尽さねばならぬ。今や運動が曾《かつ》て見ざる極度の沈衰状態にあることは、其の原因の奈辺にあるかを問わず、之が根本的絶滅を期すべき寔《まこと》に絶好の機会である。敵の陣営が混乱動揺し、意気沮喪して退却しつつあるのに乗じ、益々無慈悲なる追撃戦を敢行して、完全に之を剿滅《そうめつ》する処あらねばならぬ。

「無慈悲なる追撃戦」の敢行などの表現には、特高警察の〝勝利宣言〟ともいうべき高揚感がうかがえる。同時期の警察部長会議などに向けて警保局保安課が作成した「共産主義運動取締に関する指示事項の説明」(一九三五年五月、「米軍没収資料」)でも、「秋風落莫、全く萎靡凋落の状態に陥って居る」共産党に対する「追撃的な取締」が求められていた。

「追撃的な取締」の対象は、一九三〇年代後半には残存する共産主義グループや新たに社会民主主義の運動・思想に向けられていった。三六年七月三一日、警保局長は「共産主義運動の取締に関する件」を各府県に通牒し、コミンテルンの人民戦線戦術採用にともなう治安維持法の運用拡大の方向性を示した。その「検挙上注意を要する事項」の第一には「運動は必ずしも結社第一主義を採らず、主として合法団体に潜入し、或は合法場面を利用せんとしつつあるを以て、治安維持法第一条の結社罪を適用し得ざる場合あるべし、其の際には仝法第二条以下を適用し、可成《なるべく》早期に検挙するものとす」(警保局保安課『特高警察例規集』『資料集成』㉓)とある。

三七年三月の大阪府特高課「最近に於ける共産主義運動の動向と其の危険性」(『資料集成』⑤)では、人民戦線運動への警戒に言及するなかで、「今にして萌芽抬頭を断乎芟除《さんじょ》撲滅せずんば、此の運動は不知不識《しらずしらず》の間に秘かに瀰漫拡大するの結果を招来するに至るべく」としたうえで、「更に一層積極的熱意を以て査察内偵に努め、取締の徹底を期し、些々《ささ》たる法的技術に捉われず現存法規の全的活用を図り、法の精神を掬《く》みて其の適用を強化拡張し、苟《いやし》くも共産主義を基調とする運動なるを確認するに於ては、非合法は勿論、仮令《たとえ》合法たりとも仮借なく断乎制圧を加え、以て斯《こ》の種運動を我国より一掃せんことを期すべきなり」と断言する。「些々たる法的技術に捉われず」とあるように、これはかつてないほどの超法規的な取締のススメというべきであり、こうした指示の下に「共産主義運動・思想」は「無慈悲」に刈り取られていった。

三九年四月時点で警視庁は「苟も共産主義思想を把持し、之が実践に関与するに於ては事犯の軽重を問わず、仮藉なく検挙を断行」（「警視庁管下に於ける共産主義運動の情勢と検挙学生の取締状況」『資料集成』⑤）するという方針をとっている。その実践として、七月の東京刑事地裁検事局主催の「捜査事務に関する打合座談会」では、警視庁特高部の志村俊則特高第一課係長は「先づ第一にこの共産主義運動をやって居る連中の早期発見ということに努めて居る」として、「分ったならば出来るだけ早くこれを検挙する」「苟も共産主義的な考方を以てその実際運動に参画して居る者は、遠慮会釈なく検挙するという方針」で臨んでいると語っている（東京刑事地裁検事局『特高主任会議議事録（其の二）』『資料集成』㉖）。これが「事犯の軽重を問わず、仮藉なく検挙を断行」することの実相であった。

思想検事の立場から東京控訴院検事局の長谷川瀏は、四〇年六月、占領下の中国・華北の滅共警《めっきょう》務対策研究会で「日本に於ける共産党の検挙並取調上の要諦」（「太田耐造関係文書」）を報告している。抗日運動弾圧のために「武力に依る検挙」が必要とされる占領地とは異なり、日本内地においてその必要はなく、「隠密裡の内偵方法に依ることが多い」とする。その検挙時の要諦として、「（一）内偵線に依る場合（永く保護して使用すること、インテリよりも労働者〔「一本気で大胆」とある――引用者注〕）、派閥関係の憎悪の念などを利用（二）前歴関係に依る場合（三）読書会、研究会等の会合の査察に依る場合」などに分けて説明する。「内偵線」＝スパイの活用が重視された。

四〇年六月の宮城控訴院管内思想実務家会同において、伊都博（山形地裁検事局検事）は検挙手続の現状について、「特高課に於ては内偵を進むると同時に上京し、内務省当局者と打合を為し、且管外関係人所在の官庁（例えば警視庁）とも打合を了し、一斉態勢完了後、検事の指揮を受くるを常とし、既に一切の手配完了後なれば、今更特別の理由なき限り之を差止むべきや否やを決定する余地な」くなっているとして、本来は検事が指揮する仕組みが崩れていると問題提起している（『思想研究資料特輯』八一）。

アジア太平洋戦争下においては、さらに一歩も二歩も踏み込んだ検挙が求められた。長野県特高課「共産主義運動の視察取締に就て」（一九四二年一二月、『資料集成』⑤）には、「平時ならば警察の対象となるべきは行動であって思想ではないと云う様な、呑気な時代離れのした事を考えるのも許されたか知らぬが、現在の状勢下に於ては左翼思想其のものを正面から問題として取り上げ、例え其れが運動としての程度に成長し居らなくても、其の葉を枯らし、根を掘って剿滅しなければならぬ」とある。ここでは「思想」からくる「行動」ではなく「思想」そのものが取締の対象と明言され、しかも地表下の根までがえぐり出されねばならないという方針が示された。

先の「きよめ教会」への検挙は拡大の一途をたどった。四二年七月二三日の警視総監「ホーリネス系三教団関係者検挙後の動静に関する件」によれば、「未検挙分子間に在りては彼等の強烈なる信仰態度より、今回の検挙は予定の真理にして、当局の宗教に対する無理解に基く弾圧なるが如く有利に解釈し、何等反省の態度なく、各所属教会に於て従来通りの教説指導を行い居る状況」としたうえで、「今後相当数の追検挙を断行するに非ざれば、組織を破砕し得ざる状況下に在り」と「追撃的な取締」を指示する（「きよめ教会日本聖教会資料」）。「運動を終息せしむる」ための教会組織の「破砕」＝「徹底的な検挙」が実行される。

四一年の治安維持法「改正」により検事の特高警察に対する指揮統制が強化されたのは、先のような検事側の不満への対処であり、検挙に際しては「検事の勾引、勾留状」という手続が必要となり、行政執行法などを用いた「検束は之を認めざる方針」となった。実際にはこの指揮統制が遵守されていたわけではないが、新たな手続の導入は特高警察にとっては厄介で面倒であったため、現場の第一線では「往々にして事件の処理に不都合を生じ、戦時下治安維持の立場より困難を感ずること尠《すくな》からず」という不満が募っていた。こうした改善要望を踏まえ、内務省警保局では検挙時の「刑事手続」の「運用に関しては今後一層検討の要あるものと認む」ことが課題とされていた（「警保局長引継書類」『資料集成』㉟）。特高にとって、簡便な手段で検挙をやりやすくすることが何よりも優先されたといえる。

三　取調

毛利基の取調

先の「特高警察草案」（一九三九年頃）は、取調についての全般的注意として「事件の概況、運動の理論、被疑者の運動関係及性格等を詳細に研究し置くことが必要」とするほか、各取調主任者間の連絡を密にすること、「熱心且根気強く、凡ゆる方法を講じて取調の効果の拡大」に努むべきことをあげる。さらに、事件の解明にとどまらず、被疑者の「改過遷善」、つまり「転向」をも目的とすべきとする（『資料集成』⑳）。

三・一五事件の内偵捜査中の一九二七年一〇月、警視庁特高課労働係の毛利基警部は学生運動出身で、共産党再建大会にも出席していた中野尚夫を取調べている。「密行入露未遂共産主義者」として上海で検挙され、大阪府での取調後に警視庁に勾留されていた中野が、「峻厳執拗なる取調と第二回の拘《ママ》留言渡、並に上海以来の留置場生活等」により「多少の動揺を来したる模様」を察知すると、毛利はすかさずその「動揺」を突いて、新たな供述を引き出す。次のように記された「取調中に於ける態度」からは、毛利と中野の間の息づまるかけひきがうかがえる（内相宛警視総監報告、二七年一〇月二一日、警視庁特高課労働係「秘密結社日本共産党事件捜査顛末書　追加第一」、二八年三月三日、『資料集成』③）。

当庁係員の取調に対しては常に勉めて真面目を装い、大阪に於ける陳述を以て真実なる供述なりと信ぜしむべく特に努力するの風あり、係員に於て時々話題を雑談に移し、日本に於ける左翼運動の情勢並に本人一身上の将来の事等に関し談笑の裡に真相の一端を捉えんとするも、運動に関する問題に付ては可及的之を避くるの態度を採り、取調に対しても其の尋問振りに依り取調者が左翼運動に対し如何なる程度迄知り居るや、取調の重点を如何なる点に置きあるやに付き窺い知らんとする風《ふう》ありて、此の点に関し将来の対策上最も注意苦心を要したり

毛利の追及に、中野は「従来の態度を更《あらた》め、動《やや》もすれば取調者の歓心を買わんとするの風ありたり」という。中野は二度目の勾留満期後、釈放された（三・一五事件で検挙）。

一九三〇年前後の聴取状況

一九三〇年代後半以降においては特高警察による検挙後、意図的に取調開始まで長期間放置されたままのケースが多かったが、三・一五事件や四・一六事件などにおいては拷問を含む厳重な取調で自供の強要を迫り、関係者の矢継ぎ早の検挙につなげるため、すぐに聴取がはじまる。

それまで特高警察にとっても治安維持法違反事件に対する本格的な聴取の経験はほとんどなく、手探りの状況であった。東京地裁検事局検事で三・一五事件検挙に加わった井上貫一は、後日、「特高係に於て其事件を取調べ、調書の作成となりますと、全くなって居なかった」と語る（管内各警察署司法主任特高主任会議席上井上

次席検事指示事項、一九三六年一〇月、司法省刑事局『司法主任特高主任会議席上訓示指示及講演』『資料集成』㉖)。しだいに経験を積み重ねるなかで被疑者に対する取調の焦点は、共産党入党の経緯と時期に絞られていった。警保局に新設された警務官は全国を分担して捜査や取調の指導にあたるが、その一人三島誠也は二九年一〇月、埼玉県警察部の講演で、「何時から党員になったかと云う事が判れば、治安維持法から党員と見て処分をするが、其の他は目的援助《ママ》の意味でやる」(「社会主義運動」『資料集成』⑤)と語っている。

福岡県の三・一五事件で、小倉警察署における「聴取」の具体例をみよう。二八年四月上旬、労農党福岡県連合会の執行委員であった被疑者佐々木是延《よしのぶ》に対して小畑健蔵警部補は「日本共産党の組織は知って居るか」「其許《そこもと》は斯様な秘密結社を組織するは当然処罰を受けることは知って居るか」(答は「夫《そ》れは充分承知の上であります」)「其許等の所謂共産党なるものの目的は如何なるものか」などと問いを畳みかけている。四月八日、被疑者畑田平太郎に対する木定一巡査部長の「其許は白草より共産党入党などの勧誘を受けたることはないか」という問いに、畑田は「斯《かか》る勧誘を受けたことは曾てありませぬ」と答えている(「治安維持法違反事件刑事記録」、京都大学人文科学研究所所蔵)。

二九年の四・一六事件の一斉検挙では、その直前に大阪地裁検事局思想部の金子要人検事が大阪府特高課の「我が敬愛する警察官諸君」に向けて、「日本共産党関係治安維持法違反事件被疑者取調要項」を送付し、取調のポイントを伝授していた。「治安維持法に違反するや否やの事実調査」では、「結社の組織者、役員、其他の指導者なるや否や」などを追及する際、「之等の人々は党の重要なる仕事を致して居るのであって、速に之を発見し之等を自白させることによって内容が明白になる、捜査が進展する訳であるのであるから、此者を発見したらば慎重な取調べを為し、全部を自白せしむる様にせねばならぬ」(『季刊現代史』第七号、一九七六年)と指導する。

四・一六事件関係の警視庁における聴取書がある。三・一五事件後の党再建のために活動していた市川正一の場合、二九年六月一二日から特高課の志村俊則警部補によって聴取された。たとえば、共産党入党の経緯について「大正十五年十二月出獄して渡辺政之輔、福本和夫君から党の再組織された事を聞き、其党で働く事を勧められました。それに対して自分は当時の事情が充分判明しないので、暫《しばら》く研究の後確答する旨を答え、後になって党は唯一であるから之に働くが最善の途であると考え、翌昭和二年一月、承諾の確答をし、愈々《いよいよ》再建された日本共産党の一員と為りました」と陳述している。

上海で検挙され、移送されてきた共産党中央委員長の佐野学の聴取はやや遅れて八月二九日から、山県為三警部によっておこなわれている。「日本共産党の歴史」などが詳細に述べられた。なお、佐野の場合は予審中の九月二八日に、豊多摩刑務所で特高課の中安郁哉警部から「日本共産党と第三インターナショナルとの関係」「日本共産党と「コミンテルン」との連絡状況」などの再聴取を受けている（以上、「警視庁における共産党事件被告人聴取書」「外務省文書」）。

取調の手法については常に見直しがなされた。三〇年代前半、警視庁管下の各警察署の特高主任講習会では、「調書作成上の注意」が議題にのぼる。たとえば「党、同盟、全協加盟関係」では、「加盟の時期を表わすは勿論なるも、加盟の勧誘を受け、又は之を承諾せる際の会合連絡の場所を明記せざる向《むき》往々あり」として、「加盟面接の場所は不可欠の要件なるが、尚其の際の交渉談話の内容もなるべく詳細記載するを可とす」と指導される。また、「犯罪の構成には必らず時期及場所を具備せざる可からざるに拘らず、事項の記載に当りても往々此の観念を無視し、例えば細胞会議、各種委員会等に於て開催の年月日、場所、不明のもの等あり」という注意も加えられる（「特高主任講習会記録講義草稿」「布施辰治関係文書」、明治大学図書館所蔵）。

三五年の警保局「共産主義者の転向方策」によれば、取調官は「国体の本義」に対して確固不動の信念を抱持するとともに、「取調に当っては運動加入の動機、現在の心境、犯人の心情に対し充分の理解を持つ様留意すること」とあった（『資料集成』⑤）。

「素行調書」

今のところ治安維持法運用の早い段階に限られるが、検挙した被疑者について特高警察が「素行調書」を作成していたことが確認できる。高松における四・一六事件の被疑者大内謙吉（二九年九月四日検挙）について高松警察署村尾伊勢吉警部補の作成した「素行調書」（一二月二日付）には、「本人は一見温和を装うも過激の性を有し、常に物質万能を信じ、マルキシ《ママ》主義を渇仰し、仝人着の書籍を耽読し、是を実現せんとて共産主義を謳歌し居るものにして、日本臣民たる素質を欠除《ママ》し居るもの」とある。また、村尾は「温和を装うも多弁にして、過激性を帯ぶ」とした被疑者三木算雄について、「本人は自己の不行為を恥ぢ、稍《やや》改悛の情あるものと認めらる」とみなしている（「治安維持法違反事件刑事記録」）。

こうした「素行調書」は「聴取書」や後述する「意見書」とともに検事局に送致されており、治安維持法違反の「犯罪事実」を補完するように「陰険」「過激」などという特高警察官の独断的な人物評価が加えられている。

「今後の方針」の聴取

「予審訊問調書」が一問一答式で記載され、公判で証拠能力をもつのとは異なり、特高の「聴取書」は主に供述の要約となっており、証拠能力はもたない（一九四一年の新治安維持法施行以前。なお、朝鮮においては併合以降、一貫して証拠能力をもつ）。まず、三・一五事件後のいわゆる中間検挙時の警視庁の「聴取書」をみよう。

一九二八年八月七日、被疑者沼田一郎に対して特高課の千速升一警部は「六、日本共産党に入党の月日及場所並に其後の行動」「七、党員としての通信」についで、「八、本人の今後の意嚮《いこう》」を問うている。沼田は「私は今過去五年間を顧りみまして何等得たる処はありませんでしたから、将来は過去の失敗を意義ある経験として、母の意に添う様正業を求めて真面目に働き度いと思います」と運動からの離脱を表明したうえで、「何卒《なにとぞ》寛大の御処分に願います」と供述する。

こうした「今後の方針」も聴取のポイントであった。被疑者小松千鶴子は八月二七日、特高課の山県為三警部の聴取に対して、「現在の自分の考としては実家との関係が片が着く迄、当分の間は全然左翼の運動から離れると云うこと以外、まだ将来永久に左翼運動から干係を絶つと云う決心はつきません、或は家庭に桎梏が全然なくなればやる様になるかも知れません、兎に角よく考えて置きます」と答えている（以上、「日本共産党残党員検挙に関する件」「田中義一関係文書」）。

次は、一九三〇年検挙の警視庁の「聴取書」である。五月八日、被疑者佐々木美代子は特高課の中川成夫警部補に「将来の方針」として、「共産主義を理論の上から否定出来ませんが、姉の処へ帰り度いと云う気持が堪えられない程で、到底家庭が捨て切れないと思うし、日本共産党の政策実現が全く不可能だと考えられて来ましたし、自分が刑務所に行く事に依って受ける家族の打撃を考える時は、没落の譏《そし》りも甘んじて受け、断然運動から手を切ろうと思います」と供述している。詫間重子は七月八日、特高課福田豊次郎警部補の「今後の思想運動に対する態度」という質問に対して、「主義的に考えて見ましても共産党の理論は夫《そ》れは正しいでしょうが、今度良く考えて見ますと、日本の全大衆を共産主義化するには今の共産党のやり方では実際と余りに懸離《かけはな》れ過ぎて居るのではないかと思います」として、「此の様なことでは将来何時革命の実行が出来るかさえ疑問と思うのであります」と答えている。

また、被疑者立野信之（作家）は七月一日、中川警部補から日本プロレタリア作家同盟の目的・任務や「党運動資金の提供関係」などについて追及を受けたのち、「将来の決心」を問われ、「私は今後党直接の行動は全然やらない積りであります」としつつ、「現在の作家同盟に居て芸術活動を続けて行きたい」と答えている。これらは、共産主義を理論的には肯定しつつ、革命の困難性や家庭愛への帰順などを理由に、実際運動からの離脱＝転向の意思を表明したものである。

一方で、東大新人会の幹事長や日本共産青年同盟委員長を務めた被疑者堅山利忠は、六月六日の第八回目の聴取で、「尚《なお》自分が運動を継続してやって行けるならば、進んで党又は同盟の為めに活動したいと考えて居ります」と答えている。作家の壺井繁治も八月二一日、玉井伝警部補に対して「現在正しいと信じて居るマルクス主義を棄てることは絶体《ママ》に出来ません、従って今後必要に応じて私自身に運動の部署を課せられたならば、自分の力の許す限り其の仕事を遂行して行く考えを以て居ります」と、非転向を表明する（以上、「警視庁聴取書」、京都大学人文科学研究所所蔵）。

三〇年六月に小林多喜二も同様に警視庁に検挙されているが、その「聴取書」は残っていない。多喜二は「今後の方針」として、マルクス主義の堅持とプロレタリア文化運動の継続を述べたはずである。

意外なことは、これら一九三〇年段階の「聴取書」や「手記」の作成において、非転向の表明があり得たことである。転向方策が確立する以前では、転向の意思を表明しなければ取調を終わらせず、いつまでも勾留しておくというような対応はとられていなかったと推測される。

「巧妙なる取調」という名のでっちあげ

治安維持法の運用が頻繁になると、取締られる側の対策として色川幸太郎『無産者運動取締法規須知』（一九三一年）や同人社編集部編『無産者法律必携』（一九三二年）が刊行された。各種多様な治安法令を解説し、検挙から裁判に至る司法手続きに備えようとした。

『無産者法律必携』には「刑事裁判手続は検事の公訴提起（起訴）がなければならぬ。これが捜査手続であって、裁判から見るとほんの序の口であるけれども、××な××や聞くに堪えない××が行われるのは正にこの手続――殊に警察に於ける――の進行中であり、而もこの手で××ちあげられた書類が往々にしてそのまま予審調書の基礎になり、断罪の有力な材料になってしまう」という一節がある。伏字の部分には「拷問」や「でっ（ちあげ）」が入るだろう。そこでは「検束や拘留《ママ》が犯罪捜査のために代用されていることも、亦公々然《こうこうぜん》たる事実なのである」と指摘される。

「拷問」については後述するとして、特高の意のままに「聴取書」が「でっちあげられ」ることは日常化した。たとえば、前述の長崎県の治安維持法事件の場合、検挙した警察署においては不慣れなためか、「取調につき特高課より、浜田、此本両警部屢次《るじ》来署応援あり、而して被疑者等が極力其行為を単なる出版法、新聞紙法違反として糊塗せんとするを、深き蘊蓄《うんちく》と巧妙なる取調に依り、遂に治安維持法違反事実を闡明《せんめい》ならしめ得たる」という（長崎県刑事課『捜査秘録』）。送検後、起訴猶予処分となることからみて、おそらくプロレタリア文学雑誌などの購読程度にとどまっていたと判断される被疑者の行為を、特高においては「深き蘊蓄と巧妙なる取調」により治安維持法事件として「闡明」にしたとする。この「巧妙なる取調」のなかには、拷問も駆使した「でっちあげ」が含まれていただろう。

思想検事戸沢重雄（東京地裁検事局）は一九三三年一〇月の思想実務家会同での講演「思想犯罪の検察実務に就て」（司法省刑事局『昭和八年十月思想実務家会同に於ける講演集』『思想研究資料特輯』一二）のなかで、「日常検挙主義に移行した結果、取調に付ての手数を成るべく省く必要上、司法警察官に対して従前よりも一層高度の要求をしなければならぬことになった」と述べた。その理由の一つとして、東京地裁検事局では検事が手不足のために起訴前に十分に取調をすることができないという事情をあげている。

供述中心主義

一九三〇年代後半には思想検事が特高警察を指導する仕組みができあがった。各地方裁判所検事局の主催する「特高主任会議」が開催され、思想検事からの注文が相次いだ。三六年一一月の秋田地裁管内特高主任会議では、林昌司思想検事が「社会思想運動に対する警察官の覚悟」と題した講話をおこない、従来では「共産主義の旗幟《きし》」が鮮明なため「共産党の姿を大体に於て確然と摑《つか》み得た」が、「現在並に将来は斯様なことなし」となり、検挙後の被疑者の取調が困難になると予測する。「被疑者の供述のみに重点を置いた取調は何等の効果を齎《もたら》さない結果に成ります」として、本人の供述のみに重点を置いた取調方法をあらため、「各事案に付必ず諸般の傍証を蒐集することに特段の努力を要する」と指導する。また、被疑者の取調にあたっても、「一々被疑者の思想の推移、「プロレタリヤ」独裁と云う点に付如何程《いかほど》の認識を有して居るか」について十分な取調をすることを求めた（司法省刑事局『司法主任特高主任会議席上訓示指示及講演』『資料集成』㉖）。

しかし、その後も実際には傍証証拠の蒐集が十分にはなされず、被疑者の供述中心に「聴取書」が作られる状況は変わらなかった。四〇年六月の宮城控訴院管内思想実務家会同において栗本稔（青森地裁検事局検事）は、「特高警察に於ては捜査の方法が不徹底ではないかと思われる」として、「何等の証拠も蒐集せずして、先づ被疑者を検挙するが如き」手法を批判する（『思想研究資料特輯』八一）。

人民戦線事件の聴取

一九三〇年代後半、治安維持法は日本無産党・日本労働組合全国評議会および山川均・荒畑寒村らの「労農派グループ」、さらに大内兵衛・美濃部亮吉らの「教授グループ」という社会民主主義運動・思想に襲いかかっていった。「如何に運動が合法的に展開さるるとも、その意図する所がコミンテルンの新方針の実践たり、又は共産主義革命に大衆を動員せんとするにある以上、断乎として之が剿滅を期す」（警保局保安課「思想問題に就て」、三九年六月、『資料集成』⑲）という方針に立った。人民戦線事件の取調ではコミンテルンの認識とともに、「労農派グループ」の活動や天皇制の認識が焦点となった。

「教授グループ」の一人で法政大学教授の阿部勇は、三八年三月一七日の第三回聴取で警視庁特高部特高第一課の高木昇警部に対して、「労農派グループは共産党の如く直接革命運動を当面の任務とせず、所謂共同戦線党に依る反ブルジョア闘争を当面の任務とし、之を究極目的達成の一段階と理解して居るものであります、従って究極に於ては決定的闘争（革命）に依るブルジョアジー打倒を目的とするものであります」と供述した。また、同じく法政大学の南謹二は五月一九日の第三回聴取で林半警部に対して、労農派の目的を「労農派の窮極目標は、日本共産党と全《おな》じく日本に於ける共産主義社会の実現にあります」と供述する。これらの供述にある「究極目的」「窮極目標」は特高の「巧妙なる取調」によって、供述者の意思に反して強引に引き出され、「労農派グループ」が「国体」変革の結社とされる決め手となった。

南は二一日の第五回聴取で「国体の変革」に関して、「独占ブルジョアジーの階級支配の打倒せられますと共に、独占ブルジョアジーに抱合する政治勢力たる軍部、官僚並に之等諸政治勢力の統一的最高象徴たる天皇制も必然的に打倒せられるとする」と、天皇制の打倒も意図していたと供述する。三一日の第一三回聴取では「現在の心境」について、「諦観の境地」とともに、「私自身の過去の思想行動に対する責任を引受け、之に対して弁明、合理化せんとする努力は棄て去って、司直の裁きに服しようという自覚の気持を持つようになりました」として、「日本国民として本能的伝統的」な心情の培養発展に努めると述べる（以上、「治安維持法書類」

東海大学図書館所蔵）。これらも「巧妙なる取調」によって、供述者の片言隻句をかき集めて、無理やりに作り出されてしまったものだろう。

勝間田清一の聴取

一九四一年のいわゆる企画院の高等官グループとして、稲葉秀三・正木千冬・佐多忠隆・和田博雄らとともに警視庁に検挙された企画院調査官の勝間田清一の「訊問調書」が残されている。それぞれの回の調書の前文には「治安維持法違反被疑事件に付、東京刑事地方裁判所検事岡崎格の命令に因り、……特別高等警察部特高第一課に於て司法警察官警部補芦田辰治郎は……右被疑者に対し訊問する」とある。五月施行の新治安維持法により、検事の指揮が明記されて、警察における訊問は検事の命令にもとづいてなされることになった。ただ、検事の命令が実質的に特高警察の取調を制約することはなかったと思われる。

一〇月一日の第四回訊問では「「コミンテルン」（共産党）に就て認識して居ることを述べよ」「被疑者は「コミンテルン」を支持して居たか」「被疑者が「コミンテルン」を支持した理由は」などと「コミンテルン」認識を追及する。一〇日の第一一回聴取では「我国の戦時体制に就て述べよ」「被疑者は之等の戦時体制に対し如何なる考えを持ったか」と問われたのち、「是迄陳述した如き我国内外の客観的諸情勢の下で、被疑者はマルキストとして対処すべき当面の任務を如何に解し、如何に活動せんとしたか」という質問に、勝間田は次のように答えている。

私は内閣調査局以降、企画庁、企画院等に於て先づ私の担当であった農業班の日本農業に関する調査研究に際しては、マルクス主義的目的及び方法を以て最も正しい成果を得ることに努め、それらの成果は調査局に於て之を政策立案等に具体化すべきだと考え、他面此成果を基礎とする、マルクス主義農業理論を産

青聯の如き農業団体に於て発表、其啓蒙、進んでは実践化を期すべきであると考えました

又私は内閣調査局以降企画庁、企画院等の在職中、同僚として奥山貞二郎、和田博雄其他多くのマルクス主義思想を有する者と集団的な関係を持ちましたが、各担当事務等を通じて一面では綜合的計画官庁としての任務遂行の中でマルクス主義的調査研究を行い、其処で立案計画さるべき政策をマルクス主義的進歩的方面へ持って行くことが良心的行動であると考え、又之等の仕事を通じて後輩のマルクス主義的啓蒙指導が必要であると思い、活動したのであります

一一月一一日の第二六回聴取では、自らの思想・行動を「総動員官庁である之等重要国家機関の官吏として、更に日本帝国臣民として恕《ゆる》し得べからざるもの」と自己批判したうえで、「唯物史観」や「階級国家観」を棄て、現在の心境を「日本国家三千年の歴史の中に万邦無比の国体や民族精神を求め、之を自己の信念に迄高め、上《かみ》御一人《ごいちにん》の為めには即座に己を滅することが出来る心構えを日常生活の中に強く練成することが必要である」と供述する。しかし、企画院事件が最終的に無罪になっていくことを考えると、勝間田らの頑強な抵抗があったはずで、その意味でこの供述は特高の作文とみるべきだろう。

勝間田は「回想の七十余年」のなかで、「逮捕の理由も取り調べの方法も、法治国家とは到底思えない、非民主的なものであった。私が品川警察署の留置場に入れられる時には、「警察署の前をウロウロ徘徊していたので逮捕した」と言うのであって、この書類は翌日夕暮れ時に毎日書きかえられた」(『勝間田清一著作集』第三巻、一九八七年)と記している。

宗教事犯の聴取

一九三〇年代後半の治安維持法のもう一つの標的は宗教団体であった。その先駆けとなったのが大本教事件

である。一九四〇年二月の第一審で無期懲役の判決を受けた大本教教祖・出口王仁三郎《おにさぶろう》は控訴した。四二年一月二三日、大阪控訴院での公判で高野綱雄裁判長の「警察、検事局、予審では何の様な取調べがあったか」という質問に、王仁三郎は次のように答えている（「大本教事件関係資料」その三、京都府立京都学・歴彩館所蔵）。

警察では証拠の書物は一寸も見せられずに、みろく大祭の事から訊かれました処、十年十二月に検挙されてから十一年八月迄放って置かれ、八月に初めて調べられました、それは嘘です、皆拵えられたものだと云うと、そんな事があるかと云われ、又翌年の八月迄放って置かれました、（病気になり——引用者注）物を食えぬ日が百日も続いて、骨と皮とになって了《しま》いました、そして愈々調べる《ママ》始まる時分にはヒョロヒョロで……私の調べが始まったのは支那事変が起きてからでありますが、其の時にはもう三十人程の予審が済んで居り、そうでないと云う事はならんぞ、もう年寄の被告は二人も死んで居る、早く出してやらねばならぬ、それにはお前が違うと云うと又調べ直しに三年もかかるから他の者が可哀想だ、お前一人がちがうと云わず、此の方の云う通りにせよと云われ、何を云うても怒鳴るばかりで聴いてくれませぬでした、そして国史に関しては実に不都合の事を云われ、私の云う事は少しも聴かれませぬでした

長期間の勾留と信者への配慮を迫られ、王仁三郎が追いつめられていく様子がよくわかる。体力的にも精神的にも限界に達するなか、特高の「そうでないと云う事はならんぞ」という威嚇、「此の方の云う通りにせよ」という誘導と詐術に乗せられて、「私の云う事は少しも聴かれませぬ」まま「聴取書」ができあがってしまう。

一九四一年九月一六日に高知県で検挙されたイエス・キリスト教会（森派）の監督であった寺尾喜七に対する高知警察署の第三回訊問（一一月三〇日）では、「世界観は如何」に始まり、「日本の国体に就いて申し立てよ、国体観に尽きて国民との根本的相違は如何」「帝国の統治権の総覧者は如何に」などと矢継ぎ早の訊問がなされた。つづく「天皇は神聖なりや」という問いに対して、寺尾は次のように供述している（鈴木貞男編著『寺尾

喜七訊問調書と森派の記憶』、二〇一〇年)。

我が日本では、天皇を現人神《あらひとがみ》として神格化し、神聖であるとして居りますが、真実の所、天皇陛下は人間であります。人を神聖なる神として尊敬する訳にはゆかないのであります。私共信者も日本国民として、天皇陛下の統治の許《もと》で生命財産の保護を受けて居る者として敬意を表して居ります。それかと云って、人間(エバ)の子孫である天皇を唯一絶対の神と同じく、神聖にして他の何物にも侵されない、至上の方であると神格化する訳には、断じてゆかないのであります。それは再三申し上げた通り、神の支配は絶対的であり、天皇の支配は第二義的であると、確信するからであります。

キリスト教の「きよめ教会長老派」事件について警視庁の「被疑者訊問調書」(「きよめ教会日本聖教会資料」)が残されている。牧師木田文治は四二年八月二九日の第八回訊問で特高第二課の西海庄太郎警部補の「万世一系の天皇が御親裁被遊《あそばさ》るる我が大日本帝国への影響如何」という質問に対して、「日本帝国の　天皇統治も基督教の地上再臨に依って建設される千年王国、即ち神統治の新しい時代の開始に依って終りを告ぐることになると信じます」と答える。

財務部長粂《くめ》竹蔵は、宮田信太郎警部補の「天皇陛下と神に就ては如何」という質問に、「日本の　天皇陛下より私共の信ずる神の方が大きな権威を持って居る」(八月三日、第四回訊問)と答えている。また、大江盛光警部補の「恐れ多き事なれども、天皇陛下に対し奉りては如《ど》うか」という質問には、「千年王国が建設されますと、現在の国家組織、政治経済社会制度等は根本的に変革せらるるもので、(日本は——引用者注)千年王国の一部として残されるものでありますから、天皇陛下の地位も無くなる」(九月八日、第一二回訊問)と答える。

牧師大江捨一も富田警部補に、「来るべき「キリスト」再臨の時は……日本天皇陛下の日本統治の主権は地上各国の統治主権者と共に再臨の「キリスト」に渡すべきものである」(一二月二六日、第二四回訊問)と供述する。

粂は一一月一八日の第二二回訊問で「現在の心境」について、「神の国（千年王国）と云う事を理想に、其れを追求するの余り無意識とでも申しますか、深い考えも無く国体を無視する言行を敢て致して参りました」と反省の弁を述べ、「戦時下の現在、皇軍将士を想う時、所謂殉教より殉国の更に尊い事を悟り、自分の内に新しく日本精神の躍動を覚える様にな」ったと供述する。「将来の方針」についても、「飽迄《あくまで》国家本位に生きたいと述べる。天皇制への姿勢にうかがえる強い信仰心からすると、この「日本精神」への回帰が本心からなされたとは言い難く、特高による作文の可能性が高い。

ゾルゲ事件の訊問

一九四一年一〇月一五日に検挙された尾崎秀実《ほつみ》は、治安維持法違反被疑事件として、当日、目黒警察署で東京刑事地裁検事局の玉沢光三郎の訊問を受けた（後述）。二六日になって新たに国防保安法違反が加わり、警視庁特高第一課の高橋与助による訊問が始まる。一一月一日に拘置所に移るまでの間、自らの「手記」に記すように、「目黒警察署の留置場内にいること半月、日々峻烈な取調べを受け」（『現代史資料』「ゾルゲ事件（二）」）た。おそらくこの「峻烈」のなかに拷問が含まれている。

一〇月二七日の第三回では「今次諜報行為を為すに至りたる経過の概要」を問われて、「私は十年来コミンテルン擁護の為め、ソビエット聯邦に対する日本の攻撃を回避せしむる意図の下に、所謂「赤色スパイ」として諜報活動を続けて来て居りましたから、是れから先づ其の活動を為すに至った経過を申上げます」と陳述を開始した。四二年二月一四日の第九回では「コミンテルン並日本共産党に対する認識如何」という質問に、「日本に於ける支配階級は極めて日本的特質を持って居り、此の特質を持った日本の支配機構が、即《すなわ》ち天皇制の名を以て呼ばれる日本の支配機構でありまして、日本共産党乃至《ないし》日本共産党を支持する共産主義者は当然其の打倒を必要とするのであります」と答える一方で、「茲数年来《ここ》、日本国内に於ける党の活動は全く無力無活動の状況にある様」だとする。

最終の第一九回目となった三月一一日の訊問では、最後に「人生是れ一夢の心境」(以上、「司法警察官訊問調書」『現代史資料』「ゾルゲ事件(二)」)と述べる。

リヒャルト・ゾルゲの「警察訊問調書」は四一年一〇月二六日の第二回からが残されている。検挙当日、拘置所において警視庁外事課の山浦達二警部によって、治安維持法違反並国防保安法違反被疑事件として訊問された。一〇月二八日の第三回からは外事課の大橋秀雄警部補に代る。四二年三月七日の第三三回訊問が最終となるが、取調に対する感想を聞かれて、「私の取調べに携った係官一同の取調の方法、私に対する取扱態度等は非常に友好的であると共に寛大なやり方で、取調の最初から終り迄、其の親切な態度に何等の変化がなかった」と感謝の言葉を述べる。「現在の心境」では、「日本の友人達と私の秘密の仕事には何等の責任があるものでなく、全責任は私にある」として「彼等に対する非常に寛大なる処置」(「ゾルゲ警察訊問調書」『現代史資料』「ゾルゲ事件(四)」)を希望している。ゾルゲに対する外事警察の追及は厳重だったものの、物理的な拷問はなされなかった。

ゾルゲの「手記」が内務省警保局編『昭和十七年中に於ける外事警察の概況』に掲載されている。その前書きには「本人に作製せしめたる手記にして独逸《ドイツ》大使館関係、コミンテルン及日本に派遣された経緯、支那時代、諜報活動関係、連絡方法、其の他六項目に亘り、其の内容は今後の検挙取締上、熟読すべきものあり」とある。たとえば、防諜について「現在日本の警察は余り細かい事を集め過ぎて大きなものを見て居ない。細かい価値のないものを集めて時間を無駄にして居るのではないかと思う」という見解などは、外事警察にとって耳の痛い指摘だろう。

この「手記」を『現代史資料』「ゾルゲ事件（一）」に収録するにあたり、編者の小尾俊人が「資料解説」で「司法警察官の聴取書を要約して、手記の名において記録にとどめた」とするのは不正確で、後述する検察における「手記」と比べると、外事警察当局者の手が加わっているとしても、原型はゾルゲの語ったものとみるべきである。

「手記」

勾留中の被疑者に「手記」を書かせることは、一九二八年の三・一五事件から始まった。

三九年八月の広島控訴院管内思想実務家会同で司法省刑事局第六課長の太田耐造書記官は、「思想事犯に手記を用いる様になりましたのは、最初取調方面の警察官或は検事に於きまして三・一五事件当時の事であります。党の内情、党の組織、或は共産党理論と云うようなものに付きまして、未だ透徹したる認識を有《も》って居らなかった当時に於きましては、自白した被疑者に手記をさせるのが、其の点が明確になって便利であるとの点から先づ発達して来た」（司法省刑事局『広島控訴院管内思想実務家会同議事録』『思想研究資料特輯』八九）と述べる。

東京地裁検事局の思想検事の戸沢重雄は「此手記というものは大変重宝だというので好評を博して居ります……取調の準備、聴取書作成の準備として手記を利用するに至った……司法警察官や検事の聴取書は原則として証拠にならぬ、手記ならば本人が書いたものであるから書証として立派な証拠となるというので、聴取書を節約して手記で間に合せる場合も出来て来た」と語っている（「思想犯罪の検察実務に就て」『昭和八年十月思想実務家会同に於ける講演集』『思想研究資料特輯』一二）。

この実例として、前述の堅山利忠の「手記」がある（一九二九年四月、「警視庁聴取書」）。

将来に対する態度に於ても、マルクス、レーニン主義の立場から、労働者農民の闘争の革命的発展の立場から出発せざるを得ない。私は大衆の闘争の真中に工場労働者及び農民大衆の間に一人の闘士として徹底的に訓練し直さねばならぬ、生活に於て、感情意志において、理論において、大衆及び大衆闘争の巨火によって、精神的にも肉体的にも組織され、かくして漸次指導し闘争しつつある党の信頼を得、訓練ある忠実な党員として再組織されねばならぬ

一九三〇年代前半と推定される特高主任講習会では、「手記」について、「往々にして被疑者の取調不充分の儘《まま》手記を書かせる事例がある様である、之は絶対に慎んで貰いたい」と注意が喚起されている（「特高主任講習会記録講義草稿」）。内偵捜査から検挙、取調まで膨大な労力を必要とされる特高にとって、安直に「手記」で調書の代用とする状況も生まれていたのだろう。

三三年五月、東京控訴院検事の熊谷誠は長野県警察署長会同でおこなった講演で、「手記は十二分に取調べが済んだ後でさせなければ、聴かんとすることを書かないで、聴かぬでも宜しいことを書く様なことになります」と語っている（「思想犯検挙対策――左翼運動に対する所感」『季刊現代史』第七号）。熊谷は応援に出向いた長野県教員赤化事件の捜査・取調も踏まえて、やはり「手記」に過度に依存することを戒めている。

三五年、東京地裁検事局思想部は「聴取書要領」を作成し、警察署に配布している。「手記」の記載例について、「思想の推移過程」では生立ちや読書・演劇などから「受けたる刺戟、思想の動揺等を記述し、最後に斯《か》くて何時頃から共産主義思想（マルキシズム、レーニズム）をどの程度に理解し（共産主義の理論に基く社会発展の概略を記すこと）、そしてこれに共鳴し、又は之を信奉するに至ったかを記述して此項を結ぶこと」と、留意すべきポイントを具体的に示す。「共産党及共産青年同盟に対する認識」では、「天皇制廃止の問題をサボラざること」とある。最後の「現在の心境、将来の方針（自己批判）」では、「将来に付ては研究及行動共にやめるか？　行動はやめるが研究はなすと云うならば、如何なる理由からか？（理論と実践の統一に関する批判）

等に付、それを理論的（理論の正否及実現の可能性に対する考察）に述べ、結論をとりたる上、更に家庭的事情を記すこと」と、念入りな注意がなされている（「思想事件聴取書及び手記に付て」（公州地方法院検事正千綿栄六の東京出張報告書、朝鮮総督府高等法院検事局『思想月報』第四巻第二号）。

三五年五月、治安維持法違反として四回目の検挙となった作家・宮本百合子は、七月一〇日と八月一一日の二度、「手記」を書いている。七月一〇日の「手記」では、「暴力革命不可避性」や「プロレタリア独裁」について「一般の通念」としては肯定しつつ、「暴力革命」について「左翼理論の中に、この一条があるからと云って、いきなり何でも構わぬ暴力だと云う風に、威嚇的な調子で云々されるとしたら其れは大きな誤りであろう」と持論を述べる。「天皇制否定」については、「これを複雑な経済的政治的専門的見地から云々するには私の知識がまだ十分ではありませんが、私自身の仕事とする文学との具体的結びつきに於ける実際の問題として見るとき、今日のプロレタリア文学にとって此の問題は圏外に置かるべきもの」とする。

特高当局の意向に抗して、「自己批判」においては「昨今私は自分が至らぬながらこの社会諸相、或は自身の生活に対し、客観的現実的観察をなし得る作家として生きていることを、真面目な意味に於て或幸福と思って居ります」と「転向」の表明には至っていない。それゆえ、「今後の方針」でも「広い意味でのプロレタリヤ婦人作家としてリアリズムの方法論の上に立ち、合法的な文筆活動によって、この社会生活の悲喜交錯した人間の姿を歴史的動向との関係に於て芸術化して行きたい」と意欲を示している。

もっとも第一の「手記」に対して特高側の強い圧力が加えられたのだろう、八月一一日の「手記」では「将来共産主義宣揚となる文章活動を行う意思を持っていない」こと、および「贖情《しょくじょう》の意を表す」ことを理由の一つとして「今後一年間創作評論等の発表を見合せる決心」を表明せざるをえなかった。それでも、宮本は「すべての社会現象はその矛盾利害相反からその解決の為めの努力まで、善も悪もこの国の特色を以て現われて来て居るということも争うことの出来ぬ事実です。私は作家として最もひろき客観性の上に立ち、包括的に荷《か》かる社会生活を描いて行きたい」と述べる。根本のところで、宮本は「転向」を拒否しているといってよい（渥美孝子編『宮本百合子裁判資料』、二〇二〇年）。

拷問

特高の取調において拷問は日常的におこなわれていたといっても過言ではない。拷問についての証言は治安維持法体験を語る戦後の回想類におびただしく存在するが、ここでは予審や公判のなかなどで語られたものを取りあげる。

一九三一年一〇月の朝鮮共産党日本総局及高麗共産青年会日本部に関する治安維持法事件では、被告韓国震《ハン・クッジン》の弁護人谷邨直雄が「被告人は凡ゆる拷問迫害を受け、それにより捏造されたる調書を認むるは不可能」と弁論した。また被告陸鶴林《ユク・ハクリン》の弁護人神道《じんどう》寛次・三浦三郎は「一昨年八月検挙を受け、警視庁の取調は革帯《かわおび》及竹刀にて処嫌《ところきら》わず打擲《ちょうちゃく》し、気絶せるに水を飲せられて意識を回復するや、煙草火を顔面に押し付けられ、為めに二十ケ所程の傷を負わされし等の取扱いも受け、調書は作成されたのである」と拷問の事実を追及する（「各種治安維持法違反事件公判概況報告書綴」「渡辺千冬関係文書」、国立国会図書館憲政資料室所蔵）。

こうした拷問を活用した取調が日常化する事態を踏まえてだろう、三六年九月、神戸地裁検事正は管内警察署特高主任会議の訓示で、「人権蹂躙問題に関しては声なき声に脅《おび》ゆるべきこと」と抑制的な対応を求めた。「万一にも取調の間、暴行凌辱等の所為に出ることありましたならば、夫れこそ沙汰の限《かぎり》と申さねばなりませぬ、一般の輿望を担《にな》う立つ特高警察には、斯かる剽盗鼠賊に処するにも恥づる《ママ》が如き軽挙妄動は断じて許されぬ処であります」（一九三六年九月二八日、司法省刑事局『司法主任特高主任会議席上訓示指示及講演』『資料集成』㉖）と釘を差したが、特高警察は聞く耳を持たなかった。当の特高警察にとって、拷問による取調は必要不可欠なものと認識されていたからである。

三四年の警保局の「共産主義運動概観」に「所謂弾圧主義なるものは、今日迄の成果を以てすれば、一概に共産主義者の思想を激成するものではなく、寧《むし》ろ反対に其の方向転換を促進する素因となる場合が極めて多かったと云うべきである」（『資料集成』⑤）という一節がある。拷問こそ事件や運動の全貌の把握にもっとも効率的で有効な手段であり、「転向」に導く決め手とみなされていた。第一線の特高警察官にとっても拷問が重宝で手っ取り早い取調手段と考えられていたことは、三六年一一月の前橋地方裁判所管内特高主任会議における桐生署特高主任の発言――「過去に於て行われたる思想犯事件の検挙に関し、被検挙者の感想を聴くに、理論を以て諭さるも傾聴する気分を持つ能わず、反《かえ》って徹底的弾圧を加えられし警察官に対し好意を持し、現在も畏敬しつつありとの実例存する」（司法省刑事局『司法主任特高主任会議諮問、協議事項』、『資料集成』㉖）――にうかがうことができる。これは自らの拷問を正当化するものである。

拷問による取調が後日にはむしろ感謝されるという考えがいかに倒錯し、手前勝手なものであるかは、「満洲国」における「合作社事件」の「中核体グループ」の二人の「手記」が証明する。いずれも「思想前歴者」としての「思想推移過程」の記述に拷問への憎悪が刻みこまれている（『「合作社事件」関係史料』第一冊）。

情野《せいの》義秀　七　健康状態　（ハ）昭和八年二月埼玉県で検挙された際、テロの為、肋膜炎再発し、恢復まで三ヶ月服薬しました（中略）

一三　思想推移過程　共産主義思想と其の革命的行動を正しいと信ずる理念だけによるものではなく、「今に此の恨みを思い知らせてやるとの一念で耐えてきた警察での言語に絶するテロ」、「此の屈辱は誓ってそぐと、来る日も来る日もそれだけを念誦して忍んできた拘禁」等肉体的、精神的暴圧に対する憎

悪的感情が大きな力を左右して居ります
ました
進藤甚四郎　一三　思想推移過程　（五）昭和八年三月二十日東京に於て検挙され、青森警察署に送られ
警察官も「俺達は君達のいう通り資本家地主の犬だから、そのつもりで調べるから」と公然と宣言して
私共を、ふんだり、けったりしました
私共も「畜生、時は来たら耳を一つ一つ切取り、手や足を一本一本折ってやるから今に見ていろ」とい
う憎しみの気持で一杯でした。中にはひどく屈辱を受けた同志などは「革命が起きたら第一に奴（蹴っ
た相手を）の命を取ってやるから、何も后《あと》は希《のぞ》まないから」と悔しがっていた

北海道の生活主義教育運動事件で、被告の一人教師の小坂佐久馬が釧路の拘置所で密かに執筆し、事件を担当する弁護士高田富与《とみよ》に書き送ったレポート「当時に於ける全国的教育情勢の概要」（一九四二年八月〜九月、『小坂佐久馬文集　私の国語人生』、一九八六年）には、警察での取調状況が「いつも坂本と私は取調べが最後に回されたため、非常に苦しい立場に置かれたこと、之も説明を要しないかと思います。みんなが、すっかり、赤に捏《で》っち上げられ、坂本や小生に就いてもヒドイ供述をさせられていたため、それ等がみんなせめ道具として使われ、真実を主張すればする程、不当な圧迫、威嚇、悪どい詐謀、時には拷問で報いられ、「流石《さすが》は聯盟の首謀者、中心人物指導者だけあって、ズルイ、強情だ」で、ヒドイ目に逢って来ました」と生々しく描かれた。

同様に高田弁護士に宛てた教師松田文次郎の「獄中メモ」にも、「自分の証拠については一通り釈明もついたつもりだったが、……叩く。ける。座らせる。おどかす。そのうちに自分も妙な気持になり、手記を直され、教えられているうちに「赤く」なっていた。……六月五日から十八日までは一日三時間か四時間しか眠られず、身心共にヒロウコンパイ何が何やらわからず、結局圧《お》しつけられてしまった」（佐竹直子『獄中メモは問う　作文

教育が罪にされた時代』）とある。

長期にわたる勾留

一九三二年前後には治安維持法検挙者が国内だけでも一万人を超えること、三〇年代後半には合法運動をも治安維持法違反として検挙したために取調・立件が困難となったことなどの理由により、治安維持法違反事件の司法処分は常に長期化する傾向にあり、被疑者・被告は長期の勾留を強いられることになった。長期間の勾留は被疑者・被告にとって精神的な拷問となり、「転向」への誘因ともなるため、特高や思想検事・予審判事はむしろそれを意図的に活用した。警察犯処罰令や行政執行法を便宜的に活用することも公然とおこなわれたが、それには警察権力の濫用という批判も少なくなかったため、長期間の勾留を合法化することが模索された。

三九年七月、東京刑事地裁検事局は警視庁特高部の各課の主任を集めて現状の課題を論議する会議を開く。「身柄の留置問題」について、起訴までに強制留置の期間がどれくらい必要かという司会（検事）の質問に対して、警視庁の第一線の特高警察官は次のようなやりとりをかわす（『特高主任会議議事録（其ノ二）』『資料集成』㉖）。

志村俊則　兎に角難事件を一人で十五人も二十人も持ち、共産主義者である事を出す丈に、書籍其他いろいろの資料の取調に時間を要して非常に苦労をするから、之れ丈で最少限度三ヶ月は必要でしょう。只今は平均五、六ヶ月ですが。

林半　いや一年位ですよ。

司会者（栗谷四郎検事）　検事の方は昔は大体一ヶ月を越えなかったのですが、今は一ヶ月内なんて云うのは無いでしょう。

行政執行法を如何に活用しても現在の状態は妥当とは云えないですよ、実際常識的に考えても一日未満の検束を一ヶ年以上も引っぱるのですから、陣容の手薄とか事件取調の困難等の事情も考慮に入れても或る一定の限度がある訳ですから、其処で何とか考えねばならないのですが。

志村　更新出来るものとして三ヶ月三回位で九ヶ月乃至十ヶ月ですネ。

四〇年五月の司法省の思想実務家会同で、東京控訴院の大塚今比古判事は、黙秘をつづける被疑者に対しては「警察に於て行政執行法に依り其の身柄を拘束して種々取調を為し、略々《ほぼ》取調の見当が付き真相が分った後に事件を検事局に送致し、検事が其の足りない所を取調べて起訴不起訴を決定して宜しいのではないか」(『思想実務家会同議事録』『思想研究資料特輯』七九)と、行政執行法によって長期勾留が常態化している状況を容認する発言をしている。

唯物論研究会事件に関連して左翼学生グループが弾圧されたインター・カレッジ事件で検挙された東京帝大学生の佐伯陽介は、三九年夏から一年間の「杉並警察署の留置場――通称ブタ箱」生活での唯物論研究会事件被疑者戸坂潤との同居について、「私は一年、戸坂サンは一年半入れられていたのである。それも、毎日毎日の検蒸しといって、検束の蒸し返しで続けられた。何月何日杉並区東田町何番地徘徊中不審に付検束す、ボク等は一年間も毎日同じ場所をウロツイていて検束されたことになっている。ユーモラスなのはそれを毎朝看守日記に書き込む役目が戸坂潤だった」(佐伯「留置場にて」『回想の戸坂潤』、一九四八年)と回想している。

この状況は新治安維持法施行後も変わらない。学生の読書会程度の活動や労働者の待遇改善の要求運動のなかから、「共産主義者である事を出す」、つまり被疑者に共産党やコミンテルンの認識と社会変革の意思を認めさせるという「難事件」の打開に、特高は苦心惨憺の努力を費やした。

四 送致

送致の手続

警察での被疑者の取調が済むと、「事件の処理」となる。前掲「特高警察草案」には、「事件の情勢、被疑者の情状其の他、大局より観察して処分を決定すること。又、被疑者の関係方面（学校、官庁、会社等）と協調し、最《もっと》も適切なる処分を決定すること」（『資料集成』⑳）とある。実際の選択肢は、検事局への送致、警察限りでの放免のいずれかとなる。検挙者の約八割弱は警察限りで放免されるが、事件の中心人物とみなされた者や累犯者は検事局へ送致され、検事によってあらためて取調がおこなわれ、起訴するかどうかが判断される。国内においては、警察における治安維持法違反の総検挙者数のうち二割強が送検された。

この治安維持法違反事件の送致書で示された「犯罪事実」の枠組みは、つづく検事による起訴の判断、予審判事による予審終結決定、そして公判における判決へと、大筋のところで踏襲されていく。特高による取調は決定的な意味をもった。

一九二八年の三・一五事件当時、警視庁では事件の送致にあたって「家宅捜索の結果押収致しました証拠書類を何等分類することなく、風呂敷や行李に入れた儘一括して検事局に提出」するほど、「当時の特高係員は全《まった》く刑事訴訟手続を超越して仕事をして居った」と、東京地裁検事局検事であった井上貫一は回想する（一九三六年一〇月、管内各警察署司法主任特高主任会議、『資料集成』㉖)。その後、多くの治安維持法違反事件の取調と送致の経験を重ねることにより、特高の習熟度は高まり、一定のルールが確立していく。

三〇年代前半、警視庁管下の各警察署の特高主任講習会では、事件送致についても実際的な指導がなされている(「特高主任講習会記録講義草稿」)。まず、「送致書記録に具備すべき書類」として、「1、必須のもの　送致書　記録全品目録　記録目録　意見書　聴取書　本籍調査書　2、従属的のもの　手記　証拠品ある場合は領置書　身柄釈放の場合は身柄請書」が列挙される。

三五年五月に四度目の検挙となった宮本百合子は、八月一六日から警視庁特高課の警部補木村安右衛門の聴取を八回受けた後、九月一七日、東京刑事地裁検事局に送致された。その「被疑事実」は、資金提供や『赤旗《せっき》』の配布を受けたこと、「党支持の活動」として創作活動をおこなったことなどが、「以《もっ》て日本共産党の目的遂行の為めに重要なる活動を為したるもの」とされた。注目されるのは、「被疑者は最近思想緩和し来りたりと認むるも、従来の思想的傾向、夫宮本顕治に対し絶対的支持、宮本の命にて赤旗の配布を受けたる点、自発的清算の意思無きこと、転向せざる点等より推考するに、党員に非らずやと思料せらるるも実証挙らず」という「備考」が付記されたことである(渥美孝子編『宮本百合子裁判資料』)。党員の「実証」が挙がらなかったことへの特高の悔しさがにじみ出ている。

もう一つ「送致書」の具体例として、人民戦線事件の「教授グループ」の一人阿部勇の場合をみよう。三八年七月二八日、取調にあたった警視庁特高部特高第一課の高木昇警部の東京地方刑事裁判所検事局に宛てた「治安維持法違反被疑事件送致に関する件」である。被疑者の思想経歴を「左翼文献を渉猟して、遂にマルクス、レーニズムを信奉するに至りたり」と述べた後、「犯罪事実」を次のように概括する。

労農派理論を理解し、全時に自己のマルクシズム研究の結果と理論の一致を見て労農派理論の正当性を信じ、且《か》つ所謂労農派グループは日本共産党に対立して所謂労農派理論を展開し、之に基きて無産政党、労働組合及農民組合等の無産階級運動を指導すると共に、共同戦線党理論の方策によりて其等の政治及組合両戦線を統一強化する事を当面の任務となし、延《ひ》いて我国体の変革及私有財産制度の否認を内包する「プロレタリアート」の独裁政治を樹立することを目的とする結社なることを認識しながら、之が支持を決意し

「延いて」という副詞を用いて強引に「労農派グループ」を「国体」変革・「私有財産制度」否認の結社と断じたうえで、「研究会関係」から「労農派グループへの資金供与関係」までの阿部の言動をとりあげ、最後に「労農派グループの目的遂行の為めにする諸般の行為を為したるものなり」と結ぶ（「治安維持法書類」、東海大学図書館所蔵）。これまでと同じように、治安維持法第一条の目的遂行罪の適用をねらった。その際、「延いて」は「究極目的」「窮極目標」と同一な、治安維持法の運用を拡張する重宝なマジックとなった。

「可然御処置相成度」

検事局への送致にあたっては送致書とともに、「犯罪事実」を記した特高警察官の「意見書」が添付される。特高側にすれば、内偵から検挙、取調にあたって苦労をしてきたという思いや天皇に弓を引く国家的犯罪の断罪ということからも、「意見書」には厳重な司法処分がなされるよう強い希望が込められた。

京都学連事件では、一九二五年一二月三〇日付で京都府警察部警部から京都地裁検事局検事正に送致されるとともに「意見書」が付された。そこには「各被疑者、マルキシズム、レーニズムを信奉し、其の宣伝普及の為め本行為を敢てするに至りたる」（法政大学大原社会問題研究所所蔵）とある。治安維持法の適用ではなく、出版法第二二条違反とされていた。

三・一五事件や四・一六事件にかけてどのような「意見書」が付されたのかは不明であるが、三〇年代前半になると、検察側と特高側の間で、厳重処分を求める強い書き方をしないという合意ができたようである。それにそって、警視庁管下の特高主任の講習会では、「「犯罪の情状」の項に「起訴、不起訴又は寛大なる処置を」と云った様な意見を全然記載しないこと」とともに、「単に「可然《しかるべく》御処置相成度《あいなりたく》」と云う様に当らず障らず」（「特高主任講習会記録講義草稿」）書くように指導された。特高警察官として厳重処分を求める場合には、付箋に書いて「意見書」に付けることになった。特高側から起訴か不起訴かなどの判断に意見をはさまれることは、検察にとって面白くなかったのかもしれない。

三三年五月、東京控訴院検事熊谷誠は講演「思想犯検挙対策――左翼運動に対する所感」のなかで、検察側の希望として「意見書は冗長に亘《わた》らず、而《しか》も要点を落さない様に、且つ事実の特徴を簡単に判然と書いて置く」（『季刊現代史』第七号）と述べている。三九年七月に東京刑事地裁検事局思想部が警視庁内鮮課主任を集めて開いた会議では、望月武夫検事から「意見書の事実を派手に書かない様に、余り派手に書かれると、却《かえ》って事件を壊わす虞《おそれ》がありますから、現実に即して事実を書いて頂き度い」（『在日朝鮮人関係資料集成』第四巻）と、注意が促された。検察側との取極めにもかかわらず、なお特高の「意見書」には厳重処分の要望が書き込まれていたのだろう。

具体的な「意見書」の事例として、人民戦線事件の「教授グループ」の一人・東京帝国大学教授大内兵衛について警視庁特高部の宮下弘警部が作成したもの（三八年九月一三日）がある。次のように「犯罪事実」が示される。なんとか治安維持法を適用しようとした大々的な虚構の苦心策となっている（「治安維持法違反事件記録」、京都大学人文科学研究所所蔵）。

被疑者の意図する所は「マルクス」主義の所謂歴史的必然たる資本主義社会の倒潰、社会主義社会の建設を確信し、其為に智識階級にはマルクス主義の真理を普及し、以て政治を普及して歴史的必然の方向に進行せしめ、無産階級には主義に拘わらざる経済的要求を主とする団体を拡大強化せしめんか、無産階級は自らマルクス主義的傾向を持ち確実に運動は政治化し、両々相俟《ま》って国体変革、私有財産制度否認を当然の道程とする社会主義社会の実現を見るに至るべしと云うにあり

なお、この送致書には、特高第一課の杉田乃木巡査が課長の指示でおこなった大内兵衛の「日記、著書、論文」などに対する調査報告——結論は「被疑者の思想は概《おおむ》ねマルクス主義的なりと認めらる」——も含まれている。

戦時下の「意見書」

アジア太平洋戦争下では治安維持の確保が一段と要請されたため、特高側の治安維持法違反事件に対する姿勢はさらに強硬となり、送致書に付される「意見書」でも厳重処分が求められることになった。

神奈川県特高課から横浜地裁検事局に在日朝鮮人の被疑者金容珪《キム・ヨンキュ》を送致する際、一九四二年五月二五日付の渡辺善枝警部が作成した「意見書」がある。「今や皇国は古今未曾有の重大世局に際会し、内鮮一体一億蒼生火玉となりて世界新秩序建設のため大政を翼賛奉るべき秋《とき》、皇国臣民の責務に違背し、同志を結集して強烈に民族意識を鼓吹し、為に新鋭分子朝鮮独立協議の不逞を為すの影響を及ぼし、或は実践運動を激励する等、真に戦慄すべきものあり」としたうえで、実践運動からの離脱表明は信用しがたいと認めず、「血液的に培われたる民族意識、永年に亘り浸透したる共産主義思想は終生絶対に払拭し得ざるものありと思料せらるに就て、聖戦遂行の時局に鑑み、我光輝ある国体を擁護し、且は反国家の悪思想撲滅を期し、銃后治安絶対確保のため、厳重御処分相成様致度《いたしたく》」と求めるのである。先の望月検事の言を借りれば、「派手」な表現満載で、おそらく「犯

罪事実と調書上の犯罪事実との差の非常に甚しい」ものになってしまっている（神奈川県特高課「金容珪治安維持法事件訊問調書」、米国国立公文書館ＲＧ242）。

四三年三月三一日、「きよめ教会長老派」の被疑者教会会長森五郎を送致するにあたり、警視庁特高第二課の木下英二警部が作成した「意見書」も、「過去の自由、平等、平和、博愛主義の所謂欧米思想に魅惑心酔し、之を改めず時局に便乗、皇国民たるの襟度を忘れ、国家が保証したる信教の自由に仮託し……以て日本国民の肇国の国体観念を銷磨《しょうま》腐蝕し来りたるものにして、如斯《かくのごとき》反国体的信仰思想の存立は戦時寸毫も許容し得ずと思料せらるるを以て、厳重なる御科刑相成度」という、自らの過重な表現に自らが興奮するような「派手な」激しいものとなっている。

また、四四年四月一四日の同被疑者小倉指郎牧師に対する木下警部の「意見書」には、「口には日本国家に対する愛国的熱意に燃え居る如く表現するも、其の心底及び行動に於ては全く利己主義、自由主義的にして、殊に米英崇拝思想は相当濃厚なるものあり、又捜査訊問に対しても老獪逃避的態度を堅持し……何等誠意の認むるべきものなく、決戦下斯る反国体的思想抱持者の存在は寸時も許容し得ざるを以て厳重なる科刑相成度」とある（以上、「海野晋吉関係文書」、国立国会図書館憲政資料室所蔵）。ここにも「愛国的熱意」に燃えた特高の倒錯した使命感があらわである。

ゾルゲ事件の「意見書」

一九四二年三月一一日、尾崎秀実に対する第一九回の訊問を終えたその当日、訊問にあたった警視庁特高第一課の高橋与助警部は「意見書」を検事局に提出した。

「犯罪発覚の原因」は「共犯宮城与徳の供述に因る」とされ、「犯罪事実」は第一に「国際共産党及中国共産党の目的遂行の為にする行為」、第二に「我日本を敵国とし、ソ聯邦の為に又は国際共産党の為に如上諸機密を探知収集して首魁に報告し、諸見解を披瀝し、諜報団の中核として昭和十六年十月十五日検挙せらるる迄、果敢なる活動を継続し居りたるもの」とされた。「法律の適用」はこれにしたがって、治安維持法が筆頭となり、ついで国防保安法・軍機保護法・軍用資源秘密保護法となる。「犯罪の情状」には次のような激烈な言葉が連なった（以上、「特高警察官意見書」『現代史資料』「ゾルゲ事件（二）」）。

本事犯は情状を論ずるの余地なし、犯罪事実即ち最悪の情状なり、その犯意の不逞にして悪逆なる、その犯情の悪質にして深刻なる、その犯行の積極的にして長期に亘れる、その活動の巧妙にして国際的なる、その我が国土防衛に及ぼしたる害悪の大なる、一として酌量すべき情状なし、本事件の検挙が大東亜戦争勃発に先立つ五十余日前に行われて、我が赫々《かくかく》たる作戦に何等の暗影を与えざりしことは、一に御稜威の然らしむる処、唯々感激に堪えざる所なり

ゾルゲに対する「意見書」も同日、外事課の大橋秀雄警部補によって提出された。「犯罪発覚の原因」は宮城と尾崎の供述とする。「犯罪事実」は「支那及日本に於て我国の政治外交経済及軍事其他諸般の情報を探知収集し、之を赤軍第四本部を介して莫斯科《モスクワ》中央部に伝達通報して国際的諜報活動を遂行せんことを企図」したとされ、一〇二項目におよぶ漏洩の事実を列挙する。「法律の適用」は尾崎と同じであるが、たとえば治安維持法では第一条（「国体」変革）と第一〇条（「私有財産制度」否認）の適用と具体的である。

治安維持法が第一にあげられるのは、情報の探知収集と通報という行動を「コミンテルン」の目的遂行行為とみるからである。「犯罪の情状」については、漏洩により「我が国の受けし実害は寔に甚大」であるとして「其の罪極めて重く極刑を科するの要あり」（「特高警察官意見書」『現代史資料』「ゾルゲ事件（二）」）とするが、「不逞」な悪逆性が道徳的に糾弾される尾崎の場合と比べると、「犯罪事実」の深刻さの強調にとどまる。それぞれ訊

問を担当した特高と外事警察のスタンスの違いがあるのかもしれない。

マックス・クラウゼンの送致に伴う警視庁外事課警部補中村祐勝の「意見書」は、三月一〇日に提出されている。「犯罪の情状」には「世界赤化革命に依る国体変革、私有財産制度を否認する、ソ聯邦共産党又「コミンテルン」本部の各目的を支持し、諜報活動を通じて之が達成に協力し居たる点に想到すれば、被疑者の行為は国体尊厳保持の為、断乎として排撃せざるべからず」とある。したがって、法律の適用の筆頭はやはり治安維持法の第一条と第一〇条となった。ゾルゲや尾崎の場合、「極刑」が求められているのに比べて、クラウゼンの場合は「厳重御処分」（「クラウゼン訊問終了に際しての警察意見書」『現代史資料』「ゾルゲ事件（四）」）となっている。

ブラン・ド・ヴーケリッチの送致に伴う「意見書」は、三月四日、警視庁外事課警部の鈴木富来によって提出された。「犯罪の情状」では「現下の時局に鑑み、厳罰に処すべき」（「ヴーケリッチ訊問終了に際しての警察意見書」『現代史資料』「ゾルゲ事件（四）」）とされた。

訓戒・放免

特高警察によって検挙され、取調がなされたものの、警察限りで放免される場合が約八割を占めた。「特高警察草案」には「身柄釈放上の注意」として、「適切なる身元引受人を選定し、責任を負わしめて、身柄を引渡し、爾後の視察其の他については可成身元引受人を通じて行い、已むを得ざる場合の外は警察官が直接視察はせざること」（『資料集成』⑳）とある。この警察限りの放免にあたり、運動からの離脱や共産主義思想の放棄などを懇々と訓戒される。

一九三三年五月、東京控訴院検事の熊谷誠は、この訓戒について「一人に尠くとも二時間位はかかると思います。出来るなら一日に一人、若くは二人位を限度に、本人及保護者を訓戒したいと思う。左様に丁寧にやらぬと、其の実を挙げ得ないと思います」（「思想犯検挙対策――左翼運動に対する所感」）と述べている。放免が温情に満ちた措置であることが強調され、反国体的運動・思想からの離脱を誓約させただろう。

警察側にとっては事件送致のための取調をさらに徹底しなければならず、検事局のそうした要望にそうことは難しかった。ただし、警察では訓戒して放免した人物については要視察人に編入し、その言動・思想の監視をおこなう態勢となっていた。

五 功績の顕彰

功労記章の授与

関わった事件が検事局送致で一段落すると、警察はその功績を顕彰し、士気の高揚を図った。治安維持法が施行されていた期間、とくに特高警察部門は国家・天皇のための警察として警察全体のなかで花形的存在であり、出世コースでもあった。また、スパイの操縦などのための機密費も潤沢で、優秀な特高警察官は羽振りもよかった。それだけに特高部門のなかで各課・各係の競争だけでなく、各係のなかでの個人としての競争も激しかった。そうした競争を「功労記章」などの名誉と経済的賞与は駆り立てた。「特高警察草案」には、「事件終了後、速に関係警察官の賞与を行うこと」（『資料集成』⑳）とある。

一九二九年八月一日、三・一五事件への功労として、労働係長浦川秀吉や毛利基ら警視庁特高課の一一人に対する警察官吏特別賞授与と功労記章伝達式がおこなわれた。内務大臣から授与されるもので、警保局長の祝辞には「諸子は日本共産党の検挙に際し二年の長きに亘り、克《よ》く幾多の困苦と闘い、昼夜の別なく、或は証拠の蒐集に、或は犯人の逮捕に、或はその取調に献身的努力を払い、以て所期の効果を収むるを得たるは、其の功績抜群にして、他の範と為すに足る」とあった。筆頭の浦川は次のように賞賛される。

> 大正十五年九月最初の捜査端緒を得たる以来、昭和三年三月十五日の一斉検挙に至る迄実に一年六ヶ月の間、之が捜査に全力を傾倒し、克く党員の行動を内察すると共に之が証拠を蒐集し、遂に全国的一斉検挙を断行せらるるに至らしめ、且其の検挙に当りては常に労働係の全員を督して之を第一線に導き、全係員を挙げて最も緊張せる活躍を持続して顕著なる功績を示し、尚検挙後に於ても専《もっぱ》ら残党の取締検挙を掌《つかさど》り、着々実効を挙げたり

千速竹一警部は「共産党幹部某を検挙し、之が取調を為し、党の内容を自白せしめて其の状況を明瞭ならしめたる」点が、山県為三警部は「多数の重要人物を検挙し、且之が取調適当にして一切の事実を自白せしめ、事件を明瞭ならしめた」点が、特筆すべき功績とされた。このうち浦川・毛利ら六人は一二月二一日、内務大臣邸に招待されている（「功績概要」『資料集成』㉞）。

三三年一二月二三日付の『社会運動通信』に「共産党検挙の六氏に功労賞」という記事がある。警視庁特高課警部の中川成夫らに「第四次共産党一〇・三〇の大検挙に際し、殊勲を立てた」として警察功労賞が授与されると報じた。一〇・三〇大検挙とは、三二年のいわゆる熱海事件を指す。筆頭の中川は、小林多喜二を築地警察署で拷問死させていた当の人物である。

三七年の長野県警察部「秘密結社農村青年社事件に関する功績概要」（『資料集成』⑳）は、無政府主義運動に

対する治安維持法適用の道を開いた二人の特高警察官の功績を顕彰する。その一人、特高課の館林政治警部の功績は、「曾ては関係府県の検挙に際しても治安維持法違反の罪責を内蔵し居りたるにも不拘《かかわらず》、運動形態特異にして、其の核心を穿鑿《せんさく》し得ず、自主分散の全国的組織に迄発展せしめたる農村青年社運動をして、茲に治安維持法を適用、処断に進めしめたるのみならず、組織の中心地東京を始め全国的検挙の勝因を与え、戦慄すべき我無政府主義運動の勦滅を期し得たる」とされる。それは「取調主任たる同警部の厳乎たる警察精神より発する倦《う》まざる攻究と不屈の努力に帰するもの」とあった。これらを強調し、県内の警察官にその「亀鑑」「模範」ぶりをアピールした。館林は「内務大臣賞」も授与されている。

以上の例は全警察官の「亀鑑」とされた特別なものであったが、通常の特高警察の活動においても節目ごとに、臨時ボーナスというべき「特別賞金」が授与されている。北海道のある警察官の自筆履歴書には、一九二九年一〇月、「三・一五日本共産党を捜査検挙に付、特別賞金六拾円」を北海道庁長官から授与されたとある。その時、巡査としての月給は五〇円（他に視察係になると月手当三円支給）であり、この特別賞金はかなり多い。その後も、四・一六日本共産党捜査検挙、治安維持法違反滝内礼作捜査検挙、全協治安維持法違反の捜査検挙などで六回も賞金（五円程度）の授与と表彰を受けている。彼は特高課勤務のほか、岩見沢・室蘭・函館警察署の特高情報主任を歴任し、警部補に昇進している。

天皇による叙勲

一九三六年一一月二八日の『東京朝日新聞』は、「破格　共産党潰滅の功労者に恩遇　四十八氏に叙勲・賜杯」と、顔写真付きで大きく報じた。塩野季彦・松阪広政・宮城実らの司法官僚や纐纈弥三・安倍源基らの内務官僚とともに、毛利基・中川成夫らの第一線の特高警察官が、「日本共産党の検挙に当り、日夜不断の努力と幾多の犠牲とを払い、漸く同党幹部以下を潰滅せしめ、国家治安維持上に効せる功績顕著」として栄誉にあずかった。

この栄典の授与は、国体への最大の敵対者である共産党の壊滅がほぼ完了したことに加え、共産主義運動取締への貢献が国家的な栄誉と確認されたことを意味する。特高は、「天皇の警察官」を文字通り体現していた。

毛利の場合、「功績概要」として三・一五事件や四・一六事件以来の「数次の大検挙事件」の実績が挙げられ、「我国共産主義運動の初期より現在迄引続き党中央部の検挙に従事し、且常に検挙取締の基礎的資料を報告する等、其の功績特に顕著なり」というものであった（以上、「公文雑纂」「叙勲」、国立公文書館所蔵）

II

起訴——思想検察

第十二回思想実務家会同（塩野季彦法相の訓示）1938年6月

一……特高警察への指導・指揮

思想係執務綱領

思想検察の態勢が固まったといえる一九三〇年前後に東京地裁検事局が作成した「思想係執務綱領」は、思想検事の職掌の広さをうかがわせる（「外務省文書」）。

一、捜査の手続　（一）思想研究　（二）情報の蒐集整理　（三）出版物の蒐集及整理　（四）過去事件の批判研究　（五）捜査方法の研究　（六）実況視察　（七）協議及連絡　（八）書類の作成及配布　（九）司法警察官の教育　（十）法令研究

二、捜査　（一）管轄事件　（二）出版物の検閲　（三）事件調査

三、公訴

四、刑の執行

五、思想犯人の保護並に思想犯の予防

これらの内、本章で主に概観するのは、思想犯罪の司法処分にかかわる「捜査」（管轄事件）と「公訴」という執務内容である。「公訴」の項には、「予審、公判への参考資料提供」や「論告求刑に付て注意」がある。思想検事は、起訴という狭義の司法処分にとどまらず、思想問題・犯罪の全般について幅広く関与し、主体的に

思想統制に関与しようとした。通牒や思想実務家会同などの場で大きな方針が、さらに次のような個別の具体的な事件への対応が指示されていく。

一九三〇年六月、共産党シンパ事件で検挙した平野義太郎（東京帝国大学助教授）方の捜索で京城帝国大学助教授の森谷克己の書簡を見つけると、東京地裁検事正の塩野季彦は京城地方法院検事正の笠井健太郎に対して、森谷に関する家宅捜査などを嘱託した。そこでは東京地裁検事局の「此機会に際し極左教授一掃の意味にて取調を進め、諸般の材料を蒐集したる上、文部当局へ提供致度考《いたしたき》」が披瀝されていた。京城地方法院検事局では森谷方の家宅捜査をおこなって書類や書簡を押収し、東京地裁検事局に送付している（京城地方法院検事局「地検検事局情報綴」一九二八年〜三〇年、韓国国会図書館所蔵）。

特高を「我々の手足」に

特高警察の内偵捜査から検挙、さらに取調から送致までの一連の流れにおいて検察の指導や指揮があったことについては、前章で触れた。ここではそれらを検察側の視点から追ってみよう。

一九三三年八月の思想実務家会同における戸沢重雄（東京地裁検事局）の講演「思想犯罪の検察実務に就て」には、「重要な注意すべき事件に付きましては事前に警察官と打合せするに留めず、聴取書作成半ばに於て未完成の儘持って来させて内閲する」（『思想研究資料特輯』一二）とある。「内閲」は検察側にとっての認識であり、特高側にすれば司法警察官への指導とみなされていただろう。

日中戦争の長期化にともなう治安悪化の懸念が高まるなか、四〇年の思想実務家会同で特高警察の現状に対する批判や不満が噴出した。五月の会同では、名古屋地裁検事局の川口光太郎検事が「特高の指導監督の強化」に言及した。長期戦化による経済不安や社会不安が顕著化し、民心の悪化する事態を「現在の地方情勢は正《まさ》に一触即発の危機にあります」としたうえで、「思想国防の第一線に立つ我々の手足である特高を現在の儘で宜《よろし》いのか、我々は特高の現在の心境と、検事局、裁判所に対する関係を深刻に反省しなければならぬと思います。今日こそ特高を我々の生きた手足のように動かして、時弊の匡正に努めなければならないのであります」と強調する。

また、仙台区裁判所検事局の吉岡述直検事も「遺憾ながら、特高警察官の総てが自分の仕事に対して、真に国家の警察官として国家事務を負担して居るのだと云うだけの熱意と信念とを持って居るかどうかと云う点に疑を持たざるを得ない……特高警察官が国家事務として事務の一部を負担すると云うよりも、自己の名誉心を満足せしむる為に事件を処理すると云う傾向が今に於ても尚たぶんにあるのではないかと云う疑を持って居る」と手きびしく批判する（以上、『思想実務家会同議事録』『思想研究資料特輯』七九）。

六月の宮城控訴院管内思想実務家会同でも、吉岡の批判は「思想係判事に対し情報を差上げたいのでありますが、特高は職務柄極秘主義でありまして、思想係検事以外には絶対に秘密に付し居り、最近は検事に対しても秘密にして置くという様な傾向がある」と止まない（『思想研究資料特輯』八一）。

新治安維持法の刑事手続の規定で検察の特高警察指揮権が明記されたことは、検察には朗報となった。四一年七月の思想実務家会同で、東京刑事地裁検事局の中村登音夫検事は「検事の捜査指揮権の確立に付ては画期的な効果を挙げた……警察官の脳裏に、検事の指揮なくして事犯の検挙は不可能であると云う観念を強く植付けた」と、懸案の解決を評価する。実質的に違法状態がつづいていた「捜査手続」を合法化したことは、検察にとっては「真に此の捜査道を闊歩出来ると云う感銘」を与えるものであった。ただ、和歌山地裁検事局の高木茂検事は、特高が思想犯罪取締にもっていた「根強い因習は、新しく規定された法律手続を実施する丈けでは容易に之を清算して、本当に検事が実質的に責任を負うべき捜査権を確立することは出来ない」（『思想研究資料特輯』九〇）と予測する。

この時点で思想検察の特高警察批判が高まるのは、民心の悪化という状況への焦慮があることに加えて、その治安維持をめぐる両者の主導権争いという面もあった。特高を「我々の手足」とみなし、「国家の警察官」としての熱意と信念の不足に言及する思想検察の高飛車な姿勢には、エリート意識がみなぎっている。わずかに数十人にとどまる思想検察が、およそ一万人の特高警察に対抗して思想犯罪取締の主導権を握ることは実際上、困難であった。新治安維持法に刑事手続が盛り込まれたのは、刑事手続を法的に明記することにより、この圧倒的不均衡を是正するためでもあった。しかし、それによっても特高を「我々の手足」として自在に動かすことはできなかった。

具体的事件でも指揮権を確立

思想検察は総論として特高に対する指揮権の確立を図りつつ、各論ともいうべき個々の治安維持法違反事件では具体的な指揮をとった。

一九二九年の四・一六事件の直前、大阪地裁検事局の金子要人検事がまとめた「日本共産党関係治安維持法違反事件被疑者取調要項」（『季刊現代史』七）は、「我が敬愛する警察官諸君」に向けて「蛇足であると思うが、老婆心から取調要項を記述した」ものである。「日本共産党は治安維持法に所謂結社なるや」については、「国体を変革すること」について「我国は万世一系の天皇が統治権を総攬せらるる事実に変更を加えんとする行為の如き、其変更が全部たると、一部たるとを問わず、又事物に関すると、領域に関するとを問わず、共に国体変革となるのである」とする。「結社の目的遂行の為にする行為を為したる者なるや否や」については、次のように説明する。

之は結社の目的遂行に便する行為を為したる者一切を含むので、非常に広い意味である……結社に加入せずして之に共鳴し、革命の主観的要素たる結社員の増加拡張、結社の主義綱領等を拡通する意思を以てレポーターを為したり、又或地域に共産党発行文書を配布する責任者となって居る者の如きは、一言にして云えば日本共産党の党勢の拡張に従事したる者の如きは、所謂此目的遂行の為にする行為を為したる者と云い得ると思う

本格的に目的遂行罪を運用することになった特高警察官に向けて、合法的な行動もその「内面関係に於ては日本共産党の党勢拡張、即《すなわち》目的遂行に関する事項である場合が多い」として、注意を呼びかける。なお、この目的遂行罪の解釈は緊急勅令の議会審議における説明にそったもので、党外からの直接「党勢拡張」の行動が該当する。三〇年代以降、この目的遂行罪の解釈は大きく逸脱し、自在の拡張を遂げていく。

また、この「取調要項」では、第二条の協議、第三・四条の煽動、第五条の金品供与についても、条文の適用を念頭に解説されていることが注目される。たとえば、「第三条の煽動は不特定又は多数の者に対して、国体変革又は私有財産制度否認の観念を注入して、其者等をして実行の決意をせしむるか、又は既に致して居って決意を助長せしむる様な刺戟を与うれば足りる」とされる。すでに指摘されているように、新たに加わった目的遂行罪をフル活用することにより、治安維持法はその第一条のみの運用でまかなわれ、ほとんど第二条以下の適用はなかった。このように、運用の初期段階では第二条以下の運用も想定されていた。

三二年一一月、思想検察の主導的な役割をもっていた東京地裁検事局は特高警察官向けに「思想事件聴取書作成上の注意」（『治安維持法関係資料集』第一巻）をまとめている。「聴取書は左記要領に則り作成せられたし」として、一九項目を列挙する。重要な項目は「日本共産党に対する認識」で、「党の存在及目的に関する認識並認識するに至りたる経路、共産主義者としての意識水準並信念の有無、程度等を明にする為、特に所謂暴力

革命の不可避性に対する認識、議会主義に対する見解等に留意し、取調をなすこと」とする。思想の推移過程や運動経歴などは「手記」に譲ってもよいが、この共産党認識から「事後の情況」については必ず聴取することと指示される。

さらに「手記」や「上申書」の作成にあたっては「予《あらかじ》め充分なる取調を為したる上なるを要す」ること、「証拠物件を極度に利用する」こと、「起訴、留保処分に関する意見」はなるべく付箋に書くことなどの詳細な注意もなされている。

三六年七月、広田弘毅内閣の「国家の刑政の強化」にそって、司法大臣訓令による司法警察官吏訓練規定が実施となった。とくに地裁検事局主催の特高主任会議では、煩瑣な法律手続の教示がおこなわれ、検察による警察の指導が打ち出された。すでにその事例は前章でみたが、四〇年五月の思想実務家会同で東京刑事地裁検事局の平野利検事は、警視庁特高への指導の実例を披露した。「検事局に於きましては特高警察官の教養訓練に力を注いで居る」として、唯物論研究会事件のような場合、「検事が処理して大体予審請求が一段落付くと、其の唯研事件の取調に当りました司法警察官を招きまして、そうして取調に当りました検事から個々の事件に付て具体的に批評させる……そうして其の次の検挙の知識を授ける」というもので、「是は非常に警察官の方も喜びまして、そう云う風に手を取って教えて戴《いただ》くと張合があると云って感謝して居る」（『思想研究資料特輯』七九）という。先の「内閲」の延長線上にあるといえるが、検察側からはこのようなかたちで意思疎通が図られようとした。

戦時下においては、個々の具体的事件について思想検察による捜査・検挙の指揮がなされることもあった。四一年一月の北海道生活主義教育運動事件では、「児童に対するプロレタリア教育を実践する等諸般の活動を為しつつあるやの嫌疑濃厚となりたるを以て、札幌控訴院検事長は其の管内所轄検事正と協議の上、北海道庁警察部を指揮し」、六日には「検挙取調に従事する警察官を同庁に召集し、所要の注意教養を加えた」（司法省刑事局『思想特報』第二号、一九四二年一月一五日）という。

また、四二年六月の日本聖教会（ホーリネス教会、日本基督教団第六部）の捜査・検挙の状況について、公判における検事論告の「検挙の端緒」によれば、所轄署からの検挙方指揮の要請があったので東京刑事地裁検事局が不敬事件として検察上部に報告したところ、上部では単なる個別事犯ではなく旧ホーリネス教会系の各教会に共通する「宗教事犯」と判断して、全国の検事局に内査を指示したという。その後「約一ヶ年に亘り内偵査察を続けた結果」、「大東亜戦争勃発後に於ては、此の聖戦を以て患難時代の前徴なりと為す言動が頓《とみ》に激化せられつつあることが明らかになりました為」（山口弘三検事「日本聖教会（日本基督教団第六部）治安維持法違反被告事件論告要旨」『戦時下のキリスト教運動』第二巻）、検挙を断行したという。第一次検挙は九六人にのぼった。

二……思想検察の立ち位置

思想戦の戦士として

思想検察にとって一九三〇年代末は、特高に対する指揮権確立の衝動が強まり、治安維持法の再度の「改正」への要望を高めていくように、もっとも士気が高揚したときである。身内の会議である思想実務家会同ではそれが臆面もなく披露されるだけでなく、相互の発言が昂進し、異様な雰囲気さえ生み出した。

その最たるものが一九三九年六月の会同である。口火を切った東京刑事地裁検事局の栗谷四郎は「我々司法部に於ける戦闘部隊として思想取締の第一線に立つ者」として、司法省や大審院検事局に向けて、治安確保という「此の戦争の為に必要な弾丸、兵糧其の他をどしどし供給せられたい」と要望する。「弾丸、兵糧」とは、最新の詳細な運動の状況についての情報であり、新たな治安維持法運用の開発であり、さらにより威力を増すための治安維持法「改正」などであった。

ついで横浜地裁検事局の佐野茂樹検事は、「思想国防に関し、検察上特に留意すべき点」という観点から次のように提言する。

> 唯今与えられて居りまする法律を能《よ》く運営しなければならぬのであります、今や日本は民族として総力を傾注して戦って居るのであります、法律の使命とする所、色々御座いましょうが、一番大きな問題は治安の維持にあると思います、治安の維持に因りまして国防に貢献することが、私共実務家の使命であると存じます、治安国防と云う問題が没却されますと、あらゆる法律上の処置が本来の使命に背くような結果を生じ易いと思います……思想戦の戦闘舞台に立って日夜戦って居る、即ち本当の意味に於ける国内思想戦は私共実務家に依って戦われて居ると云うことを忘れてはならない、……事件の処理も然《しか》り、又捜査も然り、各警察特高方面に対する指揮命令、是は悉く思想戦に於ける戦闘行為であります

我こそは「治安国防」の担い手という強烈な自負のもと、新たな「思想戦に於ける戦闘行為」は共産主義のみでなく、「自由主義、個人主義、或は唯物主義」などにも向けられねばならないとする。しばらくして再び発言する佐野は、「裁判所、検事局は悉く思想戦のトーチカである。之に立籠って居る司法官は其の戦士であらねばならぬ」とまで言い切った（以上、『思想研究資料特輯』六四）。

罪刑法定主義の放棄へ

思想戦の戦士という自負は、思想検察において広く共有された。それは、それまでの思想犯断罪さえも手ぬるいという反省を導きだした。一九三八年九月の長崎控訴院管内思想実務家会同で福岡地裁検事局の竹内次郎は、「最近一般的な裁判状況を見まするに、勿論《もちろん》検事自身も其の嫌《きらい》があると思われますが、裁判が総て被告の主観状況にのみ重点を置かれ、客観情勢、一般警戒と言う様な事が兎《と》もすれば等閑視されて居るのではないか」(『思想研究資料特輯』四八)と発言する。判決が全般的に軽くなり、執行猶予付が多くなったことを念頭に、その理由を「被告の主観状況」、つまり合法的な活動であり、「国体」変革や「私有財産制度」否認の意図もないという弁明や転向の意思表明に重きを置きすぎるという。

三九年六月の思想実務家会同における東京控訴院検事局の平野利は、同様な認識に立って「刑の量刑の再検討」を次のように提起する。

大体現在の刑の量定は、大正の末期から昭和の初期に於ける社会思想の根本をなして居る個人主義的自由思想の為に影響を受けて居ります。即ち犯罪者の個人的要素を重視し、成る可く其の行為を同情的に解釈しまして、犯罪者の国家社会に及ぼした影響、或は被害者に加えたる損害と云うものを成るべく軽く見ようとするのではないかと考えられるのであります。併しながら、現在の刑の量定と致しましては斯様な考えは棄てまして、須らく社会治安の確保と人心悪化の防止に重点を置く必要がある……最近の治安維持法違反事件の刑の量定に付きまして、特に此の感を深く致します……被告人の転向に付きましても、之を過重視して刑の量定を軽くすることは、非常に危険であろうと考える

はたして平野のいうように、三〇年前後からの司法的処断が「個人主義的自由思想」の影響下にあって、「犯

罪者の国家社会に及ぼした影響」を軽視していたかは大いに疑問だが、「社会治安の確保と人心悪化の防止に重点を置く」ことを必須と考えるに至っていた思想検事にとっては、かつての自身らが積み重ねてきた司法的処断さえもが不満であった。

平野は量刑判断の根本的な転換のためには、刑事訴訟法の改正が急務という。現行の刑事訴訟法は「立法当時は所謂個人主義、社会主義的思想が我国を風靡して居りました時代」に作られたため、「現在に於て其の運用は被告人の自由を過大に重んじまして、国家の公益を害する傾向がある」とする。これも眉唾ものの独断といえるが、治安を維持し、「天皇の名に於てする司法裁判の威信」を保つために、「もっと強力なる権威的刑事訴訟法」制定がどれほど強く切望されていたかは伝わる（以上、『思想研究資料特輯』六四）。

三九年八月の広島控訴院管内思想実務家会同における正木亮広島控訴院次席検事も、同じく「個人保護よりも国を守ると云うこと」を第一義とする。主催者ともいうべき立場で、正木は「共産主義者の行為に対して、従来のような非破廉恥罪と云うような考え方をもう一遍考え直して戴きたい」とする。その犯罪を「親殺し」「強盗、殺人」以上のものと見なして、「非常時」下における量刑の判断基準は「健全なる国民感想」にしたがうべきとした（『思想研究資料特輯』八九）。正木によれば、三・一五事件や四・一六事件などの処断も罪刑法定主義に極端に縛られすぎたものであり、見直しが求められた。それは、非常時下の「健全なる国民感想」への依拠を理由に罪刑法定主義の放棄を主張するものだった。

こうした考え方の行きついたものが、敗戦間近の思想実務家会同である。四五年六月の臨時思想実務家会同で、船津宏司法省刑事局長は「潜在共産主義者」の発見と「早期の裡《うち》に之が芟除の実を挙ぐる方途を講ずる」ことを指示する。具体的に想定されていることの一つ、「緊急事態に際しての強制捜査権の行使に関する問題」では、次のような対応が指示された。

敵の本土上陸等の事態を生じたる際に於ては、国防保安法又は治安維持法所定の刑事手続の運用を受くべき事案にして、内偵稍々《やや》不十分等の理由に依り、平素に於ては暫く検挙を手控うべきを相当とするが如きものに付ても、断乎之を検挙するの要ある場合を生ずべきことは、当然之を予想し置くべきであります。而も右の如き緊急事態に際しては、現地に於て其の事件を処理すること困難なる場合も予想せられますので、思想検事は常に凡有《あらゆ》る場合を想定し、情勢の判断を誤らず、強制捜査権の行使に付、機宜の措置を誤らざる様留意せられ度いのであります。

また、「予防拘禁」制度が十分に機能していないとして、「今後に於ける情勢の推移は、既に一旦予防拘禁に付するの要なしと認められたる者の中にも、更めて其の要あるに至る者の無きを保し難《がた》」（以上、『季刊現代史』第三号）いとして、対象者の発見に努力せよとする。対象外とされた思想犯前歴者について、蒸し返しをしても「予防拘禁」制の活性化が図られた。

八月一日の札幌控訴院管内思想実務家会同の諮問事項「現下内外の新情勢に伴い、思想事犯に対する裁判検察上留意すべき事項如何」には、地裁検事局から個々に答申がなされた。札幌からは「所謂味噌も糞も分たぬ前歴者は尽《ことごと》く検挙するという態の行過ぎ的弾圧は、厳に慎まざるべからざる」とあるが、それは先の船津局長のいう「平素に於ては暫く検挙を手控うべきを相当とするが如きもの」をも検挙する「行過ぎ的弾圧」が横行していることへの批判だったろうか。

旭川地裁検事局からの答申には、「思想事犯に対する保護対策として、起訴猶予者其の他軽微なる者と雖《いえども》、現下の時局に鑑み、単に訓戒を加え釈放するが如き処置を極力避け、之を思想錬成道場に収容し、主として勤労を通して国体観念の徹底に努めしめ、一億総進軍の戦列に伍し、恥しからざる忠良国民たらしむ可く強度鍛錬の必要を痛感する」とあった。「予防拘禁」制度そのものがすでに罪刑法定主義を無視したものであったが、この起訴猶予者らの「思想錬成道場」送りなどの発想も、思想検事にとっては異常なことではなくなっていた。「軍事的のみならず思想的にも国内は危急の状態にある」ゆえに、思想戦の戦士という自負は唯一の拠りどころとなる。釧路地裁検事局の検事は、「我等思想実務家に現時負荷せられたる責任は、国民の国体擁護の精神を強固ならしめ、戦争完遂に背反する思想、殊に厭戦思想を克服し、武力戦に呼応して、否《いな》或は武力戦の根基として、思想戦に於て勝利に到達するにあり」（以上、『季刊現代史』第三号）と考えていた。

三　取調

訊問調書のつくり方

検察一体の原則のなかでも思想犯罪は一糸乱れぬ司法処理がめざされていた。福岡地裁検事局の竹内次郎検事のいうように、「治安維持法事件は各庁の自由措置は許さず、凡《すべ》て大審院検事局に稟議して其の指導を受け、処理の統一を期せられて居」た（一九三八年九月、長崎控訴院管内思想実務家会同、『思想研究資料特輯』四八）。司法省刑事局・大審院検事局からの通牒や思想実務家会同における訓示や指示によって、それは貫徹させられた。思想検事は一九三〇年代半ばにはほとんどの地裁検事局・控訴院検事局に配置されるようになった。三五年一月の『社会運動通信』一五四二号には、「昭和四、五年に比し左傾事件が極度に激減し、現東京地方検事局では戸沢検事を始め、芳賀、吉江、栗谷の諸検事が第一線に、六人の検事が専任し、一方予審にあっては十人の判事が夫々《それぞれ》事件を分担している」とある。

治安維持法違反とされた被疑者にとって、拷問を含む長期間の取調をおこなった特高への憎悪は深かったが、思想検事についても特高の背後からの指揮、検事局での取調、公判での論告、さらに「保護観察」や「予防拘禁」での関与という一連の思想犯罪処理に長く深くかかわったことから、同様であった。生活主義教育運動事件で断罪された教師の中井喜代之《きよし》は、「敗戦前にかつての治安維持法が厳然と法的威力を示していた時代、いわゆる特高警察をあごで使ってもっぱら思想取締の任にあたったのが、この思想検事といわれる存在であった。……終生忘れ得ない憎悪の名である」「当時の北海道の思想検事をたばね、これの軍配をふったのが、当時の控訴院思想検事の望月武夫である」(「思想検事のことなど」、北海道立文学館所蔵)と回想している。望月はその後「満洲国」の検察官となり、反満抗日運動の司法的弾圧にあたる。

同じ犠牲者の松田の「獄中メモ」には「妥協したら最後。一向こちらの主張は通らず、「ああ君は知っているが、言いたくないんだろう。よしよし僕が言ってやろう」といった調子。私の証拠品もろくろく見ず、警察調書と他の同人の調書をもってきて、バタバタ片付けられてしまった」(佐竹直子『獄中メモは問う　作文教育が罪にされた時代』)と、検事が訊問調書を勝手につくっていく経緯が描かれていた。

三五年六月の思想実務家会同で、福島地裁の金貞次郎判事は「福島に於ては警察官が作成した聴取書と検事が作成された聴取書とは全く同じ内容であります」と批判する。これに対して、宮城控訴院検事局の中村義郎検事は「決して警察官の調書と殆ど同一に「ダブッ」て居ると云うことはない、警察官の調書はいわゆる被疑者の活動一切を網羅して居ると云うような調書の取り方が今日尚《な》お行われて居る、併《しか》しながら検事の方に於ては其の中の主要なる活動を「ピック・アップ」して、之を起訴事実として提起する、其の提起する所の事実関係だけは少くも検事が取調べると云う方が宜しい」と応答する。このやりとりからは、思想検事は自らの指導にそって特高のつくった聴取書をもとに、送致後の被疑者の聴取をおこなう傾向があったことがわかる。

この会同で、戸沢重雄検事（東京刑事地裁検事局）は「警視庁は殆ど申し分がない位に良く取って居ります」と、自らの指導よろしきことを評価する。また、司法省刑事局の大竹武七郎は「司法警察官の素質が向上して申し分無く聴取書が出来て居るならば、重ねて検事が聴取書を作る必要はない」としたうえで、予審において被告が特高の拷問による強制があったと供述を翻《ひるがえ》すことがあるため、「少くとも公訴事実に包含されて居る部分だけは、検事に於て改めて聴取書を作って貰いたいと云う裁判所側の御希望、御意見」（以上、『思想研究資料特輯』二二）があるという。ズボラな思想検事は特高が作成した聴取書をそのまま流用し、職務熱心な思想検事は起訴事実に関連するところに絞って訊問していたのだろう。なお、同じことは起訴後の予審判事の訊問においてもくりかえされる。

四〇年六月、中国・華北の滅共警務対策研究会で長谷川瀏検事（東京控訴院検事局）が報告した「日本に於ける共産党の検挙並取調上の要諦」には、取調は「検挙よりも一層の困難性」があり、検察官の苦心するところとして、その「要諦は如何にして之を日本人に還元せしむるかの一点に集中」するという。「転向」すれば取調も容易となるからであるが、この「日本人に還元せしむる」ための第一にあげられるのは、「(一) 自供意慾の培養　暫く拘禁して、孤独哀傷の裡に自己の非を悟らしむるかとか、肉親に対する思慕の念を起さしめて日本人的反省の機縁を与うるとかいうも一つの方法」（「太田耐造関係文書」）とする。検察においても、長期間の勾留は取調上の有効な手段として認識されていた。

治安維持法最初期の「強制処分請求」

山辺健太郎によれば、司法処分の流れは「検挙されてから、まず警察の取調べをうけ、検事が予審判事に対して強制処分の請求をし、それから予審判事のいわゆる拘留《ママ》訊問をうけて未決監に収容され、それから今度は検事の取調べをうけ、そのうえで起訴されて予審にまわされる」となる。これは三・一五事件で検挙された日本労働組合全国協議会書記の金子健太にかかわる「司法警察官及び検事の取調記録」の「資料解説」(『現代史資料』「社会主義運動(三)」)である。一九二八年四月一六日、東京地裁検事局の松阪広政検事は東京地裁予審判事宛に被疑者金子の強制処分を請求する。一八日、塚田正三予審判事は訊問をおこない、検事の請求を認めた(日付は不明)。二八日から岡田実検事の聴取がはじまる。

このように、治安維持法運用の最初期では特高から送致後の検事局での取調にあたり、刑事訴訟法の規定に従い、予審判事に被疑者の「強制処分請求」をおこなっている。

さかのぼって京都学連事件では、二六年三月一一日、京都地裁検事局の南部金夫検事から京都地裁予審判事に「強制処分請求書」が送付された。「大正十四年以後、無産大衆の抱擁を企図し、共産主義社会建設の目的を以て組織的に学生及び無産者に対する階級的教化を実施し」(法政大学大原社会問題研究所所蔵)たとして、各被疑者の勾留を求めた。

福岡県の三・一五事件では、二八年三月二三日付で福岡地裁小倉支部検事局から小倉支部予審判事に送付された「強制処分請求書」に、「被疑事実」として「被疑者等は現時の吾が国家組織を変革し、無産階級独裁により共産主義社会の実現を目的とし、昭和三年二月上旬頃、福岡県下に於て前示の目的を有する秘密結社日本共産党九州地方委員会を組織し……其の主義の宣伝並に実行に従事したり」があげられた。予審判事はすぐに簡単な訊問をおこなう。たとえば、被疑者井上易義は予審判事に「私は御尋の如き目的を有する秘密結社を組織したる事は有りません」と、被疑者西本静雄は「私は御尋の如き秘密結社を組織し、又は加入したる事は有りませぬ」と答えている。訊問後、予審判事はすぐに一三人の拘引状を交付し、これによって検事による取調がはじまる（「日本共産党関係治安維持法違反事件予審記録写」、京都大学人文科学研究所所蔵）。

なお、管見の限りではその後、「強制処分請求」関係の資料を見いだせない。治安維持法検挙・送致の事例が増大していくなかで、こうした司法手続、とくにこの段階での予審判事の訊問は、おそらく煩瑣を理由に省略されてしまったものと思われる。

三・一五事件の「訊問調書」

特高の「聴取書」とは異なり、思想検事による「訊問調書」は一問一答の書式が原則であった。三・一五事件の場合をみよう。

大阪では被疑者春日庄次郎（共産党関西地方委員長）に対して、一九二八年四月五日、金子要人検事（大阪地裁検事局）が取調をおこなった。「日本共産党の目的は」と問われて、春日は「日本共産党の目的は無産階級の解放であって、即《すなわち》現在の日本の政治権力を無産階級、即労働者及農民に於て奪取し、労働者農民の国家を建設し、其国家権力に依て経済組織の社会、即共産主義社会を実現する事に在る」と答える。金子の質問は「日本に於ける革命の過程を如何に考えて居るのか」（「治安維持法書類」、東海大学図書館所蔵）などとつづく。

新潟の農民運動の活動家安中《やすなか》作市郎の場合、六月七日、起訴後の第二回予審の場で入党を否定すると、予審判事から「被告は検事局に於て入党の勧誘を受け、承諾した趣旨の陳述をして居るではないか」と問われて、「取調を受けた際、検事からそうした申立にして置かなければ事件も早く済《すま》ぬから、委《まか》せれと云われ、私は無事帰宅することの出来る様、検事の云わるる通りにして置いた」(「昭和前期司法関係文書」、新潟県立文書館所蔵)ためと答えている。同じく農民運動家の稲村隆一も六月九日の予審訊問で、入党を否定して、検事による作文と供述した。検事の取調のもとになったのはもちろん特高の調書であったが、被疑者の否定を一蹴し、早期の釈放を望む被疑者をまやかし、筋書きどおりの「訊問調書」をでっち上げたのである。予審判事はこの二人が入党していたとしたが、判決では入党の事実を認めず、「目的遂行」の認定にとどまった(後述)。

二八年の三・一五事件に関連して検挙された荒畑寒村は、二八年一二月二八日、平田勲検事(東京地裁検事局)の訊問に対して、「当時日本共産党の指導精神たる所謂福本イズムに対しては私は飽く迄反対で……従って私が此度の日本共産党に関係がなかった事も自然御了解になる事と考えます」(「東京地方裁判所における共産党事件被告聴取書」「外務省文書」)と陳述している。なお、二九年三月四日の聴取は、寒村の社会主義思想の変遷の陳述となっている。

四・一六事件の「訊問調書」

一九二九年の四・一六事件関係の東京地裁検事局の「訊問調書」をみよう。これらは一問一答式ではなく、検事の要約となっている。戸沢重雄検事による二九年一二月二〇日の佐野学の聴取は「「コミンターン」をよく理解しないで、之れを以て「ロシア」政府の出店であるとか、甚しきに至っては猶太人の国際的陰謀であるとか観察する向《むき》も往々あるらしく思われますから、其性質について簡単に申述べます」という発言から始まる。「「コミンターン」の直接目的は社会主義革命(「プロレタリア」国家)にあります」「「コミンターン」と日本共産党との関係」などが詳細に陳述され、佐野による講義といっても過言ではない。上海やモスクワ滞在中にコミンテルンから受け取った生活費についても語っている。

思想事件の取扱にまだ習熟していない検事たちは、共産主義の理論や運動の実際について手っ取り早く理解するために、佐野ら党の指導部のメンバーに存分に陳述させた。佐野らにとっては、この陳述は共産党の理論と運動の実像を提示する場となった。

砂間一良《いちろう》に対する二九年五月六日の一木《いちき》輏太郎検事（東京地裁検事局）の聴取では、共産党入党の手続きが陳述されている。「再組織の当時に当っては未だ細胞もなく、従って細胞に依る推薦を待って居ては何時迄経っても組織は出来ない」などの理由によって、「入党に関して、多少ルーズな仕方になって居りました」（以上、「東京地方裁判所における共産党事件被告聴取書」）という具合である。

思想検事・太田耐造の「訊問調書」

一九四〇年前後の司法省刑事局第六課長として治安維持法運用の中枢をになった太田耐造の、東京地裁検事局の思想検事時代の「訊問調書」がある。三四年一一月、新鉄関係治安維持法違反として被疑者宮沢吉蔵に対して、「共産党が存在すると云う事は知って居たか」「其当時、党の文書が這入っていたか」「北山に勧誘されて共産党に入ったと云う事は本当か」などと追及している（「太田耐造関係文書」）。

警察での聴取内容について否定する被疑者浅岡力蔵と太田のやりとりは、次のようなものである。

問　共産党に入党した事は事実か

答　自分としては調書には関係した如く申し上げましたが、今になって見ると、夫れは嘘を申し上げてある事であります

問　其前に入党したと云うのは如何なる理由に基くか

答　夫れは私として皆んながそんな事を言って居ると云うので、心ならずも申し上げたのであります

問　赤旗《せっき》を貰った事に対しては

答　夫れは自分が調べられる時に、そう申し上げなければ出して貰えないと云う事を考えたのですから、左様申し上げたのであります

問　警察官に申し上げたのは真実であるか

答　彼《あ》れは全然違うと云う事は申されませんが、大部分は事実と相違して居ります

こうした追及の末、浅岡は「兎に角、今自分としてはあんな運動をしたと云う事は本当に間違って居た事だと、心底から悔んで居るのであります」と転向を表明することになる。この二人に対して、太田検事がどのように「予審請求書」を書いたのかは不明である。

存在しない党を処罰する論理

社会民主主義へ治安維持法の運用を広げる一方で、一九四〇年前後には共産党再建の動きを極度に警戒し、かつての思想前歴者の蠢動《しゅんどう》に対して取締を加速した。その結果、四〇年七月の長崎控訴院管内思想実務家会同で神沢進検事（福岡区裁検事局）は「今日、日本共産党は既に壊滅状態にあるものと一般に信ぜられて居るに拘らず、強《しい》て之が存立を被疑者に供述せしめて、其の目的遂行行為として其の所為を律し、或はコミンテルンの夫れとして之を問擬せざるを得ざるは如何にも牽強付会の感が深い」という率直な戸惑いを表明することになる。もっとも、神沢の真意はこの違和感を払拭するために、治安維持法を「共産主義運動、無政府主義運動、独立運動、反国家的教義に基く信仰運動等、国体変革を当然の帰結とする主義に基く運動自体を処罰の対象となすと言う風に改正の要ある」（『思想研究資料特輯』八五）という点にあった。

おそらくこうした拡張解釈に「牽強付会の感」を覚える思想実務家がほかにも存在したのだろう、三八年九

月の名古屋控訴院管内思想実務家会同で、池田克大審院検事は日本共産党・日本共産主義青年同盟について、「存在すると認める以外判断の仕様がありません」（『思想研究資料特輯』四八）と開き直った発言をする。この段階では実際には不存在の党・同盟を「牽強付会」であることを承知のうえで存在すると言い切り、強引に治安維持法の適用を正当化した。

四〇年六月の宮城控訴院管内思想実務家会同における戸沢重雄大審院検事の発言も、傲岸《ごうがん》さという点で通底する。党の不存在を強硬に主張することをあきらめ、「漫然と」否定するだけの被疑者・被告人に対しては、「党の存在は裁判上顕著なる事実であり、証明する必要なき」というだけで事足れりと押し切る。そして、「犯人自身存在認識を欠き、又真実存在せぬものと信じて居るもの」（『思想研究資料特輯』八一）に対しては、次善の策として、党の目的遂行行為ではなく、実在するコミンテルンの目的遂行行為で処分する方針で臨んでいるという。

思想検事は、あらゆる手立てを講じて「国体」変革と「私有財産制度」否認とみなしたものに襲いかかっていった。それは在日朝鮮人学生の取締でも発揮される。四〇年六月の広島控訴院管内思想実務家会同で、ここでも戸沢大審院検事が、神戸の「北神留学生会」に対して「出来るならば治安維持法の第一条の結社でやりたいのだが……少し物足らないので、結局協議罪、協議煽動で以て起訴する」ことにしたと発言する。「協議罪を少し弾力性を持たして、今の現状に即応するように解釈をすれば、或は可成り取締られるのではないか」（『思想研究資料特輯』八一）と工夫の余地があるという見通しを述べた。

戦時下の「訊問調書」

一九四〇年八月、新築地劇団の関係者として検挙された演出家の岡倉士朗は特高の取調で転向を表明していたが、送致後、四一年四月の吉河光貞検事（東京刑事地裁検事局）による聴取においても、「私は今度の検挙後に於ける心境に付いては警察官の聴取書で申上げた通り相違ありませぬ、私は必ず自分のマルクス主義的意識を完全に更生して、将来は日本的な国民芸術家の一人に更生する事を誓います」（「治安維持法違反（検事局以後）」、京都大学人文科学研究所所蔵）と供述する。しかし、岡倉は「転向」の意思継続を表明したにもかかわらず、起訴を免れなかった。

企画院事件の和田博雄の「訊問調書」は、岡崎格（東京刑事地裁検事局）の訊問に、したたかに粘り強く供述する姿を浮かび上がらせる。四一年一二月二八日、東京拘置所での第五回訊問では「被疑者はコミンテルン及び日本共産党を支持したか」という問いに、和田は次のように答えた。

私は意識的に之を支持し、其の目的達成の為めに活動しようとは思いませぬでした……私は之等の共産党を直接支持発展せしめ様としたのではありませぬ、然し社会の発展は生産諸力と生産関係の矛盾の発展に依るものであり、其の発展の条件としては客観的並に主体的条件が必要なのであります……私は暴力革命と云う様な社会的混乱や生産力の低下を来たさしめる事の無い様に、無産階級の要求を漸次採り上げ、漸進的に次の社会主義社会へ発展せしむ可きであると考えて居たのであります

さらに三一日の第八回では、「被疑者等の研究会を通じて、若い者をマルクス主義的に啓蒙する積りではなかったか」という質問に、「其の様な考えは持って居りませぬでした」と否定する。それでも、事件については「誠に相済まないと思って居ります」として、「今後私は斯様な時局認識に徹底し、今迄より以上に国家の為めに微力を尽したいと考えて居ります」（「治安維持法書類一件」）と供述せざるをえなかった。岡崎は共産党への暗黙な支持や暴力革命の必要性を認めさせて、最後は「究極」論法で治安維持法違反にからめとろうと責め立てたが、和田は言質をとられないような供述に終始した。

ホーリネス教会弾圧事件で検挙された牧師安倍豊造は、「われわれの考えたこともなかったほどに、勝手にゆがめられた信仰?をでっち上げて、押しつけて、作った」警察の調書とともに検事局に送られた。「えりぬきの優秀な検事の前に行ったら正しく扱って貰えるもの」と期待していたが、四三年四月の取調開始とともに検事局も「腐り曲っていた」ことを知る（安倍豊造「われらを試みにあわせず悪より救い出し給え」山崎鷲夫編『戦時下ホーリネスの受難』、一九九〇年）。

> 厳正なるべき検事たるものが、「うるさいッ、俺は忙しい」と大声でどなり散らして、一色刷りの御都合的調書を作り上げようとするに至っては、法治国の人民としての人権を無視し、一方的に、しかも信仰を解し得ない頭をもって罪人ときめてかかる威かくと押しつけででっち上げる調書作りを予定しているとしか思えなかった……翌日もまた引き出されてKU検事の前にすえられた。しかし検事は何ら私を訊問する必要はなかった。昨夜のうちにであろうか、勝手に――警察の調書と他の容疑者の書類によってらしい――下書きを作って来て、それをどんどん読み上げて、傍に雇われて来ている書記に書かせるのであった。

このKU検事による調書は「いとも簡単に」、「短い週日の間に出来てしまった」。安倍は憤怒を込めて、「私の出頭は単に強圧の下に記名と拇印させられるためのものであった。私は、ただ到底承認し得ない箇所に至る度ごとに、――どなられ、無視されつつも――良心的否定をしただけ」であったと回想する。

ゾルゲ事件の「訊問調書」

尾崎秀実に対する東京刑事地裁検事局の玉沢光三郎による訊問は、きわめて異例ながら、検挙当日の一九四一年一〇月一五日になされている。検察当局の事件に対する重大性の認識がそうさせたというほかない。玉沢の実質的な質問は「被疑者は数年前より共産主義を信奉し、コミンテルン並に日本共産党を支持して論文の執筆其他の方法に依り共産主義を宣伝した等、コミンテルン並に日本共産党の為に活動した嫌疑で取調べを為すが、何か云うべきことはないか」という一問限りであったが、それはこの時点で治安維持法違反被疑事件とみなされていたことを示す。尾崎は「意識的にも、又具体的にもお訊ねの様な行為をした事はありませぬ」（「司法警察官訊問調書」）と答えた。その後、尾崎への訊問は警視庁の特高があたる。

ゾルゲに転じると、東京刑事地裁検事局の吉河光貞検事による訊問は、早くも検挙された一〇月中から始まっていた。吉河が四九年二月に占領軍のGⅡに提出した供述書によると、検事廷における「手記」は「一九四一年十月と十一月に、東京拘置所の検事取調室で、ゾルゲが私の目前でまず作製し、訂正し、そして私に手渡した供述の一部」で、ゾルゲの「諜報行動の全体のアウトラインに関する記述」であった。この作成過程では通訳はついていない。また、五一年八月のアメリカ下院非米活動委員会聴聞会で、吉河は「月曜の朝九時より午后三時まで、私の監督の下に警官が取調を行いました。だがゾルゲはミスター・吉河によって個人的に取調べられることを望みました。それで午后三時から夜まで、私自身で取調べを行ないました」（以上、「資料解説」〔『現代史資料』「ゾルゲ事件（一）」〕より重引）と証言している。

朝からの訊問は警視庁外事課の大橋秀雄警部補によるもので、午後三時以降は吉河が「個人的に」取調をおこない、対面しながら「手記」を作成させたことになる。のちに第五回予審訊問（四二年七月一五日）で「手記」を「自己の意思」で書いたかを問われて、ゾルゲは「書くことは検事の希望により検事のテーマに基いて記載したものでありますが、其の内容は私の意思によって何らの拘束をも受けずに書いたものであります」（「予審判事訊問調書」『現代史資料』「ゾルゲ事件（一）」）と答えている。検事の希望したテーマは、第一編が「第一章　日本および中国における私の諜報グループの概要」「第二章　コミンテルンとソヴェト共産党」「第三章　私の活動分野としての極東」「第四章　私の諜報グループと一九三〇年一月から一九三二年十二月までの間における中国での活動」、第二編が「第一章　日本における私のグループの諜報活動」「第二章　私のモスクワ滞在中における中央当局との直接の連絡」「第三章　ドイツ共産党員としての私の経歴」であった。この「手記」は生駒佳年の翻訳により、四二年二月と四月に司法省刑事局から「ゾルゲ事件資料」(二)(三)として刊行された。

「手記」の作成後、治安維持法並国防保安法違反被疑事件として、生駒を通訳とした吉河検事による「訊問調書」は四二年二月一〇日の第三四回から残っている(第五回予審「訊問調書」には「昨年十二月、検事が訊問を開始した時……」とあり、すでにその時点で検事訊問が始まっていたことも考えられる)。三月二七日の第四七回までつづく。このとき、まだ警視庁外事課の大橋秀雄警部補による訊問もつづいていた(三月七日まで)。三月初旬からは「所謂二・二六事件に関する諜報の顛末如何」「日独伊三国同盟締結に関する諜報の顛末如何」などが順次訊問された。三月二六日の訊問では「世界革命の将来に関する被疑者の認識如何」について、「被疑者の今次諜報活動の目的如何」が問われた。ゾルゲは「其の目的の積極的側面は、ソ聯社会主義国家を擁護せんとしたことであり、消極的側面は、ソ聯をして凡ゆる反ソ的な政治上の発展又は軍事上の攻撃を回避せしめることに依り、ソ聯を防衛せんとしたこと」(「検事訊問調書」『現代史資料』「ゾルゲ事件(一)」)と陳述する。

尾崎に対する検察訊問がやや遅れたのには、次のような事情があった。四二年二月二八日、松阪広政検事総長はゾルゲ事件処理に関する方針を協議する第二回打合会議を召集した。事件全貌の早期解明を図り、迅速な司法処分を求める松阪検事総長は東京刑事地裁検事局の中村登音夫思想部長にゾルゲ・尾崎秀実らの起訴の見込みを尋ねた。中村は「昨年暮、警視庁に対し昨年中に記録の送付を命じたるも猛烈な反対あり、一線は承服したるも特高部長等に於て頑強に反対し、本事件は警視庁最初の大事件にして此の際徹底的取調を為し得る様便宜を図られたし、一般左翼事件に付ては之れ迄半年乃至は一年右取調をなし得たるに、本事件のみ特に処理を督促せらるるは諒解し難しと云い、情理を尽して説得したるも納得せず、紛糾したる事情あり」(「歴史のなかでの「ゾルゲ事件」『現代史資料』「ゾルゲ事件（二）」）と説明する。検察側が「記録の送付」という事件の送致を督促するのに対して、警視庁特高部の上層部が難色を示し、「紛糾」しているという状況となっていたことがわかる。検事総長は、警視総監らと検事正らの懇談によって事態を打開するよう指示をしている。

これを受けて警視庁特高部と東京刑事地裁検事局思想部との折衝が行われたのだろう、三月一一日の「意見書」の提出とともに、ゾルゲ・尾崎の検事局送致がなされたと推測される。すでにゾルゲに対する検事訊問は開始されていたが、尾崎への訊問も「意見書」提出に先立つ三月五日から始まる。担当検事は、検挙時に訊問した玉沢光三郎である。

注目すべきものとして、四月一四日の「被疑者の我国体に対する考え方に付き述べよ」に対する尾崎の陳述をみよう。「私の行動は我国家を先づ検討し、私の国体に対する観念を定めた上で、反国家的行動に向ったという関係ではなく、共産主義者としての超国家的行動から自然に反国家的行動に出たということになる」とする一方で、「日本の現体制を「天皇制」と規定することは実態と合わない」として「天皇制」打倒をスローガンとすることは適当ではない、という。「問題は、日本の真実なる支配階級たる軍部資本家的勢力が、「天皇」の名に於て行動する如き仕組に対しては之にどう対処するか」にあるとする。

最後に「今次事件を中心とする現在の心境如何」と問われて、尾崎は「義理の問題、肉親的愛情の問題」への痛切な心情を述べたのち、「劇《はげ》しい人類史の転換期に生れ、過剰なる情熱を背負された人間としてマルクス主義を学び、支那革命の現実の舞台に触れてより今日に到る迄、私は殆どかえり見もせず、驀地《ばくち》に一筋の道を駆け来ったようなものでありました」（以上、「検事訊問調書」『現代史資料』「ゾルゲ事件（一）」）と感慨を述べる。警察の「訊問調書」の最後にあった「人生是れ一夢の心境」に通じている。

四 起訴

起訴か不起訴か

検察では被疑者の取調を終えると、起訴か不起訴かの処分を決定する。不起訴のなかには、起訴猶予処分が含まれた。被疑者は起訴されると、被告人となる。

起訴か不起訴（起訴猶予を含む）かの大きな分岐の判断について、思想検察をリードした戸沢重雄（東京地裁検事局）は一九三三年一〇月の思想実務家会同の講演「思想犯罪の検察実務に就て」のなかで、「第一は暴力革命に依る国体の変革又は私有財産制度の破壊に付ての信念の有無、第二は右実現に対する熱意の程度、第三には行為自体の危険性の程度、それから第四には此の種の非合法運動からの離脱の有無、是は改悛の情があるかないかということになる」（『思想研究資料特輯』一二）と述べている。もっともこれは一般論にとどまり、実際には社会運動の状況や思想政策の展開状況によって基準は厳重化したり、緩和したりするので、その具体的な運用状況についてはあらためてみることにする。

検察一体の原則は、とりわけ思想犯罪にあっては厳重に統制されていた。四〇年五月の思想実務家会同で、平野利検事（東京刑事地裁検事局）は治安維持法違反事件について起訴などの手続に時間がかかっていると述べた。まず「控訴院の検事局に参りまして、更に大審院の検事局へ行き、起訴します場合には本省へ行って起訴許可の御命令を戴きまして、それから大審院検事局、控訴院検事局を経て私共に返って来る」（『思想研究資料特輯』七九）という手続を経る必要があった。

起訴（公訴）になると裁判へ進むが、同人社編集部編『無産者法律必携』（一九三二年）にあるように、「公訴の提起――起訴――に当っては、予審を請求する場合と直ちに公判を請求する場合」があった。その選択は「事件の軽重難易に従って、全く検事の任意に決定し得る」とあるが、日本国内の治安維持法違反事件の場合、実際には圧倒的に「予審請求」が多く、すぐに公判に進む「公判請求」はわずかであった（朝鮮における民族独立運動に対する治安維持法適用では、「公判請求」が過半を占める）。

斉藤喜市予審判事（広島地裁）は三四年一一月の思想実務家会同で、「検事が起訴する事件中、転向したる者にして（イ）事件簡単なるもの、（ロ）事件複雑なるもの、転向せざる者にして（ハ）事実を供述するもの、（ニ）事実を供述せざるもの等あり」として、（イ）の場合は「直公判を以て事件促進を得べし」とする（「（ロ）の場合は勿論予審に起訴せらるるを適当と信ずる、（ハ）（ニ）の場合に付ては予審請求を適当とす」、『思想研究資料特輯』一八）。これによれば、「公判請求」が選択されるのは、事案が「簡単」で「促進」が可能な場合であった。そもそも「犯罪」全般のなかで「予審」へと進むのは、治安維持法のほか軍機保護法・暴力行為等処罰法・言論出版集会結社等臨時取締法などの治安法令違反が多くを占めていた。

では、なぜ圧倒的に「予審請求」が多かったのだろうか。おそらく検事は、予審判事に公判の審理に耐えられるように被告に対する詳細な再取調を求めたのではないかと推測される。というのも、日本国内では警察における「聴取書」はもとより、検事による「訊問調書」も刑事訴訟法上は証拠能力をもたず（一九四一年の新治安維持法施行以前）、予審の「訊問調書」が公判における証拠調において決定的な意味をもったからである。したがって、思想検事にすれば、特高警察による「聴取書」をもとに起訴に耐えうるだけの訊問をすれば十分と考えたのではないか。少人数の思想検事は個々の治安維持法事件に注力する一方で、特高警察や保護観察所を指導し、あわせて管内の思想情勢についても把握して、思想司法全体の方針確立にも意を払わねばならなかった。

「公判請求」の事例

一九三〇年代前半の段階で「公判請求」となった刑事事件全般の起訴の事例がどの程度あったのか不明だが、管見の限り、戦時下になると「公判請求」の割合は高くなっていった。法務府法制意見第四局統計課『第七十刑事統計年報（検察事件）』によれば、一九四一年の「公判請求」は起訴全体の九％だったが、四二年には一七％に、四三年には三九％へと増加している。新治安維持法の運用により、かつてでは立件できない事例も適用することができるようになったため、予審判事による再取調も要しない「簡単」な事例が出現し、おそらく人手不足も加わり、「促進」が図られた、あるいは求められたということであろう。

パリから帰国し、治安維持法違反で検挙されていた演出家の土方《ひじかた》与志は、四一年九月、吉河光貞検事（東京刑事地裁検事局）によって東京刑事地方裁判所に「公判」が請求された（東京刑事地裁検事局「起訴事実通報」第一八回、「太田耐造関係文書」）。築地小劇場などの演劇公演を通じて「共産主義理論たる唯物弁証法的創造方法の観点より之が演出を為し、右演劇を通じて大衆の共産主義意識の昂揚」を図ったこと、日本プロレタリア文化連盟の拡大に努めたこと、ソ連に滞在中、その「社会主義建設擁護に協力」したことなど、長年のプロレタリア文化活動そのものが目的遂行とされた。土方の場合が「求公判」となったのは、かつて所属していた新築地劇団関係者の一斉検挙により、取調が進行していたことと関連しているのかもしれない。

東京刑事地裁検事正から各控訴院検事長・各地裁検事正に送付された四二年二月の治安維持法違反「起訴事

実通報」第二回には九人分が掲載されているが、そのうち二人が「公判請求」であり、七人（そのうち企画院事件の和田博雄は「五条」実行協議）が「予審請求」となっている。

「公判請求」となった機械組立工の本橋亮輔は、かつて治安維持法違反で起訴猶予となったにもかかわらず「依然共産主義に対する信念を変えず」とされ、「我国内外の客観的情勢に鑑み、予《か》ねて交友関係ある共産主義者等と共に理論研究を為して、相互に共産主義意識の昂揚を図ると共に、工場労働者を共産主義的に指導啓蒙する等の活動」が問われ、目的遂行罪の適用が求められた（栗原時雄検事）。「理論研究」の中身はアダム・スミス『富国論』やマルクス『資本論』の読書会であり、「共産主義意識の昂揚」とは工場同僚に対して産業報国会や国防献金などの会社側の処置に批判的な意見を述べた、という程度であった。同様な言動でも「予審請求」となる場合もあり、本橋がなぜ「公判請求」となったのかはわからない。

もう一人「公判請求」となった朝鮮人学生趙晏衍《チョ・アンヨン》の場合は、実行の協議・煽動・宣伝という新治安維持法第五条の目的遂行罪の適用が求められた（古賀俊郎検事）。具体的に問われているのは、新聞配達の朝鮮人三人に対して数回、「朝鮮は日本の植民地なるを以て、日本より圧迫せられ悲惨なる生活を為すものにして、到底《とうてい》日本と同化し能《あた》わざるものなるにより、常に朝鮮独立の意図の下に努力勉学し、独立運動資金の準備に努むると共に多数同志を獲得し置き、独立の機会を窺うの要ある旨」（以上、「太田耐造関係文書」）を強調したことである。この事例は、第一条の目的遂行罪でないことから、「簡単」な事例とみなされたのだろう。

京都学連事件の「予審請求」

京都学連事件における大橋積《せき》・野呂栄太郎・上村《うえむら》正夫の「予審請求書」からみよう。一九二六年四月二五日、京都地裁検事局南部金夫検事から京都地裁予審判事に出されたもので、次のような内容である（法政大学大原社会問題研究所所蔵)。

孰《いず》れも日本帝国の国体及び経済組織と相容《い》れざるマルキーズム、レーニズムの社会革命思想を抱懐するものなる処、組織的に学生其他無産階級に対し、此等の革命思想を普及し、之を指導訓練して、所謂無産大衆の革命運動に依り日本帝国の根本組織に変革を加え、且《か》つ経済組織を根底より変更して私有財産制度を破壊し、以て共産主義社会を建設せんことを企図し……以て国体の変革、私有財産制度否認実行に関する協議を為したるものなり

前述したように警察からの送致では出版法違反となっていたが、検察当局はあくまで治安維持法の国内最初の適用をめざした。当時の思想問題に精通した検事(平田勲・池田克・吉村武夫ら)を京都に長期出張させ、押収資料を検討した結果、本命の第一条適用ではないが、学連の活動を実行の「協議」(第二条)にあたるとしたのである。

三・一五事件の「予審請求」

一九二八年三月二四日、東京地裁検事局の平田勲検事は東京地裁予審判事に日本共産党員の福本和夫ら三〇人を「予審請求」した。三〇年代に比べて特高の検挙から検察への送致、そして起訴までの処理がきわめて早いのはこの三・一五事件の特殊性で、共産党の実態を社会に提示する必要があったからである。加えて、田中義一内閣の延命や秋の大礼に備えた治安態勢確立を急ぐことも、背景にあった。

この「予審請求」では、前半で福本・渡辺政之輔・佐野文雄ら一一人について次のように「起訴事実」をあげる(法政大学大原社会問題研究所所蔵)。

共謀し、我国家成立の大本たる立憲君主制を廃止し、無産階級の独裁による共産主義社会の実現を目的と

する日本共産党なる結社を組織せんことを企図し、大正十五年十二月四日、山形県南置賜《おきたま》郡上山村大字板谷五色温泉宗川旅館に集合し、右結社の創立大会を開き、前記目的を掲げたる党規約綱領を議定し、立党宣言を為し、組織並に運動テーゼを定め、茲に同党の組織を確立し結社を完成し、爾来《じらい》民主的集権主義に則り中枢機関を東京府下に置き、関西、九州、信越、北海道等に地方機関を設け、其下に更に数名の党員を一団とする多数の細胞を作り、夫々秘密に会合を遂げ、同志を勧誘し、或は各種の労働者又は農民の団体内に潜入し、党員の増加を図り、檄文其他の文書を頒布し、労働争議又は府県若くは衆議院議員選挙等の機会を捉え、巧《たくみ》に其主義の宣伝を為して其目的の達成に努力し

この段階ではまだ用語として「国体」変革と「私有財産制度」否認は用いられていない。ついで、門屋博・河田賢治ら一九人について、「何れも右結社の規約綱領を承認、賛同して右結社に加入し、夫々各種会合に出席し、或は主義の宣伝に従事したるものなり」（以上、法政大学大原社会問題研究所所蔵）とする。その後、四月九日には野坂参三・伊藤千代子ら一五人、四月二〇日には福間敏男・是枝恭二ら一五人の「予審請求」がつづく（松阪広政検事の予審請求）。それらは「秘密結社日本共産党が我国家成立の大本たる立憲君主制を廃止し、無産者独裁による共産主義社会の実現を目的とする結社なることを知りながら」加入したこと、および「其の主義の宣伝等に従事した」ことが「起訴事実」とされた。

総じて共産党の創設と加入のみを「起訴事実」とする簡潔なもので、その後の具体的活動の取調は東京地裁の予審判事に委ねられた。多人数のさまざまな活動を訊問などによって確定していくために長時間が必要となり、三・一五と四・一六の統一公判が始まるのは三一年六月からとなる。骨格の部分は検事の手によって固められたとはいえ、その肉付けは予審判事に丸投げされたといえる。

一方、東京以外の一斉検挙をみると、福岡では二八年四月七日に佐々木是延ら三人を、福岡地裁検事局の石

塚捨一検事が福岡地裁予審判事に「予審請求」をおこなった。佐々木の「起訴事実」は二八年一月に共産党に加入し、「井上易義外数名に対し、右共産党に加入すべき旨勧誘教唆して、該秘密結社に加入せしめ」（京都大学人文科学研究所所蔵）たというものである。

司法省刑事局による三〇年四月一〇日調の三・一五事件の処理状況をみると、全体で七一二人の検事局受理数（特高からの送致数）のうち、四八四人が起訴となり、不起訴は一八七人（そのうち起訴猶予は一七人）となっている（捜査中が三七人）。同日調の四・一六事件では、全体で四三一人の受理者のうち、三三四人が起訴となり、九三人が不起訴（そのうち起訴猶予一三人）となる（捜査中は一人）。検事局別では東京がいずれも圧倒的に多い（「日本共産党関係雑件」「外務省文書」）。三・一五事件が一二地裁検事局におよぶのに対して、四・一六事件は三三地裁検事局におよび、全国的に拡大していることを裏づける。また、不起訴の割合は三・一五事件では約四割であるが、四・一六事件では約二割と低い。これは三・一五事件の検挙や送致が厳格とは言い難く、検察側も思想犯罪に習熟していないことをうかがわせる一方、四・一六事件になると検挙や送致はある程度焦点が絞られていったことを推測させる。

学生への起訴緩和と処分の「留保」

一九三五年九月の司法省刑事局『思想月報』一五号は「治安維持法違反事件の統計比較観察」を載せ、「昭和六年の検挙数が前年に比し倍加しているに拘らず、起訴数が僅か三〇七人であって総数四〇五九人の八％弱に過ぎず、最下位を示している」ことに注目する。それは、三一年三月二七日付の司法次官通牒によって従来の必罰主義が改められ、「学生、生徒その他若年者の目遂行為に対しては起訴緩和の方針を執《と》りたる為」であった。

同通牒によれば、「国体変革行動の罪名に因りて検挙せられたる者は、釈放後と雖《いえども》、良民に伍すること能わざるが為、絶望的の暴挙を敢てするの虞《おそれ》あること疑を容れざる次第」という認識に立って、それらを「未だ病《やまい》膏肓《こうこう》に入りたるものに非ず」「一時的の軽挙」などと判断して、学生らの目的遂行罪については起訴を緩和することにした。あわせて「厳重なる訓戒の下に一時釈放し、相当の期間視察の結果に因りて起訴猶予の措置を為すことを適当とする者もあるべし」という見方をしていることは、まもなく「留保」処分の導入を導くことになる。なお、この起訴緩和への方針転換は、内務省や文部省との協議の結果とするが、主導したのは司法省であり、思想検察の自立を意味する。

そして、三二年一二月二六日付で法相から「思想犯人に対する留保処分取扱規程」が訓令された。「犯罪の嫌疑あること明なるも、被疑者の主観及客観の事情に照し、尚一定の期間其の者の行状を視察し、其の結果に因り公訴の起否を決するを適当なりと認むる場合に、被疑者に対して為す処分の留保を行う」(以上、『治安維持法関係資料集』第一巻)というもので、期間は六カ月、視察は身元引受人と警察官がおこなうとした。「被疑者の主観」、つまり「転向」の意思表明を前提として、「留保」期間中、その保持と促進があったとされれば、不起訴処分となった。いうまでもなく、これらの方針は第一線の思想検事たちによって実践された。

一方で、相次ぐ思想事件は司法処理を渋滞させていた。三一年七月の思想係検事事務打合会では、東京地裁検事局から「思想事件の処理を迅速にする方法、殊に未決勾留を短縮する方法如何」が提案されている。未決勾留が長期にわたる理由は、「便宜の為、多数の被告人を併合して起訴し、且共産党其の他極左団体の本質を明にする為め、其の取調を詳細に為したる」こととされた。これに対する協議の結果、第一にあげられたのは「思想犯事件は将来多数の被告人を併合起訴することを避け、原則として之を個々に分離して予審を請求し、其の聴取書又は訊問調書は可成之を簡にし、特種斬新の事項以外、既に判明せる客観的情勢の記載等は被告人の犯意を明確にするに止め、之を省略するを可とす」という対応である。起訴を個人単位とすることのほか、警察の「聴取書」を簡略化することが求められた。また、警察には運動の査察内偵の徹底を図ることによって行政検束を縮小し、長期勾留を短縮させるよう指導がなされることになった。

起訴基準の変動

全起訴者のなかで目的遂行罪での起訴の割合の推移は、それがいかに重宝なものとして活用されていたかを類推させる。内務省警保局「共産主義運動概観」(一九三四年、『資料集成』⑤)によれば、一九二八年が二〇・五%だったのに対して、二九年には三三・四%に、三〇年には六一・七%に達してピークとなり、三一年でも五二・八%であった。ところが、三二年に一五・六%と急減するのは、それまで外郭団体として目的遂行罪の適用を受けていた日本労働組合全国協議会(全協)が「国体」変革結社へと引き上げられたことが大きく影響している。

一九三三年五月、日本労働組合全国協議会を新たに「国体」変革結社とすることを機に、治安維持法の拡大運用は本格的となった。堰を切ったかのように、相次いで外郭運動への目的遂行罪の適用が始まった。すでに三二年一二月に日本赤色救援会の活動を目的遂行罪で問擬する大審院の判決があったが、三三年一〇月、金沢地裁検事局は日本プロレタリア作家同盟石川支部準備会の「組織活動、又文学サークル活動並に同同盟の機関紙配布等の活動」を目的遂行罪と認めて起訴した。ついで、東京地裁検事局は日本プロレタリア文化連盟・日本プロレタリア演劇同盟の活動も同様に起訴した。これらは、内務省警保局から「御参考」として各府県の特高に通牒された。検事局の起訴処分というお墨付きは、外郭運動に対する特高警察の取締を後押しし、拍車をかけた。

なお、全協の一斉検挙にともなう取調上の「苦心」とその打開策を、三三年一〇月の思想実務家会同の講演で戸沢重雄が披露する。「全協が第一条の結社だということをはっきり認識して居る者は格別、認識がどうも薄いというようなものに付ては次善の策として、「全協の活動を通じて共産党の目的遂行の為にする行為を為した」という認定に落付かせるような方針で調」をしているという。全協が「国体」変革結社であるという「認識がどうも薄い」被疑者に対して、何としても治安維持法を適用するためのテクニックといえよう。そこにも拷問と詐術が効果的に用いられたことが容易に想像しうる。つづく戸沢の「そうなれば放れっこはない」（『思想研究資料特輯』一二）という言葉は、治安維持法の網の目から逃れることはできないだろうという自信に満ちている。

一九三〇年代後半になると、起訴基準をめぐって思想検事のなかでも懸隔が生じた。三六年六月の思想実務家会同で、安達勝清検事（大阪地裁検事局）は「検挙の標準を拡大し、苟《いやしく》も党の支持活動と認め得るものは皆之を検挙すること」とともに、「党の支持活動たる事を認め得るものに対しましては、刑を多少軽くしてもドシドシ起訴して、之を処罰するが必要」（『思想研究資料特輯』三三）と述べた。三九年三月の会同になると、「今日の時局に於きましては、少しでも左翼の勢力を伸びさせない」ことが重要で、「査察内偵を厳重にして、二葉《ふたば》の中に共産主義運動を刈取る」べきとする。この発言をした古橋浦四郎検事（東京刑事地裁検事局）は、「従来読書会の関係に対しましては、我々は殆ど検事としては問題にしない状態にありましたが、更に之に対しましては厳重なる取調をして起訴、不起訴は別と致しまして、相当厳重なる取調をして置く必要があるのぢゃないか」（『思想研究資料特輯』六二）とつづける。

こうした積極的な起訴処分という厳罰主義が大勢を占めるなか、三七年六月の思想実務家会同で、栗谷四郎検事（東京刑事地裁検事局）は「犯罪の認定を為し得る事案に付きましては其の起訴、不起訴の裁定に当りまして、従来に比しまして多少程度を緩和するの必要があるのではないか」と提言する。ついで、三八年六月の会同で、関川寛平検事（宮城控訴院検事局）は日本無産党事件に関連して、「極めて曖昧模糊のもの」や「認識の程度の極めて軽い者」に対しては「起訴を厳選にする」（『思想研究資料特輯』四四）べきと発言する。いずれも強引な理窟で治安維持法を拡大解釈することに、躊躇を覚えての発言である。後述するように、起訴基準をめぐる見解の対立は、予審終結決定の基準や判決の基準をめぐってもくりかえされる。人民戦線運動の弾圧に熱意を燃やす池田克大審院検事は、先の関川の発言に猛烈に反発して、次のように反論する（以上、『思想研究資料特輯』三七）。

此の検挙に於て最も重大なる事柄は何かと申しますると、非合法場面に於けると合法場面に於けると問わず、共産主義行動に対する国家の断乎たる態度を明示したこと……事件の処理に当りましては、斯かる重大なる意義の存することを常に念頭に置くことが要請される……苟も罪責が認定され、而も日本無産党、或は日本労働組合全国評議会に於ける地位、活動等を考慮して、起訴を相当とすると云うものに付きましては、起訴の処分を躊躇すべきでない……唯日本共産党と違って純粋な階級政党でないからと言ったような所から、漫然と不起訴処分をすることは今日の場合避くべきであり、又必ずしも妥当適切なる措置でない

池田の主導する「共産主義行動に対する国家の断乎たる態度」にそって、次項でみるように、実際に労農派グループは起訴されていった。

人民戦線事件の「予審請求」

人民戦線事件の「教授グループ」の一員とされた阿部勇（法政大学教授）は、東京刑事地裁検事局検事古橋

浦四郎の取調を受け、一九三八年九月三〇日、東京刑事地裁予審判事に「予審請求」された。「公訴事実」は、「労農派グループ」を「無産政党、労働組合及農民組合等の無産階級運動を指導すると共に、共同戦線党方策に依りて其等の政治及組合両戦線を統一強化する事を当面の任務と為し、延いて我国体の変革及私有財産制度の否認を内包する「プロレタリアート」の独裁政治を樹立することを目的とする結社」と断定したうえで、阿部がそのことを「知り乍《なが》ら、之を支持し」たとする。具体的な犯罪行為とされたのは、雑誌『労農』に「極度に社会主義社会を讃美し、斯る社会主義社会実現の為めには世界を変革する革命的なる実践的批判的活動の必要を強調したる論文」を掲載したこと、研究・執筆活動を通じて「大衆のマルクス主義的啓蒙」をおこなったことである。これらが、「結社「労農派グループ」の目的遂行の為めにする行為」と認定された。犯罪視されているそれらの行為は直近のことではなく、数年以上も前のことであり、それぞれの段階で検閲を通過して公表されていた。

同年一二月一七日に望月武夫検事（東京刑事地裁検事局）によって「予審請求」された南謹二（法政大学教授）の場合も、また同日に井本台吉検事（同）によって「予審請求」された美濃部亮吉（法政大学教授）の場合も、「公訴事実」はほぼ同じ文章である。すでに特高の「意見書」で用いられていた「延いて」が、「教授グループ」を無理やりに「国体」変革・「私有財産制度」否認の結社に結びつけてしまった。

起訴状の雛型

一九三〇年代後半の治安維持法の拡大運用には検察・裁判所内にも批判がくすぶっていた。たとえば、一九三八年七月の大阪控訴院管内思想実務家会同で、日下《くさか》基予審判事（高松地裁）は「合法仮装の結社及運動が治安維持法に触るるや検討を要する点なり」として、「池田大審院検事の労農派グループに関する講演ありたるも、吾々現実審理を為すに当りては諸般の資料により独自の解釈を以て決せざるべからざる問題」（『思想研究資料特輯』四七）と発言していた。

こうした意向を受けておそらく三八年頃と推測されるが、東京控訴院検事局思想部は「「コミンテルン」と治安維持法との関係」「「コミンテルン」の目的遂行罪に関する起訴状の雛型並若干の資料及注意」という文書を作成している（これを入手した名古屋控訴院検事局思想部による複製、「太田耐造関係文書」）。前者はコミンテルンに対する目的遂行罪の成立に釈然としない空気に対して、説得を試みるために作られたといってよい。コミンテルンの二七年テーゼ・三二年テーゼや人民戦線戦術の採用の経過をたどったうえで、「「コミンテルン」の目的、性質を知り、且其の目的遂行に資すべきことを知り乍ら当該行為を為すに於ては、治安維持法第一条後段の目的遂行罪の成立すること勿論と云うべく」と断言する。

後者では、それを具体的に起訴状に落とし込むための「雛型」を提示している。「被疑者は……（学歴、職歴、思想傾向等の概要）……なるが」という書き出しで、コミンテルンの定義を掲げ、「各国に於て広汎に所謂人民戦線運動を展開しつつあるものなるところ、被疑者は右情を知り乍ら之を支持し」として、「第一、……」「第二、……」と治安維持法違反とみなした具体的行為を書き入れたのち、「依て以て「コミンテルン」目的遂行の為にする行為を為したるものなり」と結ぶ。「……」の箇所に、個別の取調内容を書き加えれば、予審請求書はできあがる。注目すべきは、その具体的行為について付された「註」である。

「コミンテルン」の目的遂行罪の成立には、単に「コミンテルン」の目的、性質等を知るに止まらず、当該行為が「コミンテルン」の目的遂行の為にする意思乃至行為の結果が、「コミンテルン」の目的遂行に資すべきことの認識を以て為されたることを要す

被疑者は単にコミンテルンの存在を知っているだけでなく、その行為がコミンテルンの目的のためになされた

という意思をもっていたことを求めている。それは執拗な訊問と詐術によって引き出されるものといってよい。

戦時下の「予審請求」

一九四〇年前後、司法省刑事局第六課長の職にあった太田耐造のもとに、東京刑事地裁検事正からの「起訴事実通報」が届いていた。各控訴院検事長・各地裁検事正宛に送付されたもので、月報より頻度が高い。注目される治安維持法違反事件、新たな解釈により起訴となった事例などが、もっとも多く思想事件をあつかう東京地裁検事局より情報提供・執務の参考資料として通報された。たとえば、四〇年度の第二七回通報（一二月二三日）のガラス工場の臨時工で、共産党再建活動中の山代巴の一二月一九日付の「求予審」の場合は「「コミンテルン」並「党」目遂」と分類され、「公訴事実」は次のようになっている（「太田耐造関係文書」）。

> 現下我国に於ける革命の客観的諸条件は急速に成熟しつつあるも、革命の主体たるべき「党」は潰滅の状態に在るを以て、速に「党」再建の必要ありと為し、之が為自ら未組織労働大衆を共産主義的に啓蒙し、之を組織化すると共に思想的交友関係を辿りて現有共産主義者を結集し、相互に共産主義意識の昂揚を図り、竟《つい》には「党」中央部を再建し、以て右各結社の目的達成に努力せんことを決意し

新築地劇団の関係者として検挙された演出家の岡倉士朗は、一九四一年五月七日、吉河光貞検事によって「予審請求」された。「唯物史観の観点に立ち、現実社会の矛盾を暴露して資本主義社会の崩壊、共産主義社会実現の歴史的必然性を大衆に普及浸透せしめんとする等、革命的芸術理論たる所謂「発展的リアリズム」を基調とし、公演、批判会、座談会等を通して一般大衆並劇団員の共産主義意識の啓蒙昂揚を図り、以て「コミンテルン」並「党」の各目的達成に資せんとするものなることを知り乍ら」（「治安維持法違反（検事局以後）」）というもので、長いプロレタリア演劇運動の演出と評論活動の経歴全般が目的遂行罪に問われた。この段階の典型

的な事例といえる。

四一年一二月三一日、東京刑事地裁検事局の岡崎格検事は企画院事件の被疑者和田博雄を、農村の「封建的要素を打破し、農村プロレタリアートの増大を意欲しつつ農村生産様式のブルヂョア民主々義化を図り、漸次社会主義革命の客観的主体的諸条件を促進せしめ」たとして、「予審請求」した。犯罪と認定された行為とは、農村問題の諸論文の発表が「一般大衆を共産主義的に啓蒙し、以て社会主義革命の客観的主体的諸条件の促進を図らんこと」を意図していたこと、勝間田清一らと「農村に於ける階級分化の過程を調査すべき旨の協議」をなしたことなどであった。「窮極に於ては」という飛躍の論理を用いて、これらが「国体を変革し、私有財産制度を否認し、共産主義社会を実現せんことを目的とし」（以上、「治安維持法書類一件」）たことに結びつけられる。企画院事件の場合は「国体」変革の結社を引出してくるのが困難だったため、個々の言動が問擬されることになり、共産主義社会実現のために「協議」したという新治安維持法の第五条にあてはめた。

キリスト教関係の「予審請求」をみる前に、三八年九月の名古屋控訴院管内思想実務家会同で太田耐造刑事局第六課長がおこなった指示——「事変後稍々もすれば人心の不安からか、迷信に陥り易く、迷信類の邪教が相当跋《はびこ》りつつある様であります、邪教に対する取締は取締が若干手ぬるい感があります、殊に最近の邪教は不敬の形をとる場合が往往ありますので、取締上特に御留意願い度い」（『思想研究資料特輯』四八）——が注目される。日中戦争の長期化にともない、人心の悪化が顕著になる事態に、人心を惑乱するとみなした宗教の取締が強化された。

四二年六月に勾引されていたホーリネス教会弾圧事件で岡村謙一（東洋宣教会きよめ教会の幹事兼聖書学校教授福音使）を訊問した鶴田猛検事（東京刑事地裁検事局）は、上級検事局に起訴稟請《りんせい》（「予審請求」）をおこなった（日付不明）。それは「千年王国なる地上神の国を建設し、次で新天地と称する神の理想社会を実現すべきものなりとし、天皇統治が右千年王国の建設に際《あた》りて廃止せらるべきものなりと倣《な》す、国体を否定すべき内容のものなることを知悉《ちしつ》し乍ら」(「基督教関係(一)」、同志社大学神学部図書室)とされる。

同事件の車田秋次は、四三年五月二四日、東京刑事地裁検事局の古賀俊郎検事から「予審請求」されたが、「公訴事実」は岡村の場合とほぼ同一である(『車田秋次全集』第六巻)。

ゾルゲ事件の「予審請求」

前述した一九四二年二月二八日のゾルゲ事件処理の打合会議で、松阪広政検事総長は中村登音夫東京刑事地裁検事局思想部長に、「直公判の予定なりや、予審請求の予定なりや」を質問した。これは予審を経ずに「直公判」に進めて、司法処理を早く済ませたいという検事総長の前のめりぶりをよく示している。中村は「予審請求の見込」(「歴史のなかでの「ゾルゲ事件」」)と答えた。

五月一六日、検事局から東京刑事地裁にリヒャルト・ゾルゲ、尾崎秀実、宮城与徳、マックス・クラウゼン、ブランコ・ド・ヴーケリッチの「予審請求」、つまり起訴がなされた。同時に、この日、ゾルゲ事件が公表された。

ゾルゲの罪名は「治安維持法違反、国防保安法違反、軍機保護法違反並に軍用資源秘密保護法違反」とされた。「公訴事実」は、「支那、次で我国に於て夫々独自の諜報活動を展開して我国の軍事外交財政政治経済其の他諸般の情報を蒐集し、之を赤軍第四本部及同本部を通じて「ソ聯」共産党中央委員会並に「コミンテルン」本部に伝達することに依り、「コミンテルン」の目的達成に協力せんことを企図し」として、一九三〇年以来の情報の探知収集活動を列挙し、最後は「諸般の活動を為し、以て前記諜報団体の指導者たる任務に従事し、国家機密を始め軍事上の秘密及軍用資源秘密其の他の情報を探知収集して之を外国に漏泄し、且「コミンテルン」の目的遂行の為にする行為を為したるものなり」とする。この前半部分は国防保安法・軍機保護法・軍用資源秘密保護法違反に該当し、後半部分が治安維持法の目的遂行罪に該当する。

尾崎の場合も罪名は同じである。「公訴事実」は、「「コミンテルン」が世界「プロレタリアート」の独裁による世界共産主義社会の実現を標榜し、世界革命の一環として我国に於ては国体を変革し、私有財産制度を否認し、「プロレタリアート」の独裁を通じて共産主義社会の実現を目的とする結社なること」、およびゾルゲの諜報活動の意義と実態について「孰れも熟知し乍ら」（以上、司法省刑事局「ゾルゲ事件関係主要被告人公訴事実集」、一九四二年五月、「太田耐造関係文書」）、諜報活動に参加したとして、一九三〇年以来の諜報活動を列挙する。最後はほぼゾルゲの場合と同一である。

「予審終結意見書」

起訴後の予審段階でも思想検事が実質的に予審判事をコントロールしていたことは、次章で検証する。予審での訊問が済むと、予審判事は予審終結決定をおこなう前に、その決定内容について思想検事の意見を求めることになっていた。この「予審終結意見書」は形式的な手続にすぎなかったものの、予審判事の判断を思想検事が確認し、了承する場としての意味をもった。

京都学連事件の場合、一九二六年九月七日、京都地裁検事局の南部金夫検事が京都地裁の予審判事滝波良蔵に送った「予審終結意見書」は、ほぼ「予審請求」と同文で、最後に「本件被告事件を当地方裁判所の公判に付する旨の決定相成度」（法政大学大原社会問題研究所所蔵）とある。

大阪府の三・一五事件では、「被告人等は孰れも前記日本共産党の主義綱領を知悉共鳴し、其目的遂行の為め左記の行動に及びたるものなり」として、春日庄次郎ら大部分の被告を旧治安維持法第一条第一項での処罰を、宮城雄太郎・坂本俊一郎らを旧法第二条と改正治安維持法第二条での処罰を求めている（「日本共産党検挙資料」其四、同志社大学人文科学研究所所蔵）。

人民戦線事件の阿部勇・南謹二に対する長谷川明検事の「予審終結意見書」（いずれも三九年一二月四日）は、「本件公訴事実は公判に付するに足るべき犯罪の嫌疑あり、被告人の所為は治安維持法第一条に該当するものと思料候《そうろう》」（「治安維持法書類一件」）となっている。

五　論告・求刑

九州三・一五事件の論告

公判の推移とそれに関わる問題についてはⅣ章に譲り、ここでは公判における検事の論告・求刑を具体的にみていく。

一九二八年一一月、福岡地方裁判所における九州三・一五事件裁判で、石塚揆一検事は論告を前にその草案を準備している。それは長崎控訴院検事長の「懇閲」と福岡地裁検事正の「懇閲」「添削」を受けるほど、念入りだった。まず「本論告の骨子並方針」として、「一、共産主義の内容等に関しては一切の論議を避くること　二、長くて二三十分を越えざること　三、聊《いささか》も訟廷を騒がせざること　四、気鋭不逞の若者等に幾分求刑の理由を了解せしむること　五、実際の論述を可及丈《できるだ》け短縮し得る様起案し置くこと」をあげる。「気鋭」とは、被告が「唯《ただ》一途に現代社会組織並に経済組織を地獄視し、労農独裁の共産主義社会の現出を極楽視して」という捉え方である。論告のポイントは次のようになっていた。

被告等は実に我国体を変革し、君主制を廃滅し、我社会及経済両組織、其他総てを呪咀《じゅそ》粉砕せんとしたのでありまして、正《まさ》に治安維持法に則りて弾圧を受くべき領域に著しく進入したもので、殆んど謂うに堪えざる遺憾事に属すると同時に、法の認容する範囲に於て最も重刑を求むるを相当とすべき事態と信ぜらるるのであります

また、「実に国家全体を覆滅せんとする処の内乱外患罪等に比して劣る所なき」とする。求刑にあたって、「本件の如き事態、又殊に改悛の情少しも窺《うかが》われざる」ことを考慮し、「宜《よろ》しく男親の厳格なる慈悲を以てせらるべきであって、断じて女親の如き慈愛に流れられるべきでない」とする。藤井哲夫・佐々木是延ら五人の被告には、旧治安維持法の最高刑である懲役一〇年を求刑した（求刑は磯悌三郎検事の担当）。もっとも軽い求刑でも六人の被告に対して懲役六年という、きびしい求刑であった。後述するように、三〇年代前半の量刑の基準からすると、倍近い厳罰を求めている。

なお、公判中に被告らが予審での供述を翻して警察・検察における拷問を暴露し、抗議したことに対して、論告の場で弁明がなされた。石塚検事は「所謂拷問々題なるものが一笑に付すべき誣罔《ふもう》なる」とするだけでなく、「警察の所為如何《いかん》に関せず、予審の取調、而も半年の永きに亘って度々繰返されたる予審の取調が、被告人等の云う如く無価値のものに非《あら》ずして十分の信憑《しんぴょう》力あるものなることは、説明を俟《ま》たずして明かなる所なり」（以上、「共産党事件論告要旨」『現代史資料』「社会主義運動（五）」）と拷問を全否定した。

長野県教員赤化事件の論告

一九三三年二月四日などに一斉検挙となった長野県教員赤化事件は、教育という聖域に「赤化」がおよんでいるということが、他のほぼ同様な目的遂行罪を問う治安維持法違反事件に比べて、学務当局と並んで司法当局も過剰に反応させた。それは、三四年四月から五月にかけて開かれた公判での検事論告の峻烈さにうかがうことができる。新聞報道によって追ってみたい。事件を一手に担当したのは、長野地裁検事局の川上達吉であった。

四月二一日、中心人物である被告藤原晃（高島小学校教員）に対して懲役六年を求刑するが、その論告は「長野県は山岳が県の内外に走り、従って大きな耕地がなく、特殊な産業、工業もなく、生活程度が貧しいので寒い時期が長く、而も山と山の間に生活しているため、人間は偏狭となり、言葉を換えていえば一人よがりな小英雄的な気持ちを持っている」と県民性から説き起こし、県内に風靡する「自由主義が放縦に流れ、而も一つの衝動を受けた場合、飛躍して過激な共産思想に走り易い」と断定する。

藤原らの運動に対して「小学校教育の神聖を汚した責任は重大」として、「藤原は故意の働きかけはしないと述べているが、意識的にやらなくとも、その共産主義的人格は必ず反映している」と追及する。「転向」表明についても、「何でも転向と云えば罪が軽減するかに考えるが、法廷戦術でやらぬとも限らぬし、転向によって必ずしも罪を軽減する必要はあるまい」と厳罰を求刑する（以上、『信濃毎日新聞』、一九三四年四月二二日、〔前田一男『一九三〇年代「教員赤化事件（「二・四事件」）」の研究』〈科研費研究成果報告書〉二〇一八年〕による）。

小松俊蔵（伊那小学校教員）・西条億重（南穂高小学校教員）ら上伊那地区の七人に対する川上の論告は五月四日になされた。「被告人達は非常に計画力が強く、而も教労、新教に加盟する少なく共一年以前に共産主義理論をよく知っていたのであって、教労、新教を通じなくとも直接共産党を支持する用意は充分にあった」と断じ、「小供の作文を翻訳して見ると、直ちに共産党のスローガンと一致している、先生の云う事を絶対的に信じているこの可憐な子供達が社会に出た時どうなるか？　推して知るべきで、慄然《りつぜん》たらざるを得ない」（『信濃毎日新聞』、五月五日）とする。

下伊那地区の四人の被告には女性の矢野口波子（上郷小学校教員）が含まれていたが、五月一五日の公判の論告で川上は「日本の国が非常時で内外共に多事多端の際、国内にかかる危険分子を輩出した事は断じて許すべきでない」と痛論し、「最近迄転向を肯《がえん》じなかった矢野口が当公判で転向を誓約した事は一驚する処だが、併しその動機は極めて単純で大いに疑問の余地があり、たとえ転向しても犯した罪に対しては充分の責任を負うべきである」（『信濃毎日新聞』、五月一六日）とする。懲役二年六月が求刑された。

なお、五月二一日の判決は全員が有罪であったものの、量刑は検事の論告・求刑の重さからすれば総じて軽くなっていた。その判決時の川上検事の姿は、「教労被告二十七名中半数以上の十四名の執行猶予を出した事に、「検事局側では相当強い衝撃を受けた模様で、第一線にあった川上思想検事の如きは公判立会中執行猶予の言渡しある毎《ごと》に可成《かなり》神経質に眉をピリつかせ、「意外」といった面持ちで緊張し乍ら用紙へ判決を書き留めていた」（『信濃毎日新聞』、五月二二日）と報じられた。

転向・非転向組への論告

一九三四年四月二〇日、森山武市郎東京控訴院検事がおこなった佐野学・鍋山貞親ら共産党指導部の転向組に対する控訴審における論告は、次のようなものであった（「第二次日本共産党首脳部に対する論告」『思想月報』第一号）。

要するに、治安維持法の見地より見ますれば、被告等の新なる主張は「日本共産党の君主制打倒のスローガンに反対し、日本の国体、皇室、君主制に対し最も正しい態度をとると共に、資本主義打倒の目標を明確に掲げる」ということに帰着するのであります……

被告等は治安維持法中最も重大なる価値を有する、国体変革に関する思想を抛棄したのでありますが、私有財産制度否認に関する思想は今尚懐抱しているものと認むべきものでありますから、法律的に見れば純正転向なりとは認め難く、之を転向に準ずべきものとして処理するを妥当なりと考えます。転向を斟酌致しますれば、原判決に比して相当減刑をなすのが至当だと考えます

佐野の場合、第一審判決の無期懲役を減刑しつつ、共産党指導者としての責任から「懲役十五年」を求刑した。一方、共産党の非転向組への論告は一段ときびしくなった。三六年一月の『社会運動通信』第一八四九号は、「日本共産党（仙台）九・一一事件続行公判」について、「本件被告等は時代の趨勢に逆行し、佐野、鍋山等巨頭連の転向により凋落の途を辿り、将《まさ》に潰滅に瀕していた共産党の再建を企図し、学生と工場及び凶作にあえぐ農村等に働きかけたもので、今更転向しても意味をなさない、仮りに転向したとはいえ茸を取っても地中に菌種が残っている以上、再び発生する如く、再び共産主義思想が起らぬと何人が断定し得るか、検事は本事件を相当重く見ている」と報じている。

人民戦線事件に対する東京刑事地裁検事局の玉沢光三郎による論告では、「労農派グループは予審終結決定書記載の如く、我国体を変革し、私有財産制度を否認する目的を有する結社なることに付ては、労農派結成の過程、其の思想、構成分子、具体的活動、労農理論の革命的内容を綜合すれば極めて容易に判明する」として、「指導的任務に従事したる」山川均については懲役七年が求刑された（一九四一年七月一一日）。また、元九州大学教授で労農派の論客向坂《さきさか》逸郎については、「多年に亘り反国体思想を抱き、之が普及浸透に力《つと》めた点よりするも、重刑を以て臨む要あり」として懲役五年が求刑された（六月二〇日、以上「海野晋吉関係文書」）。

量刑の基準

起訴か不起訴（起訴猶予を含む）かの判断とともに、論告・求刑において量刑をどの程度にするかは検事の絶対的権限の源であり、これらによって刑事政策、とりわけ思想運動に対するコントロールが意図された。

もっとも多く思想犯罪をあつかってきた東京地裁検事局の戸沢重雄は、その経験を踏まえて、一九三三年一〇月の思想実務家会同の講演で「刑の量定」の基準について、「日本共産党の場合でありますと、日本共産党に加入しただけで五年、色々活動すればそれに応じて加重することは勿論であります。党の目的遂行に付ては三年、それから共産主義青年同盟に完全加入した者に付ては四年、色々活動あればそれに応じて加重する、それから同盟の目的遂行は大抵三年或は二年、兎に角二、三年の処で求刑するということになって居ります」（『思想研究資料特輯』一二）と述べた。

三四年五月の思想実務家会同では、東京控訴院検事局の森山武市郎検事が転向方策を推進する立場から、「第一審に於ては、改悛の情顕著なるのみならず、釈放後の保護関係充実せるか、又は所犯軽《マ》微《マ》なる者に対してのみ執行猶予を言渡し、然《しか》らざる者には実刑を以て臨み、控訴審に於て徐《おもむ》ろに寛典を付与するや否やを判定することこそ、策の宜しきを得たるもの」と希望している。

この会同では、司法省刑事局長の木村尚達が「最近共産党事件の科刑は軽きに過ぐるものあらずやと思料す。真に転向せる者に対しては科刑上相当斟酌することは当然なるも、唯転向という一点より考うべきものに非ず。又転向をも為さざる者に対し、余りに軽きに失することは法の精神に反し、又策の得たるものにあらず」（『思想研究資料特輯』一六）と発言している。全般的に判決が軽くなりがちで、執行猶予が付される傾向に注意を喚起している。

厳罰化の流れ

一九三八年六月の思想実務家会同で、長谷川明検事（東京刑事地裁検事局）は次のように発言する。

従来から此の刑の量定の傾向を見て居りますと、兎に角合法運動は情状が軽い、非合法運動は情状が重いと見られ勝ちな傾向がある……併しながら私共の考と致しますと、合法運動が軽く、非合法運動が重いということは一概に言えないのではないか……此の非合法運動は、恰《あた》かも伝染性の熱病のように其の害は一時的に拡がります。そうした一面を考えて見まするとし、之に触れる者は限られた範囲、更に又之に触れましても健全な常識を持って居りまする者ならば、必ずしも之に伝染しないのであります。ところが此の合法運動の方を扱いますと、之に触れる範囲は非常に広いのであります。又健全な常識を持って居りましても、知らず識らずの間に之に侵され、蝕《むしば》まれるということが考えられるのであります。病気に例えますならば、寧ろ慢性的の病気の傾向があるのであります

思想検事は共産主義思想をしばしば「バチルス」などの病原菌に例えて、その強い伝染性を警戒するが、ここでは「慢性的の病気」こそが多くの人にとっては脅威だという認識に立って、合法運動への厳罰を求めている。

また、同会同では勝山内匠検事（大阪控訴院検事局）も求刑が全般的に軽くなっていることを取上げ、その要因の一つとして「事件を個人的に扱う」ことに比重がかかりすぎていると指摘する。「事件の求刑の前提を為すものが暴力革命であり、国家の転覆に関する組織的な根本的な犯罪の共犯である」ということへの認識が不足しているからであるとして、「今日本はどういう情勢にあるか、此の社会情勢に於て此の運動は如何に評価しなければならぬか」という観点に立って量刑を考えるべきとする。勝山には思想犯保護観察制度を含めて

「些《いささ》か犯罪人保護に堕して居る」（以上、『思想研究資料特輯』四四）という現状への批判があった。

同様な論点は、三八年七月の大阪控訴院管内思想実務家会同においてもみられる。佐藤欽一検事（大阪地裁検事局）は、頻出する「転向」表明に対して厳密に検証しないため再犯者が増大しているとして、「刑の量定などに於てナチス刑法の考方を参考とし、犯人に個人的事情を過大評価することがなく、国民全体の保護と云う観点に立ち、一層峻厳なる態度に出づるが至当ならずや」と提言する。山下知賀夫検事（京都地裁検事局）も「現行制度下に於ては相当長期刑を科して、其の服役中詳細に転向、非転向を鑑別し、仮出獄の制度を活用するが最も当然なり」という立場である。山下は『世界文化』『土曜日』などの文化運動関係者を担当する経験から、「彼等より共産主義を取除き、其の代り日本精神を背景として附加するに於ては、国家有為の材となる」「長期刑を科し深思熟慮の機会を与え、以て、日本人本来の姿に立返えらせ、邦家の為に活躍せしむる必要あり」（以上、『思想研究資料特輯』四七）とも発言している。

三八年九月の長崎控訴院管内思想実務家会同での高橋敏雄検事（長崎控訴院検事局）の発言は、さらにその一歩先を行く。量刑を重くすることが転向にも「効果的」であり、それは「結局本人の為であり、国家の為であります」とするだけでなく、「真に国家を思い、犯人を思うての確信を以ての刑ならば、犯人は必ずや将来に於て感謝をする」と断定する。前章で拷問をも被疑者のためという特高の自己本位の倒錯した論理を指摘したが、それはここにもあらわれている。

なお、同会同での竹内次郎検事（福岡地裁検事局）の発言――労農派の「連中は多く人間としての純真性に乏しく、所謂世故に馴れたものが多いのであります」（以上、『思想研究資料特輯』四八）――も、被疑者に対して絶対的な権限をもつ検事の独善性と傲慢さに満ちている。

四一年秋頃、司法省刑事局の作成と推定される「量刑と再犯に関する資料」は、思想犯前歴者が再犯となる傾向が高まっているとして、「従来思想犯罪の処理に際り、動もすれば被告人の表面的主張乃至個人的事情に重点を置き、国家治安との関連を軽視したる嫌なきにしもあらず」という観点から、再犯状況の調査をおこなったものである。四一年上半期の起訴者中、初犯は二七％なのに対して、「前科あるもの圧倒的なる」（「太田耐造関係文書」）とする。しかも、前歴者の判決では執行猶予付が過半を占めていたという。おそらくこうした調査結果は思想犯実務家会同に提示されて、検事・判事に注意が喚起されたと思われる。

大本教事件公判の論告

一九三五年一二月に一斉検挙となったいわゆる大本教事件は、三八年八月から京都地裁で公判が始まり、一六回の開廷をみた。三九年一〇月一八日、一九日、二一日の三日間、京都地裁検事局の小野謙三検事は、「皇道大本は終始一貫して現御皇統の世界御統一を翼賛し奉る団体でありまして、些の不逞目的を包蔵し居るものに非ず」などの公訴事実に対する被告の弁解を詳細に反駁するかたちで、論告を組み立てた。

その結論は「皇道大本は惟神《かんながら》の道の実践を標榜し、窮極に於ては革命手段により我国体を変革し（私有財産制度の否認を含む）、みろく神政成就、即ちみろく神の顕現者たる被告王仁三郎を、日本並に世界唯一の統治者とする所謂神の国、松の世の実現を目的とする結社」とみて、「我々日本臣民に在りましては、我国体を基調とし果して其の文字の有する意味が我国家の治安を維持し、国家を鎮護する上に於て許さるべきかを判断しなければならぬのであります。此の点は事《こと》宗教であろうと、政治に関する事であろうと、経済上のことであろうと此の区別をなす根拠がない」というものであった。

そのうえで、「我国体明徴問題に及ぼせる影響」「国法尊重性に及ぼせる影響」「産業或は経済上に及ぼせる影響」（私有財産制の否認）「信仰上に及ぼす影響」の観点から情状を判断するとし、「本件は荒唐無稽、牽強付会の説をなし、我が国体を危殆に導くこと、遥《はるか》にかのコミンテルンの暗躍に比すべくもな」く、その「罪は万死に値すと云うべき」と言い切った。出口王仁三郎については無期懲役を、教主出口すみについては「陰然たる重要なる存在」であり、「あらゆる組織活動方面等に非常なる影響を与えて居る」として懲役一五年を求刑した（以上、「皇道大本教事件検事論告案・第一審判決」、司法省刑事局『思想資料パンフレット特輯』、一九四〇年七月）。

ホーリネス教会（日本聖教会）に対する論告（山口弘三東京刑事地裁検事局検事）では宗教事犯は「極めて地道」であるゆえに、「人心を腐蝕せしむること極めて深刻」であり、とくに「国体に関する事案」は厳重に処断されるべきとする。対米開戦を「患難時代の前徴なりと公言する」ような「国体に背反するが如き信仰」の流布が、「如何に国民の国体観念を蝕むか。従て、如何に国民の結集を阻害するか」（『戦時下のキリスト教運動』第二巻）、計り知れないという断罪である。

検察による控訴・上告

治安維持法違反事件において第一審判決に不服な場合の控訴の大部分は被告人によってなされるが、ごく例外的に判決に不満な検事側が控訴することがあった。

一九三五年一〇月一〇日の『東京朝日新聞』は「寛大な〝赤〟裁判に　珍しく検事控訴　岡林弁護士に　再犯の懸念」という見出しで報じた。日本労農弁護士団事件に先立って検挙されていた岡林辰雄には、三五年一〇月の第一審判決で懲役二年、執行猶予四年の判決が下っていたが、懲役六年を求刑していた東京地裁検事局が控訴したのである。「最近「赤」関係の検事控訴は殆どなく、刑事政策上温情主義の下にこれを遇していたが、今回の検事控訴によって左翼に対する鉄槌は再び下されるに至った」と観測された。一二月の控訴審判決は懲役二年、執行猶予二年と検事局の思惑は外れたが、このあたりを機に「温情主義」の傾向に歯止めがかかった。

人民戦線事件の「教授グループ」の宇野弘蔵（東北帝国大学教授）に対する仙台地裁の第一審判決（三九年一〇月一六日）が無罪だったことに対して、「被告人が労農派グループの尚存続し居りたることに対する認識並右各行為が、同グループの目的遂行の為にする意思を以て為されたることに対する証明なきものとして全部無罪の理由を説示したる」ことを不服として、検察は控訴した。しかし、四〇年一二月二三日の宮城控訴院の判決も無罪だった。「被告人が公訴事実に所謂労農派グループを支持し、其の目的遂行の為に同事実掲記の如き諸般の行為を為したりとの点に付ては、記録を精査するも、未だ之を確認するに足る犯罪の証明なき」（以上、『思想月報』第七八号）という理由だった。検察側は上告せず、宇野の無罪が確定した。

司法省刑事局や大審院検事局は躍起となって日本無産党・労農派の厳重処分を強く求めていたことは前述した。にもかかわらず、とくに「教授グループ」に対する判決の多くは無罪となった。治安維持法の拡大解釈に無理があるという認識が、裁判所には少なからずあったといえる。それゆえに、司法省当局などは治安維持法の改正を強く志向し、解釈の拡張ではなく、条文そのものの拡張によって打開をめざすことになった。

もう一つ、第七日基督再臨団《セブンスデー・アドベンチスト》事件でも検察側の上告があった（二審制）。被告人深沢あいに対する第一審が懲役一年（執行猶予三年）という判決だったことに対する、四五年八月二日の東京地裁検事局の上告である。「結社活動上重要なる指導的役割を担当したる以上、指導者たる任務に従事したるものと解する」のが至当で、新治安維持法第七条後段（「国体」否定結社への加入）ではなく前段（「国体」否定結社の組織、その指導者）を適用すべきとした。第一審判決の量刑が「甚しく不当なると思料すべき顕著なる事由」は、「殊に被告人深沢あいの如きは、其の夫たる深沢孫次と同様、其の信仰特に強烈にして、遂に転信せざるものなれば情状酌量の余地なき」（「海野晋吉関係文書」）とされた。信仰を棄てないという非転向の姿勢に、敗戦の直前ながら、検察は強硬な姿勢をとった。

III

予審——裁判所 I

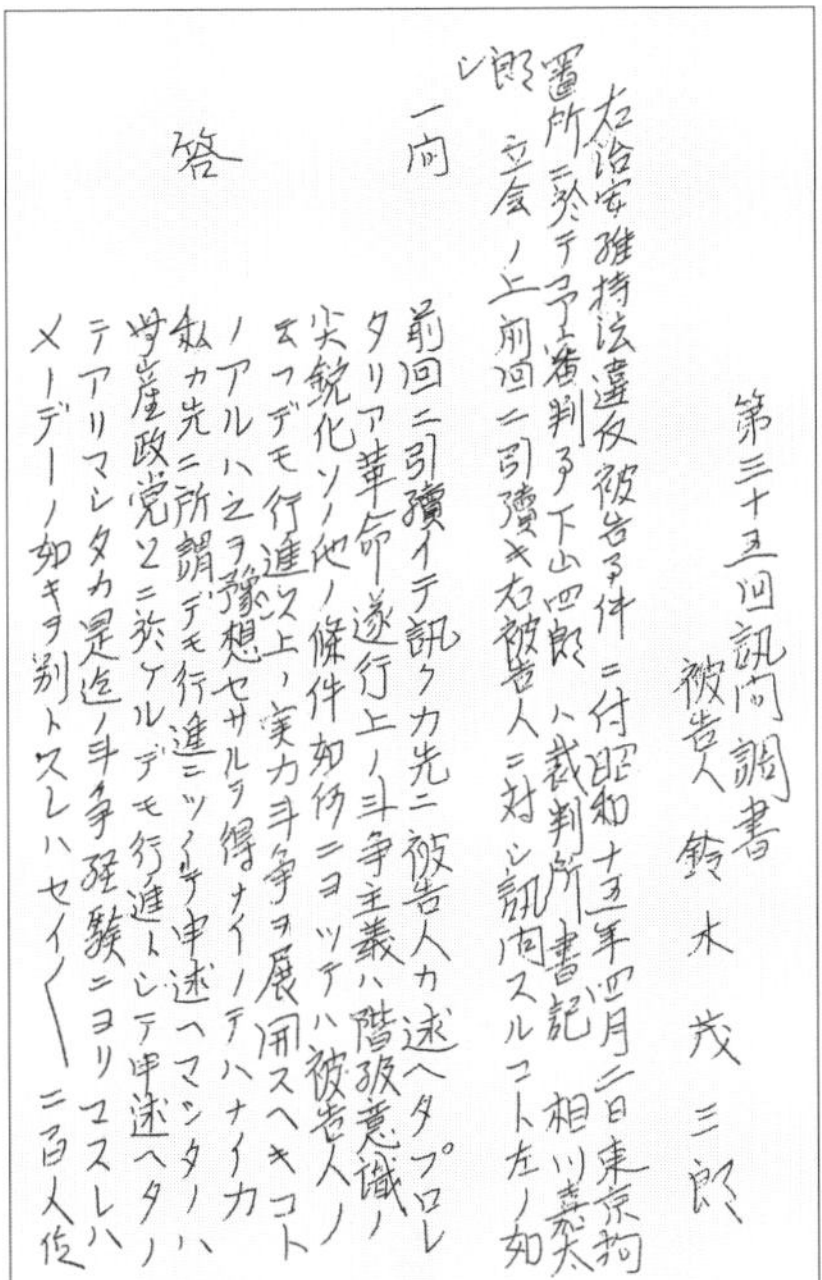
第三十五回訊問調書
被告人 鈴木茂三郎
右治安維持法違反被告事件ニ付昭和十五年四月二日東京拘置所ニ於テ予審判事下山四郎ハ裁判所書記相川春太郎立会ノ上前回ニ引續キ右被告人ニ対シ訊問スルコト左ノ如シ
一問 前回ニ引續イテ訊クカ先ニ被告人カ述ヘタプロレタリア革命遂行上ノ斗争主義ハ階級意識ノ尖鋭化ソノ他ノ條件如何ニヨッテハ被告人ノ云フデモ行進以上ノ実力斗争ヲ展開スヘキコトノアルハ之ヲ豫想セサルヲ得ナイノデハナイカ
答 私カ先ニ所謂デモ行進ニツイテ申述ヘマシタノハ無産政党ニ於ケルデモ行進トシテ申述ヘタノテアリマシタカ是迄ノ斗争発展ニヨリマスレハメーデーノ如キヲ別トスレハセイゼイ二百人位

鈴木茂三郎訊問調書　1940年4月2日

一　予審訊問

検察の延長としての予審

予審の目的について、刑事訴訟法には「被告事件を公判に付すべきか否かを決する為、必要なる事項を取調うる」（第二九五条）とある。予審判事は司法大臣が各地裁判事のなかから任命する。

予審の訊問は一問一答式で記録され、公判において証拠能力をもつことになった。一般的に第一回目の訊問は、検事による起訴内容を読みきかせてその認否を問うもので、簡単に終わる。二回目以降が本格的なものとなり、五〇回に達するものもあった。

戦前において一般刑事犯罪の司法処分上の予審制度には法曹界を中心にきびしい評価が加えられていた。とりわけ思想犯罪に対して、予審は単なる手続き的なものを越えて、抑圧と断罪という役割を十二分に果たした。思想犯罪の被告たちの予審・予審判事に対する憤懣や呪詛の度は、特高や思想検事とは別の意味で大きい。一九三二年五月三日、東京の四・一六事件公判の代表陳述で共産党中央委員の国領五一郎は、次のように思想犯罪における予審の現状を告発する（「四・一六事件公判代表陳述」『現代史資料』「社会主義運動（五）」）。

吾々は警察から刑務所に送られる時は、拷問のために全身数ヶ所の傷を負い、肩や頭は異常に腫れ上り、着物はズタズタに裂けた状態で、或る者の如きは歩行が出来ず、青竹をついて僅かに歩むという状態で、刑務所に送られる。所《ところ》が送られるに当って一応予審判事はこれを形式的に取調べをやるのであり、従ってその場合にはその拷問の事実が、幾多生々しい証拠が予審判事の目の前に見まいとしても存在する、然るに今日まで千数百名もの共産主義被告を取調べた予審判事中、これを問題にした者は一人もない。眼光紙背に徹するようなことを書き立て、盛り立てている予審決定書を書いている予審判事達が、一度拷問のために傷いた共産主義者を目の前にするや、忽ち見る眼を失ってしまった人の如くなって居るのである被疑者を警察から検察に送致する際、勾留のうえで取調が必要かどうか、裁判所に「強制処分請求」をおこなう。予審判事がその判定のために訊問をおこなう際、まだ生々しい拷問の痕跡について「見る眼を失ってしまま」うと国領は追及する。

京都『世界文化』事件の和田洋一（同志社大学予科教授、ドイツ文学）に対する予審の様相は、戦後の和田『灰色のユーモア』の回想に活写されている。一九三九年一〇月、予審を担当したのは京都地裁の松野孝太郎である。順調に進んでいた取調が引っかかったのは、和田が「反ファッショ文筆活動をやるにはやったが、日本に共産主義社会を実現するためなどとは全く考えていなかった」と述べたからであった。予審判事はその発言を検事局の供述とちがうと追及し、和田もここが「治安維持法違反で私が有罪になるか無罪になるか」の瀬戸際と覚悟したので、訊問がとどこおってしまった。それは次のように「解決」したという。

予審判事としては、君がそういう意識はなかったというのなら、その通り認めよう、といってしまえば、特高や検事のながいあいだの苦心が水の泡になってしまう。だから頑張る、そうとしか思えなかった。予審判事というものは、すくなくとも原則上は、検事の取調べにまちがいはないか、一応は疑ってかかるはずだと思っていたのが、どうやら怪しくなってきた。……私もしまいには投げだしたくなった。私はさいごに「共産主義社会実現のためということ、そりゃ潜在意識の中にならあったかもわかりませんが……」

といった。すると松野予審判事は、「潜在意識!? うん、それでよろしい、潜在意識の中にでも、そういう目的があったのならそれでよろしい」といった。かくして問題は解決した。私は潜在意識によって罰せられることになった

一九三〇年代後半以降の予審では、こうした追及は一般的であった。そこでは「延いて」や「窮極において」という論理の飛躍が、「潜在意識」の発掘とともに大いに幅を利かせた。

北海道の生活主義教育運動事件の公判で弁護にあたった高田富与は、「予審という制度は、裁判の一部で訴訟法上検察と全く切り離されている審理機関であったが、実際は検察当局の牽制を受け、公正な裁判など思いも及ばないのが常で、治安維持法違反事件の如きは殊にそうであった」とし、「検事局の延長としての役目を果したに過ぎない」(『綴方連盟事件』、一九五八年)と断言する。高田は膨大な予審の「訊問調書」を読みこみ、被告たちの訴えに耳を傾けるなかで、どれほど予審がでたらめであったかを痛感し、公判廷で暴露した(後述)。

人民戦線事件で検挙された鈴木茂三郎(日本無産党書記長)は、「私の経験によると、思想犯に関する限り予審判事が検事よりむしろ悪ドイことがわかった」と回想する。担当の予審判事下山四郎は「問い詰め、問い詰めたあげく、ふと「私も思想関係の予審判事として、内部ではまあ相当な声価をもっているのだが、君一人をヒネる……」と述べたという(鈴木『ある社会主義者の半生』、一九五八年)。「君一人」を鶏のように「ヒネる……」くらい、たやすいことという傲慢な意識が取調ににじみでたのだろう。

拷問の実態に目をつぶり、検事局の延長として思想犯罪の処理を自らの役割と認識する予審判事の意識には、治安維持の体制の一員としての自負とともに、思想犯罪専任の検事への追随もあった。ホーリネス教会事件で、東京地裁の吉浦大蔵予審判事は「ぼくらは、君たちに罪ありとは思わぬ。確かに、これは時代の罪と言うべきものであろう」(『車田秋次全集』第七巻)と述べたという。「時代の罪」と言いくるめることで、「罪」なき宗教

者を「罪」に陥れることに、痛覚を感じることはなかったのだろうか。

東京三・一五事件の予審

共産党中央委員徳田球一は一九二八年四月五日に予審請求され、四月一一日、まず福岡地裁で原道介予審判事によって第一回の予審訊問を受けた。「予審請求」の公訴事実を否定する徳田は、「私は公開せざる場所、即ち予審とか検事廷とかでは犯罪事実に関し、断じて口を開かぬ方針」を表明する。

徳田は東京に押送され、五月二〇日以降、東京地裁で藤本梅一予審判事によって予審訊問が継続される。「日本の政治組織に付いて何う考えて居るか」などの質問には多弁といってよいほど詳しい陳述をしているが、二九年五月二七日の第八回において冒頭の「被告は日本共産党と関係ありや」という質問には「答弁致しませぬ」と答える。さらに第七問「被告は大正十二年の共産党事件に関係があったか」から第二八問までの具体的事実に関する質問には、すべて「答弁致しませぬ」（以上、「徳田球一予審訊問調書」『現代史資料』「社会主義運動（七）」）で押し通している。七月二九日の第九回でも同様である。

半年後の三〇年一月二八日の第一〇回で、徳田は一転して公訴事実についても陳述しはじめた。佐野学・鍋山貞親・三田村四郎らの「予審訊問調書」を読み、「調書は敵に都合のよいようにつくられ、党の姿はすっかり混乱し、ゆがめられてしまった」（徳田『獄中十八年』）ことに気づき、「私の任務は党の全体の姿を可成完全に描き出す事に助力する事であると自覚」したからである。そして「日本共産党の生成と党の活動が如何に労働組合・労農政党及其他の無産階級諸運動に効果を与えたかと云う事と、日本共産青年同盟の生成及其活動が如何に労農・青年及学生運動に効果を与えたかと云う事」（「徳田球一予審訊問調書」）が、四月一日の第二三回訊問まで詳細に陳述された。

のちに徳田は『獄中十八年』で「党のただしい姿を、人民のためにたたかったじっさいの姿を、党外の大衆にもうったえ、党内の同志にもつたえるために、いやおうなく陳述せねばならなくなった」と回想する。一方、陳述する必要のない「組織やそのほかのこと」まで話してしまうという「あやまり」を自己批判している。

プロフィンテルン大会に出席し、帰国後検挙された国領五一郎に対する予審訊問は二八年一一月一日、東京地裁の塚田正三予審判事（第二回目以降は小泉英一）によってはじまった。第七回目までの「訊問調書」には「知りませぬ」「そんな事はありませぬ」などが連続し、国領が頑強に陳述を拒んでいることがわかる。それについて、三〇年五月二日の第八回冒頭で次のように述べる。

私は昭和三年十月三日に捕縛されて以来、今日に至る迄、私自身が日本共産党の党員であると云う以外には殆んど何事も陳述せずに来ました。其理由は、野蛮惨忍極まる治安維持法の犠牲に供されんとする同志を擁護し、党の蒙る打撃を極力少くする為でした。……最近同志諸君の予審調書を読んだ結果、党及諸同志に少しの損害をも与えずに、我日本共産党の目的、政策、戦術、活動に付て陳述する事が出来ると云う確信を得ました。……予審に於て陳述すれば、調書の形式に於て之を後に残す事が出来ます……然し改めて云う迄もなく、今日以上に党に損害を与える様な事や犠牲者を殖やす様な事は共産党員として、断じて云えませぬ

そして、共産党の掲げた一五項目のスローガンを一つずつ説明していく。「君主制の撤廃」について「治安維持法にあります様に単に立憲君主制の変革を目的として居るのではなく、資本主義国家を破壊し、プロレタリアの独裁を樹立する為に君主制の撤廃を行うのであります」とする。その際、天皇がいかに「ブルジョアと地主の要求」に忠実であるかの例として、治安維持法「改正」が緊急勅令によってなされたこと、田中義一首相に「特に支那問題を考慮せよ」と「露骨な軍事干渉を要求し」（「国領五一郎予審訊問調書」『現代史資料』「社会主

義運動（六）」）て、山東出兵に踏み切らせたことをあげる。その後、一〇月四日の第三一回訊問まで「日本共産党の目的、政策、戦術、活動」の詳細な陳述が展開された。

山辺健太郎は一九四三年に獄死する国領の「訊問調書」を「まったく信頼できる。いわば彼が後世にのこした遺書といえる」（『現代史資料』「社会主義運動（六）」「資料解説」）と高く評価している。

京都三・一五事件の予審

共産党指導部は統一公判となったため、東京地裁の三・一五事件の予審終結は大幅に遅れるが、地方では一九二八年夏前後に予審が着々と進められた。

京都地方裁判所で予審を担当したのは、浅沼猪助であった。その調書は特高や思想検事の「聴取書」と大きく異なるところはなく、たとえば、被告の宮崎菊治には「被告は日本共産党に加入し居るや」「日本共産党の目的如何」（六月一六日）、「被告は日本に於ける革命の進行情勢を如何に考え居るや」（六月一八日）などを訊問する。京都学連事件で被告となっていた京都帝国大学学生の太田遼一郎には、七月二六日、「被告は何時如何なる関係にて日本共産党に加入したるや」のほか、「河上肇博士は如何なる関係にて産業労働調査所京都支社の維持費をだし居りたるものや」（「日本共産党関係治安維持法違反事件予審記録写」、京都大学人文科学研究所所蔵）などを追及する。

被告の杉浦嘉三郎は、八月二四日の第一回訊問で「日本共産党の目的は如何」と問われて、「日本共産党は世界共産党と全じくマルキシズムを指導精神として、日本に於ける資本主義制度を撤廃し、共産主義社会の建設を目的とするもの」で、「当面に於ては君主制の撤廃、大土地所有の没収」などのスローガンを掲げたと答えている。京都三・一五事件に関連して、関西の共産党指導者で、大阪刑務所北区支所に勾留中であった春日庄次郎に対する出張訊問を浅沼予審判事はおこなっている（九月五日）。「日本共産党に入党の条件及其の手続は如何」や「証人は宮崎菊治に対し、京都に於ても青年を指導し、速かに青年共産同盟を確立せしむる様申向け居りたることありや」（「日本共産党関係治安維持法違反事件予審記録写」、京都府立京都学・歴彩館所蔵）などが訊問された。

予審でも「被告は将来如何に為す考えなるや」は必須の訊問項目である。九月七日、森田五郎は「共産党とは絶縁し、将来は非合法的の運動は罷《や》める積《つもり》であります……時間の余裕があれば、合法的の運動は遣《や》る積りで居ります」（「日本共産党関係治安維持法違反事件予審記録写」、京都大学人文科学研究所所蔵）と陳述している。同日には宮崎菊治も「種々考えた結果、将来運動を罷めて、他の方面に向う積りであります、都会に居っては又捲き込まれますから、今度は郷里に帰り、暫《しばら》く都会には出ぬ考えになって居ります」（「日本共産党関係治安維持法違反事件予審記録写」、京都府立京都学・歴彩館所蔵）と答えている。

この三・一五事件に関連して、京都地裁の予審では河上肇や山本宣治の証人訊問をおこなっている。二八年九月一日、河上は「本年二月上旬頃、日本共産党テーゼを郵送し来りたる事なきや」「証人は昨年十二月前頃、労農党に対し金二百円を寄付し、尚資本論の印税を受取る都度《つど》其の幾分を寄付する事となしたるにあらずや」などを訊かれている。山宣への訊問は九月三日で、「本年三月上旬頃、証人方に二重封筒にて外封は証人宛、内封は堀芳次郎宛とし、日本共産党の秘密文書を郵送し来らざりしや」（「日本共産党関係治安維持法違反事件予審記録写」、京都大学人文科学研究所所蔵）などが追及された。河上や山宣の身辺にも治安維持法が迫りつつあった。

各地四・一六事件の予審

横浜地裁における四・一六事件の予審は、島津二郎が担当する。被告蔵前光家（三・一五事件で検挙、不起訴となり、党地区委員会を再建）に対する一九二九年五月二一日の第一回訊問（勾留訊問）は加賀町警察署でおこなわれた。「被告人に対し斯様な事実に付予審請求を受けたるが、此の事実に対し何か申立る事は無いか」という問いに、蔵前は「御読聞けの其公訴事実は大体に於て其の通りに相違ありませぬ」（「治安維持法違反刑事記録」、京都大学人文科学研究所所蔵）と答えた。このように第一回目の訊問は、冒頭で「予審請求書」の認否が問われる。

九月三日、神戸地裁で被告植田多平の第三回訊問を担当した城栄太郎予審判事が「被告は検事に対し、鳥越巌の勧誘に依り日本共産党に入党を承諾したと申立てて居るではないか」と追及すると、植田は「警察に於て拷問を受け、仕方なく左様な事を言わされた」として、「之を基本に検事の取調べがあった」「警察に於て五十日余りも拘束されて居り、疲れて居ったので警察での申立通りかと聞かれたので、後日予審廷や公判廷で申開きが出来ると思い、それで承認して置いた」（「治安維持法違反事件」）と陳述した。このように多くの被告が警察での拷問によって強制的に供述されたこと、検察の取調でもそれが否認できずに押し切られたことを、予審や公判の場で「申開き」したいと考えていたと語る。実際にはその「申開き」は聞き届けられることはなかった。

高松地裁で四・一六事件の予審を担当したのは谷口一長予審判事である。被告頼《らい》則泰に対して、一二月四日の第二回では「社会科学を研究し、マルクス主義を信奉するに至りたる動機、又其研究の経路は」を、五日の第三回では「日本共産党に関係して居たか」「日本共産党の事は何時知ったか」「党の目的、綱領は」などと訊問する。三〇年六月一九日、最後となる第九回目の訊問では、「今何う思って居るか」との問いに、頼は「私はマルクス主義に対する充分の検討を為さず、漫然と其主義を良いと信じ、共産主義社会の実現を目指して活動した事は軽率なる若気の所為であったと今は後悔して居ります」「右主義を抛棄します、而して忠良なる国家の為めに尽す考であります」（「日本共産党関係治安維持法違反事件予審記録写」、京都大学人文科学研究所所蔵）と陳述する。

東京地裁における四・一六事件予審をみよう。被告砂間一良（『無産者新聞』責任者、三・一五事件後に共産党に入党、党再建にあたる）の場合、予審判事は工藤慎吉、両角誠英、秋山高彦と三人が交代している。二九年一一月二五日の第四回では「被告人は入党当時、日本共産党の実体及目的綱領等に付、如何に認識して居たか」という問いに、砂間は「日本共産党は労働者、農民、其他一切の被抑圧階級の解放を期し、革命的手段に依《よ》て次に挙げんとする十三項のスローガン（行動綱領）を実現する為めに、労働者農民の政府、プロレタリア独裁の樹立を目的とし、第三インターナショナルの支部として非合法的に組織せられたる政党なると認識して居りました」と陳述する。三〇年五月二七日の第一五回では「現在に於ける被告の社会思想如何」を問われて、次のように答えている（「治安維持法書類一件」、東海大学図書館所蔵）。

私の共産主義思想並に共産主義運動に対する信念は、入党後今日まで聊かの動揺もありませぬ……今日の紛乱錯雑せる社会現象を合理的に説明し、社会発展の歴史的法則に従って人類の適帰《てつき》するところを指示するものは、「マルクス」「レーニン」の共産主義より外にないのであって、私達は此共産主義を信奉する以外には今日合理的生活を営む事が出来ないのであります……

私が日本共産党に加えられたる幾多の弾圧と迫害にも拘らず、最後まで踏み留って同党を支持し様と決心して居るのは、真理の為に闘って倒れる事は安逸の生を愉《たのし》んで虚偽と偽善の一生を送るよりも、遥に高尚な遥に真実の生き方であると確信して居るからであります

家宅捜査を受けて党組織に関する文書を押収され、四・一六事件の発端をつくった菊池克己の予審を担当したのは秋山高彦である。三〇年五月二八日の第二回では「被告は日本共産党を如何なるものと思って同党に加入したか」の質問に、菊池は入党前から「日本共産党は国際共産党の日本支部であって、国際共産党の綱領、決議、指令に基き日本の現在の立憲君主制国家組織を転覆し、之に代うるに無産階級独裁の国家を樹立し、軈

ては私有財産を全く廃絶して、共産主義社会を実現する事を以て任務とした組織体」であることを認識していたと答える。

六月一〇日の第一〇回訊問では「今後、尚共産主義運動をやる積りか」を問われ、「自己の愚劣極まる不用意と恥づべき弱志とによって、共産党としては殆んど致命的な、言語道断なる大失態を演じて仕舞った」としたうえで、「私は党自身の名誉の為めにも甘じて脱落者の汚名を負い、社会運動の第一線から身を引いて、自分に適当した仕事と生活を選び、尚今回の不始末に鑑みて慎重堅実な道を歩いて行き度い」(以上、「治安維持法書類一件」)と、痛切な自己批判を陳述する。

恣意的な要約になることもある特高や検事の「聴取書」とは異なり、予審の「訊問調書」は一問一答式の訊問であるため、後述するように例外もあるが、被告の陳述が多くはそのまま記録されることになったようである。砂間や菊池の場合もそういえるが、モスクワから帰国後、共産党委員長であった山本正美は、三五年七月六日の第二回訊問で東京地裁の安斎保予審判事に対して、「予審の調が始まる前に被告人としての私の立場から、此の際是非共申述べて置き度い点があります」として、「一、専制主義的司法制度に対する抗議　二、暗黒裁判反対、統一公開裁判開廷の要求」を陳述する。「警察調書は野蛮極まる取扱と愚劣極まる陰謀と奸智に依る事実の捏造」によるもので、「裁判の基礎」とはなり得ないと否認した(「治安維持法書類一件」)。

人民戦線事件の予審

日本無産党の関連で検挙された経済学者猪俣津南雄《つなお》の予審は、東京地裁の長尾操予審判事が担当する。一九三八年一二月五日の第一回では、「所謂労農派グループを国体の変革、私有財産制度の否認を内包するプロレタリアートの独裁を樹立することを目的とする結社であると観て居る点」という公訴事実について、「異議があります」と答えた。その後もこの点は一貫しており、三九年八月四日の第二七回訊問では「労農グループはプロレタリア革命を遂行して、プロレタリア独裁を樹立することを究極の目的として居たのではないか」と問われて、「そうではありません」と否定する。

それでも、八月七日の第二八回訊問では日本無産党への資金提供について、猪俣は「結局其の提供した資金が党の運動の為めに使用され、従って党の目的遂行に役立つことになると云うことは判って居たのではないか」と詰め寄られて、「それは判って居りました」と答えている。予審判事は言質をとるために、あの手この手で執拗に責め立てた。

日本無産党書記長として検挙された鈴木茂三郎も、予審判事の訊問に抵抗している。東京地裁の予審判事下山四郎は、たとえば、四〇年三月九日の第二八回訊問で「被告人が狭義と称する革命の場合に、暴力を伴う革命は何と見る訳か」「被告人の云うプロレタリア革命は階級革命である事は間違ない訳か」「暴力革命となるべき事を避止して、しかも日本に於けるプロレタリア革命の可能性を信じて居る訳か」などと矢継ぎばやに追及する。もっともつばぜりあいが激しくなったのは、四月二日の第三五回である（以上、「治安維持法書類一件」）。

一二問　一般論として日本に於けるプロレタリア革命は私有財産制度を否認すると共に、国体の変革を内容とすることではないか

答　一般論としてならば、お訊ねのような内容をもつものがあろうと思います

一三問　被告人が述べて考るところを以てしても、被告人の云うプロレタリア革命は私有財産制度の否認と国体の変革を内容とすることに帰しはしないか

答　……国体の問題につきましては特殊な日本の国情の下でありますだけに、私としては之は慎重に考えて来たところであります……ここで簡単に申しますと、私の云うプロレタリア革命は国体の変革

を内容とするものではないのであります

一四問　被告人がプロレタリア革命によって少くとも優勢なるプロレタリア階級に政権を移し、その政権を民主的且《かつ》プロレタリア階級の支配的なものとする事だけから云っても、当然に我が国体の変革となりはしないか

答　……万機公論に決すとの明治維新に於ける御精神は、実は民主的であると斯様に考えて居るのでありますの

下山判事は何とかして「国体」変革という陥穽に引っ張り込もうとするが、鈴木は慎重にそこを回避し、最後のところでは「五箇上の御誓文」を持ちだして切り抜けている。

「教授グループ」の阿部勇の予審は、東京地裁の徳岡一男予審判事が担当した。三九年八月一五日の第五回では、「労農派は雑誌大衆の発行以外の方法でも左翼運動を指導して居たのか」「労農派はそれ自体、無産運動の実践活動をして居たのではないか」「労農派と日本共産党との相異は」などと追及する。ついで「労農派の終局の目的とする所と天皇制並に私有財産制との関係に付て述べよ」という質問に、阿部は「労農派は結局レーニン主義に拠って居るのであって……天皇制並私有財産制を否定することになると思います」としたうえで、「天皇制が直接の対象ではなく、帝国主義ブルジョアジーが其の対象であって、此の打倒が天皇制の打倒を伴うと云うことになる」と陳述することになった。ここでも「天皇制の打倒」をめぐって、徳岡と阿部の攻防がみられる。

なお、徳岡予審判事は阿部に関する証人として、法政大学の同僚錦織《にしごり》理一郎や中央公論社の編集者荒川竹志を訊問している。三九年九月七日、阿部の思想傾向を問われて、錦織は「私は阿部は非常に危険の人だとか、注意しなければならぬ人だと全然感じて居りませぬでした」（以上、「治安維持法書類一件」）と答えている。

生活主義教育運動事件の予審

生活主義教育運動事件で検挙された中井喜代之は、釧路地裁の予審の状況を秘密に獄中で記録していた。根室区裁から予審の応援にきた中川毅判事による一九四一年七月二九日の第一回訊問の様子を、「その取調べたるや、実に悠長といおうか、大まかといおうか、事前に検事調書も証拠品も殆ど目を通すことなく、ただ検事調書の内容通りを、しかし表現だけは改悪して、書き写して行く。……いつの間にかムリヤリ〝コンミニスト〟にしたてられたことの莫迦《ばか》らしさもさることながら、そこに立向うこの老判事のでたらめさ」ときびしい調子で書きとめる。八月一一日には、次のように変幻自在な「予審の論理」を糾弾する（「その日の記録から」、北海道立文学館所蔵）。

〝生活主義綴方は赤なり、故に汝の指導せる綴方は赤なり、且つ汝はコンミニストなり、従って……〟という検事局の公式論理は、自分の指導作品、指導話の実際からことさらに眼をそむけるものであったればこそ、この予審の審理を実証的にやろうとすると、どうしてもこんなばかばかしい議論となるのだ。さすがの検事でさえこの文集を〝赤い指導〟とは云えなかった。それをこの老判事は経験にものを云わせて、何とか赤い色づけをしないか、この人の強度の近視鏡は、今は、完全に赤いガラスになって了っている

同じく松田文次郎も「獄中メモ」を残している（佐竹直子『獄中メモは問う　作文教育が罪にされた時代』所収）。予審判事は中川毅と思われる。「調書への拇印は下書きの時におしたので、清書の調書は、後で見せる約束だったのにどうしても見せてくれず、書記に話してこっそり連盟関係だけ見たが、大分ゴマ化されていることがわか」ったほか、調書の差し替えもなされていたという。中井の場合よりも悪質さは際立っている。

この松田のメモには、検事の指示に右往左往する予審判事の姿もみえる。「「君のは初め少し無理したから後

でゆっくり手記に書いてもらう。」というので書いて出した最後の手記は検事局から廻右《まわれ》となり、「君、あれは検事が困るそうだから、書き直してくれ給え。」」と求めてきたというのである。

戦後の回想ながら、坂本亮も同様な証言をおこなっている。釧路地裁の「予審判事川原徳治は検事調書をまるまる下敷にして、その枠外に一歩も出ようとはしなかった」という。坂本が強く抗弁すると、報復だろう、「私には長いこと取調べの呼びだしがなくて過ぎた」（「怒りはいまも胸底に――北海道綴方教育連盟事件」大槻健・寒川道夫・井野川潔編『いばらの道をふみこえて――治安維持法と教育』、一九七六年）。

戦時下の予審

一九四〇年八月に新築地劇団関係で検挙されていた演出家・岡倉士朗は、すでに特高と検察の取調で転向を表明していたが、予審の訊問でも同様に答えていた。東京地裁の長尾操予審判事による四一年一二月五日の第八回で、「今回の事件を契機に従来の左翼思想をすっかり清算して正しい日本人の立場に立ちかえり、国家に尽して之迄の過《あやまち》の償いをいたしたいと思いますから御寛大に願います」と陳述するほか、一二日には「現在に於ける心境と将来に対する覚悟」という「上申書」を提出している（「治安維持法違反（検事局以後）」）。

大本教事件の控訴審で、四二年一月二三日、大阪控訴院での高野綱雄裁判長から「予審で調べられて居る間に予審判事から大本文献を示され、之によると斯《こ》うなって居るがと問われて、それを認めた事はなかったか」と問われて、出口王仁三郎は「違うと云うても聴いてくれませぬから覚悟しました、他の者を保釈にして貰い、自分も保釈して貰いたいと思いましたし、聴いてくれませぬから公判で云うより仕様がないと思いました」（「大本教事件関係資料」その3、京都府立京都学・歴彩館所蔵）と答えている。また、同控訴審で信者の山県猛彦は予審と第一審の陳述が大きく違うことを問われて、「予審では非常に私の心を曲げて調書が出来ました」「警察、検事局、予審での御取調では自分の云うた事を其儘に取らず、それを悪用した点が沢山ある事を御承知願いたい」（「大本教事件関係資料」その4）と陳述している。

ホーリネス教会弾圧事件での車田秋次に対する予審判事の発言は前述したが、四三年六月から始まった予審は四四年三月までの一六回におよんだ。その最後の訊問で、車田は「現在の心境と将来の方針」について、「方針としては、宗教の立場から尽し得ることを尽すのが自分の使命であり、また国のためにも一番自分として奉仕し得る最善の道と思いますから、それを継続させていただきたいと願っております。心境としては、過去に於いて不用意不注意な間違った考えを与えかねない点のあったことを認め、十分それらの点に注意して慎み深く神と人とに仕えたく願っている次第です」（『車田秋次全集』第六巻）と陳述することになった。

ゾルゲ事件の予審

一九四二年五月一六日の「予審請求」により、訊問の舞台は東京刑事地裁の予審廷に移った。中村光三予審判事が担当したリヒャルト・ゾルゲの予審は六月二四日から開廷し、一二月五日まで四五回におよんだ。検事訊問に引きつづき通訳を務めた生駒佳年の回想には、次のようにある（『みすず』三六号、一九六二年三月）。

私は毎月のように酷暑を冒して、霞ヶ関にある法廷に出廷して、朝から夕方まで、全身に汗、特に腋《わき》の下に冷汗をかきながら通訳をやった。……取調べも検事の時に比して選ぶに厳格で、私と彼は雑談は愚か、私語さえも憚《はばか》られるような雰囲気であった。……流石《さすが》にゾルゲは今度は冗談も飛ばさず、神妙に独訳された検事調書を聞いて、時々違ったところを指摘して、訂正させたり、又時には抗弁したりしていたが、随分退屈なことだろうと想像される。……時には中村さんが気に喰わぬ推論をしたり、急所を突く質問をしたりすると、時には憤然として卓を叩いて否認し、そのあとは何を聞いても返事もしないことがあった。

七月一五日の第五回訊問では、主に検事廷における「手記」の記載内容が問われた。「被告人はコミンテルンと、ソ聯共産党との関係に付、手記に斯様に記載してあるではないか」と問われて、「此の章は不正確で認める訳には行きません。之も時間がなかったのと、警察官や検事に対する策略と、自分の知識がなかった為めとで、斯様な記載をして仕舞ったのであります」と訂正を求めることもあるが、記載内容の多くについては肯定している。

実質的に最終訊問となった一一月二八日の第四四回訊問では「本件に付嫌疑を受けた原由を告げるが、何か弁解することがあるか」という問いに、ゾルゲは「起訴状には私共の諜報活動と国家の秘密に付てよく考究せず、簡単に断定して居る様に思います」と答えた。諜報したとされる情報は「国家の秘密」でもなく、重要でもないこと、軍事情報の多くも間違ったものや価値のないものであったと主張する。さらに「日ソ間の平和の為めに活動したのでありますから、日本の不利益になるとは思いませんでした」（「予審判事訊問調書」『現代史資料』「ゾルゲ事件（二）」）とも陳述する。

尾崎秀実に対する予審も中村光三予審判事が担当し、ゾルゲの場合よりも早く六月一六日に始まり、一一月一四日の第二六回までつづいた。第一回冒頭では「予審請求」中の「公訴事実」について尾崎はおおむね認めながらも、「情報の性質、出所等」については確定的なものではないと述べる。七月六日の第二回では、コミンテルンや日本共産党についての訊問がつづいた。「コミンテルンも我国体を変革し、私有財産制度を否認することを目的として居る結社か」という問いに「仰せの如き」という陳述をしている。

一一月一四日の第二六回訊問の後半では、「以上の如き軍事上の秘密、国家の重要なる機密、或は国防上の秘密事項なるにも拘らず、被告人は外国に漏泄する目的を以て何れも其の情報資料を蒐集し、ゾルゲに報告した次第であったか」という質問に対して、尾崎は「私の思想行動が今迄述べた様にコミンテルンの為めの活動であり、それが延いてソ聯の為めの活動になる訳でありまして、私の行動自体が一貫して外国に其の情報を漏泄すると云うことを当然伴って居るものでありました」と陳述している。最後の訊問で国体観について検事訊問での陳述（前述）と同じかと問われて、「其の通りであります」（以上、「予審判事訊問調書」『現代史資料』「ゾルゲ事件（二）」）と答えた。

二……予審の諸問題

予審の長期化とその要因

弁護士の布施辰治は、その著書『共産党事件に対する批判と抗議』（一九二九年）において「予審促進運動を起せ！」と主張する。各地裁の三・一五事件裁判ではすでに判決が下っているなか、「三・一五検挙の共産党事件被告約二百名も擁する東京地方裁判所の予審を投げやりにして、未だ其の半分も所謂拘《ママ》留訊問以上に取調べを進めていない状態らしい」ことに言及し、「多数の被告達を半年も一年も二年も幽閉する未決拘《ママ》留は、素《もと》より不当不法の弾圧」と批判する。

この予審長期化の問題は司法省でも認識し、思想実務家会同でもしばしばその促進の指示が出されるほか、各裁判所提出の協議題としても論議されていた。一九三〇年代前半は治安維持法違反事件が爆発的に増大し、司法処理が渋滞する状況があったことは確かだが、それ以外にも長期化を出現させる要因があった。

その一つは、供述を引き出す策として、あるいは「転向」に誘因する策として、意図的に訊問を間遠《まどお》にして長引かせることである。布施もそのことを批判したが、前述した国領五一郎は四・一六事件公判の代表陳述で「三年も四年も予審を終了せずに、何時までも未決に放りぱなしにしておくような方法」(『現代史資料』「社会主義運動(三)」)によって、共産主義者を「迫害」していると指摘していた。

もう一つの要因としては、予審判事のなかに思想犯罪を担当することを敬遠する傾向があったことである。三四年五月の思想事務会同の「思想事件の予審審理促進の方策如何」をめぐって、検事の立場から木下由兵衛(富山地裁検事局)は「予審判事は一般に思想事件を嫌い、後廻しとなす傾向あり」として、「已むを得ず、検事が抜書を作て参考に供し、便宜を図りつつあり。それに因て幾分促進の傾向あり」(『思想研究資料特輯』一六)という現状と対策が報告された。

それは司法省にも自覚されていた。三四年一一月の思想事務会同の訓示で、小原直《おはらなおし》法相は「時に或は予審事務に携わるを嫌忌し、長く其の職に在るを好まざる風潮あるやに聞くは、私の頗る遺憾とするところ」と述べた。木村尚達刑事局長も、三・一五事件当時に比べて、「現在に於ては左翼状勢も大体判明して居る故」、詳細な取調はあまり必要でないにもかかわらず、「単なる加入者、若《も》しくは目遂行為者を取調ぶるに際しても旧来の如く経歴、思想推移の過程等を詳細に取調べ、それが為には理論闘争迄なす必要ありと考えるから取調べが億《おっ》劫《くう》になる」(『思想研究資料特輯』一八)と指摘した。取調への「嫌忌」や「億劫」さは、予審に取り組む意欲を失わせ、警察・検事調書の焼き直しに陥ったり、長時間を要することにもなった。

なお、思想犯罪への「嫌忌」や「億劫」さが生まれる背景として、思想問題の理解が一筋縄ではいかないことに加えて、予審判事の仕事を公判判事の仕事と比べて軽くみる意識が全般的に判事の間に潜在していた。裁判所のなかに、公判判事を予審判事よりも上位とみる格差が横たわっており、予審は若手の判事に押し付けられがちでもあった。

三四年の会同では、共産党統一公判の裁判長であった宮城実東京控訴院部長判事が自らの経験を踏まえて、予審判事の仕事が錯綜し、繁雑化することについて次のように述べている（『思想研究資料特輯』一八）。

> 予審判事が無計画に取調を開始することは、記録の厖大を来たす最大の原因なり。勾留訊問に於て自白せる被告人が第二回目に自白を翻えし、予審判事が狼狽して凡ゆる証拠を集め、徒《いたずら》に記録を厖大にする事例屡々《しばしば》あり、故に第一回の取調に出来るだけ詳しく取調ぶる事が最も必要なる事柄なり、東京の記録は内容を出来るだけ要約してあるが、他の地方裁判所の記録中には第一事実に付被告人と証人と取調て、更に第二事実に付被告と証人とを調べるというやり方をして居るものがあるが、之れは感心せず

地方の予審では経験不足も露呈していたことがわかる。しかし、こうした叱咤や助言にもかかわらず、予審判事の積極性をうまく引き出すことはできなかった。三八年七月の大阪控訴院管内思想実務家会同で、中川種次郎神戸地裁予審判事は「従来思想事件は其の根柢たる理論難渋なるが為め、予審又は公判の判事に於て理論に通暁せざる結果、着手を嫌忌遅延するに出でしめたるものならんか」と、いぜんとして予審が遅延化している現状を述べる。人民戦線事件を担当している中川は、「最近の事件は非常に複雑微妙となり、事件の真相を把握し、違法性又は認識の程度を知るに困難を感ず、又証拠の蒐集に付ても困難あり」という苦労を吐露するが、その真意は「幾分にても証拠あれば、必罰の要あらざるか」という点にあった。しかも、中川は神戸の思想事件の予審は「小官の手許《てもと》に集中」しているため、「繁雑且興味に乏しく、神経衰弱の虞あり、休養慰安の方法を講ずるの要あり」（以上、『思想研究資料特輯』四七）と率直な感想を洩らしている。思想犯罪への「敬遠」や「億劫」さは、裁判所のなかで日常化していたことをうかがわせる。

専門予審判事の要望

この中川判事の感想に関連して、会同の議長役であった長島毅大阪控訴院長は「或判事をして専ら思想事件を取扱わしむるときは、其の判事は思想事件に興味を持たず、倦怠を覚ゆることあり」と同調し、対策として専任の「思想判事を設くるの要」を提言する。思想問題に関心と理解を有する判事を専任化し、一手に引き受けさせれば、問題は解決に向かうと考えた。

すでに一九三四年五月の思想事務会同でも、思想検事の側から専門予審判事の設置が提言されていた。長谷川寧検事（大阪地裁検事局）は「予審判事を増員し得れば之に越したることなきも、仮に増員すること能わざるものと仮定して考うれば、専門予審判事を設置するを適当とすべし。前には大阪に於ても事実上専門の予審判事ありたるが、現在は順転に分配す。然るに実際の経験より見れば、以前のやり方が勾留も短くなり、其の他一般に成績良きものと思料す」（『思想研究資料特輯』一六）と述べていた。また、谷津慶次検事（福岡地裁検事局）も思想犯罪に特化した予審「専門部」の必要性に言及する。

人民戦線事件の予審が進むなかで、三九年六月の思想実務家会同における長尾操予審判事（東京刑事地裁）の発言が興味深い。「私は殆んど予審判事として……丸七年思想事犯ばかりやって居りました」と述べ、東京刑事地裁では一一人で実質的に「思想部」を構成しているが、人民戦線事件という「新しい型の事件に馴れない為と中等分子と急進分子を取扱って居るせいか、仲々取調が進まない」とする。二年以上の思想事件の経験者は三人のみで、検事局の思想部と比べて「丸っ切り泥縄と云うような状態」で、しかも「意識の程度の高い一流の理論家の運動に対して当って居るのでありますから、此の事件の調の進捗しないのも止むを得ない」（『思想研究資料特輯』六四）と現状の難しさを語った。

もっとも事件数が多く、思想犯罪の処理経験の豊富な東京の予審ですらこの状況であったから、地方における予審が十分に機能していないことは容易に推測できる。そのようななかで、前述した生活主義教育運動事件のような予審がおこなわれた。三九年に四人、四一年に一二人の思想係予審判事が配置された。また、四一年には東京刑事地裁と大阪地裁に「思想特別公判部」（判事各三人）が設定された。

予審長期化の「改善策」

予審が長引き、調書が膨大となる傾向は予審判事の間でも常に問題視され、改善策が模索された。一九三八年六月の思想実務家会同では、徳岡一男予審判事（東京刑事地裁）が「予審調書の簡易化」に言及し、「事件の構成要件以外の事実及刑の量定に格別影響無い事実は、検事の聴取書に警察に於ける被告人としての手記を原則として調書に引用することにしたらどうか」（『思想研究資料特輯』四四）と、省力化を提言する。

同様な発言は、三九年八月の広島控訴院管内思想実務家会同で二宮峰広島控訴院判事からもなされた。多数の被告人が同一事実に関係している場合、転向した被告人の手記を活用して審理を促進するために、「訊問調書なども先づ手記の丸写しと云う程度で済む事もある」（『思想研究資料特輯』八九）という。すでに省力化は実行されていた。

戦時下において「共産主義運動」を剔抉《てきけつ》するにあたり、「具体的に党組織の存在を証拠により明確ならしむることは至難の事」であった。こう発言した長尾信予審判事（山形地裁）は、四〇年六月の宮城控訴院管内思想実務家会同で、被告人が党の存在を否定する場合に「予審の取調を如何にすべきか、如何なる程度に証拠を蒐集すべきか」という問題に直面しているとして、その打開策として検事が起訴する段階で、「党の目遂を除き、コミンテルンの目遂のみ」（『思想研究資料特輯』八一）に絞ることを要望する。これに対して、戸沢重雄大審院検事が「コミンテルンの目遂のみ」の起訴に同意したことは前述した。

予審判事のなかには、予審での捜査・訊問を通じて「転向」の促進を図ろうとした者もいる。三八年七月の大阪控訴院管内思想実務家会同で、出野泰男予審判事（和歌山地裁）は「改悛の情なく、之を釈放すれば審理に差支を生じる場合あり」として、「予審に於ては思想犯人を絶対に釈放せぬと云う方針」（『思想研究資料特輯』四七）を確立すべきとした。九月の名古屋控訴院管内思想実務家会同でも野村文吉予審判事（名古屋地裁）が、事変下において重要なことは「被告人に極力転向の機会を与える事」であり、「如何しても転向せぬ者に対しては、相当長期の刑を科す必要があり、又仮釈放に付ても充分注意する必要がある」（『思想研究資料特輯』四八）と発言する。

ただし、おそらく少数派であったと思われるが、大阪の会同では日下基予審判事（高松地裁）が出野の提案を「苛酷の思想」として反論した。「従来思想犯人に対する勾留、又は行政検束が長きに失す、之法治国の恥辱なり、被告と雖も　陛下の赤子なり」と考えていた日下は、「国体の尊厳、父兄の慈愛などを認識せしむる為」にも、「拘《ママ》留中の思想犯人に対しては温情を以て臨む要あり」（『思想研究資料特輯』四七）という姿勢を堅持した。

予審判事による量刑の基準への不満

検事と公判判事の間で存在感が薄れがちながらも、予審判事はもっとも長く実質的に被告人と対峙する関係からだろう、当然ながら公判における審理と判決に関心を寄せ、その現状に批判を放つこともあった。なかでも刑の量定や基準について、思想実務家会同などの場で不満を漏らす。

一九三八年六月の思想実務家会同で、徳岡一男予審判事（東京刑事地裁）は「最近の人民戦線運動事件で最も危惧して居ること」として「刑の量定」問題をあげる。具体的には東京刑事地裁を念頭に、「公判部を異にした為に、同一組織、同一部署で活動して居り、私共より見て同一事情と思われる者に対して、著しく刑の相違があった」ということである。「合法場面の活動に重点を置けば刑が軽くなり、然らざる場合には却って重刑を受ける結果」になることは、「裁判の公平適正を害する」(『思想研究資料特輯』四四)と苦言を呈した。

七月の大阪控訴院管内思想実務家会同では、伏見正保予審判事(大阪地裁)が「治安維持法違反被告事件に於て、裁判所又は審級を異にする結果、言渡さるべき刑の基準に統一を欠く嫌なしとせず、之が是正の方策如何」という協議題を提出した。その説明では、控訴審判決では第一審判決の「結局五割迄変更されたる次第にして、其の変更は全部一審の刑重しとなされたるもの」という現状を指摘し、この事態は控訴を奨励するにとどまらず、「一般社会をして裁判の尊厳を疑わしめ」かねないとする。ただ、友真頑太郎大阪控訴院部長は「左程心配するに当らざるべし」と応答した。

さらに同月の広島控訴院管内思想実務家会同では、吉田正之予審判事(岡山地裁)の批判の鉾先は公判判事の姿勢に向かった(以上、『思想研究資料特輯』四七)。

予審から公判に行くと、被告人に対する観察が違って来るのではないか、客観的影響に付考察が乏しいのではないか、思想犯人は普通犯人と違い率直な所があり、普通犯人よりも好感を持たれるのではないか、又一般判事の認識が足らないのではないかと云う様なことが考えられる故に、公判々事には須らく研究の機会を与え、且其施設に付考慮せらるることが急務であると思う

四〇年六月の宮城控訴院管内思想実務家会同では、山岸竜予審判事(盛岡地裁)が「一審、二審は地方的事情が判りますので相当適正だと思われるものが、大審院に於て事実審理される場合には軽くなる傾向があるのでありますが……斯くては地方に於ける均衡を失し、処分に影響を及ぼす虞が多分にある」(『思想研究資料特輯』八二)と、大審院批判を展開するに至る。

厳罰主義への賛否

思想検事に追随ないし迎合する傾きの強い予審判事において、その大勢は厳罰主義であった。一九三八年七月の大阪控訴院管内思想実務家会同で、日本無産党・労農派グループへの治安維持法適用をめぐって、伏見正保予審判事（大阪地裁）は「最近に於ける思想運動は巧妙なる新戦術を用うるに至りたるを以て、犯罪行為の態様が外見軽微の如く思わしむるものあり、之は却《かえ》って陰険悪性化したる証左なれば、外見に惑わさるることなく、重刑を以て臨むの要あり」と述べた。ことに全国経済の中心である大阪においては、「銃後の護《まもり》」を堅くするという意味においても、「表面のみを見ず、其の根柢に潜む危険性、悪性を看破し」なければならないという。中川種次郎予審判事（神戸地裁）は「日本無産党関係に付ては、神戸は当初より積極に解す」（以上、『思想研究資料特輯』四七）と同調する。

四〇年六月の宮城控訴院管内思想実務家会同では、猪瀬一郎予審判事（福島地裁）が「一般に刑は段々軽くなる傾向がある」として、「特に文化運動者に対する刑は軽い」と発言する。刑の量定の基準は「意識の高低、社会的地位、影響力」（『思想研究資料特輯』八一）に置くべきとする。

一方では、日本無産党関係者らに治安維持法の適用を拡大することに違和感をもつ一部の予審判事が存在していた。三八年七月の大阪控訴院管内思想実務家会同における日下基予審判事（高松地裁）の発言は際立つ。労農派グループへの「治安維持法第一条の結社性に付ては、裁判所に於て顕著なる事実とはなり居らざる」と言い切ったうえで、「此の事は余りに拡大し考うるときは社会上非常識なる結果を生ずるの虞あり、検事の立場とは別個に裁判所に於ても厳重なる警戒を要する点なりと思考す」と、司法省・大審院検事局主導の厳罰方針と対立することを辞さない。「吾々現実審理を為すに当りては、諸般の資料により独自の解釈を以て決せざるべからざる問題なるべし」と、事実に即した判断にもとづくことを求めた。

出野泰男予審判事（和歌山地裁）も「結局裁判所に於ては個々具体的案件により参酌するの外なし、故に厳罰主義を一般的原則とするは如何《いかが》かと思料す」と、日下を支持した。出野も日本無産党や日本労働組合全国評議会を「治安維持法第一条の結社なりとは容易に認むるを得ず」（以上、『思想研究資料特輯』四七）という立場だった。

保釈

予審訊問が済み、予審判事から公判に付す旨の終結決定がなされると、被告人は公判を待つ身となり、一般的には保釈が可能となる。その可否の権は予審判事がもっていた（実質は検事の了解が必要であった）。たとえば、一九三〇年末から三一年初めにかけて、共産党への資金援助を問われていたプロレタリア文化運動の作家である村山知義、中野重治、そして小林多喜二らは、それぞれ予審終結決定後、仮釈放された。

四・一六事件で検挙された西田信春（東大新人会を経て、労働運動に入る。上杉朋史『西田信春――甦《よみがえ》る死』参照）は起訴されて、予審に進んだものの、訊問がなされぬままになっていたため、三〇年七月、弁護士を証人とする「釈放要求書」を予審判事宛に提出する。「審理は全然進行せず、全く無用の拘禁をなす有様であり、且そのために被告は身体上又家庭上次の如き種々の困難に堪えねばならぬ有様故、至急、保釈、責付、乃至執行停止の処置を取られんこと」（西田静子宛西田信春書簡、一九三〇年七月二六日、石堂清倫・中野重治・原泉編『西田信春書簡・追憶』、一九七〇年）を求めた。もちろん、これは却下された。三一年七月二七日、西田は父英太郎に手紙を送り、「父上の方からも保釈願を出してくれませんか」として、その書式を記している（『西田信春書簡・追憶』）。

保釈願

治安維持法違反　　　　　　　　被告人　西田信春

右者目下治安維持法違反の廉《かど》で豊多摩刑ム所に拘禁中なるが――そして保釈を願う理由を書いて

右　西田英太郎

月　　日

東京地方裁判所第二刑事部　裁判長　宮城実　殿

この手紙に、西田は「聞く所によると、一般に父親が上京して裁判所へお百度を踏む心算で再三再四頼んだら保釈にならぬ事もないらしい模様です」と書いている。父親および西田本人からの「保釈願」は、九月三日付で裁判所によって却下される。「右の者に対する治安維持法違反事件に付、保釈の請求を為したるに因り、検事の意見を聴き、左の如く決定す……保釈の請は勾留原因未だ消滅せざるを以て、之を却下す」（西田英太郎宛、九月九日、『西田信春書簡・追憶』）という文面だった。

その後もくりかえし保釈願が提出されたのだろう、西田は一一月、保釈された。「刑務所には父親ばかりでなく、特高の刑事も出迎えに出ている。そして、その旅館まではついて」（道瀬幸雄「追憶」『西田信春書簡・追憶』）きたという。

三　予審終結決定

決定書の形式

予審訊問が終わると、予審判事は「公判に付す」か「免訴」とするかを判断するが、大部分は公判に進む。治安維持法違反に限らずだが、すべての予審の終局件数のうち、「公判に付す」が九八％で、「免訴」は一・一％にすぎない（一九三六年から四〇年の平均）。青木英五郎『裁判官の戦争責任』（一九六三年）は、多くの場合、予審判事は「はじめから事件を公判に付するために警察官・検察官がした取調の上塗りをしていた」と指摘する。刑事訴訟法には「公判に付するに足るべき犯罪の嫌疑あるときは、予審判事は決定を以て被告事件を公判に付する言渡を為すべし」（第三一二条第一項）とあった。これが予審終結決定で、その文書が「予審終結決定書」となる。

共産党関係の「予審終結決定書」の一般的な形式は、まず被告人の氏名・住所を記し、ついで主文は「被告事件を東京地方裁判所の公判に付す」などとなる。その「理由」では共産党の定義をしたうえで、「前記の如き目的を有する秘密結社なることを知りながら、之に加入し」としたのち、具体的な行為が「第一、……」「第二、……」と列挙され、「以て同党の目的達成に努め」と一括し、最後に治安維持法の適用条文をあげる。

一九三四年七月から刊行された司法省刑事局編の『思想月報』には、多数の「予審終結決定書」が掲載されている。たとえば、第九一号（四二年一、二月）冒頭の「浪江虔《なみえけん》に対する（山代吉宗一派の党再建運動関係）治安維持法違反被告事件予審終結決定――東京刑事地方裁判所報告――」には、「本件は、初歩的教育啓蒙活動により未組織農民大衆を啓蒙する目的を以て農村図書館を建設したるものにして、注目の要あり」と注記がある。また、「浜名与子春に対する（左翼文化運動関係）治安維持法違反被告事件予審終結決定――神戸地方裁判所報告――」の注記には、「本件は、シウルリアリズムを利用し、左翼文化運動を展開したる事案として注目に値す」とある。つまり、思想犯罪の取扱に関して、新たなタイプの運動や目的遂行罪の新たな拡張の事例などとして「注目」すべき事例が参考資料として提供された。

問題は、参考資料として提供されるものが、なぜ公判の判決ではなく予審終結決定であったのかということである。おそらく公判の段階に進み、最終的に判決が出されるまでにはまだ時間がかかることから、常に思想運動の最新情勢に注目することを求められる思想検事らには、予審終結決定が最適と判断されていたからと思われる。そこには暗黙の前提として、公判の判決の内容は予審終結決定の内容と大きく異なることがないという了解が広く共有されていた。実は検察の「予審請求」において、さらにはその前段階の警察の送致時の「意見書」において、すでに思想犯罪の枠組みはかなり確定していたといえる。

三・一五事件の予審終結決定

『現代史資料』「社会主義運動（三）」には、山辺健太郎編集による主に三・一五事件に関する各地裁の「予審終結決定書」が収録されている。山辺は「予審終結決定書」を「予審訊問調書」の「結果」「要約」とし、「予審判事によってそのでっちあげの出来不出来がある」（「資料解説」）とする。

山辺は「三田村四郎が東京の各予審終結決定書にあらわれた共産党の定義のちがいを鋭くついていた」（「資

料解説」）ことを手がかりに、東京以外の地裁の「予審終結決定書」を詳細に検討し、治安維持法の運用初期の不統一ぶりを指摘している。この段階ではまだ標準となる定義がないためにそれぞれの予審判事が独自に考えねばならず、共産党事件に関する「予審終結決定書」にも微妙な相違があった。

もっとも早く予審終結決定がなされた福岡地裁では、労働農民党福岡県連合会委員長の藤井哲夫外三九人に対する予審終結決定が一九二八年八月二五日、原義介予審判事によってなされている。そこでは「我日本帝国成立の大本たる立憲君主制を廃止し、無産階級の独裁に依る共産主義社会の実現を目的とする日本共産党なる秘密結社」と定義された。九月一五日、札幌地裁の終結決定（柿本知己予審判事、武内清外三五人）では「我国家成立の大本たる立憲君主制を廃止し、無産階級の独裁による共産主義社会の実現を目的とする結社」とされた。福岡についで予審決定が早かった岡山では、八月三一日、藤井稔予審判事が共産党の定義を「革命運動に依り日本帝国の国体を変革し、君主制を撤廃し、国家権力を無産階級に掌握せしめ、プロレタリア独裁政治を施行し、凡ての生産機関を社会の共有に帰せしめ、以て私有財産制度を否認し、共産主義社会を建設する為めに活動すること」（長門操外一四人）とした。「国体」変革＝君主制撤廃と比べて「私有財産制度」の否認がより重大と認識されている節がみえるが、それは三〇年八月九日、東京地裁の中里竜予審判事によってなされた『赤旗』編集などに従っていた栗原祐外二七人に対する終結決定で顕著となる。

日本共産党は「コミンテルン」へ加入せる秘密結社にして……従って資本私有を禁止して生産手段を社会の公有と為すこと、即ち我国に於ける私有財産制度を否認することを其窮極根本の目的となし、此目的達成に至る段階方法としては「プロレタリア」独裁の樹立、従って該階級独占の政治支配にあらざる一切の政治権力を否定するに在りとなし、而かも我国現在の歴史的段階に於ては君主制の撤廃、即《すなわち》我国体の変革を為すことを其当面主要の目的と為し、暴力革命を遂行することをも辞せずとなすものなり

「私有財産制度」の否認は「窮極根本の目的」とされる一方、「国体の変革」は「当面主要の目的」とされており、その軽重は明らかである。共産党の綱領を客観的にみれば至当な理解といってよいが、これらの定義づけは治安維持法「改正」の趣旨からずれるもので、司法当局者には望ましくないと判断されたと思われ、以後の終結決定にはこうした定義は見られなくなる。

そして、同じ東京地裁の予審で主流となっていったのは、秋山高彦予審判事の定義であった。二九年一〇月三一日の金子健太外三六人に対する予審終結決定での共産党の定義は、「我国家成立の大本たる立憲君主制の撤廃、私有財産制度の否認を目的とする秘密結社」とされ、同日の藤本梅一予審判事（五十嵐信雄外三一人）、神垣秀六予審判事（赤津益造（宮城県の労働・農民運動を指導）外一三人および雨森卓三郎（青年運動の組織化に尽力）外一六人）の三つの終結決定は「理由冒頭は秋山判事終結決定書の理由冒頭に同じ」となっている。

その秋山予審判事の定義も、三〇年四月八日の徳田球一外三六人に対する予審終結決定では「革命的手段に拠りて我国体を変革し、私有財産制度を否認し「プロレタリア」独裁の社会を樹立し、因て以て共産主義社会の実現を目的とする秘密結社」と、やや修正される。「立憲君主制の撤廃」に代って「国体」の変革が用いられた。これは、やはり秋山が担当した四・一六事件の市川正一外八二人に対する予審終結決定（三一年五月二〇日）でも踏襲された。この市川正一らの「予審終結決定書」の内容は、山辺の指摘するように「三・一五事件からあとの党再建、全協組織、あるいは新党準備会の決定問題等」（「資料解説」）について重要である。

四・一六事件の予審終結決定

東京地裁の予審は秋山高彦予審判事によって主導されていたと思われるが、その「予審終結決定書」の書式は全国の共産党関係事件の「予審終結決定書」の標準にもなっていった。

四・一六事件予審終結決定の「理由」の市川正一を例にとると、運動経歴の概略を記したのち「日本共産党中央委員、留守中央委員長、中央常任委員、プロアジ部長其他の要職に就き、党の枢機に参与し来りたるものなるところ」として具体的な活動を二六項にわたって列挙し、「其他広汎なる活動に従事し、党組織の整備拡充を図り、以て同党の目的遂行のために努力し」たとする。最後の適用条文をみると、市川のほか鍋山貞親・三田村四郎ら「結社の役員又は指導者たる任務に従事したる者」には、治安維持法第一条第一項の「結社の役員又は指導者に関する規定」を適用すべきとする。全体で八三人の被告中、三人だけが「入党し、同党主義の宣伝其他に従事したりとの公訴事実」などについて、「公判に付するに足るべき犯罪の嫌疑なき」として免訴となった。最後は「仍《よっ》て主文の如く決定す」と結ぶ。

長野県教員赤化事件の予審終結決定

一九三三年二月四日などに一斉検挙された長野県教員赤化事件の事例をみよう。警察による検挙者総数は二三〇人におよび、検事局に八三人が送致され、六月下旬までに二九人が起訴されている。中心人物とされた教員藤原晃ら三人の予審は長野地裁の予審判事長尾操が担当し、予審終結決定は一二月八日になされた。主文は「本件を長野地方裁判所の公判に付す」で、「理由」として「マルクス主義の研究に従事し、漸次共産主義思想を懐胞するに至り」、日本共産党・日本労働組合全国協議会・新興教育同盟準備会の目的を「知悉し乍ら、此等組織の主義政策等に共鳴して之を支持せんと決意し」、三二年二月以来、検挙されるまで「教労長野支部の枢機に参画し、新教の文化運動を教労の日常経済闘争に緊密に結び付け、事実上両者を合一して其運動を指導統制し来りたるもの」とする。「知悉し乍ら」は、目的遂行罪に導く便利な常套語句となっていた。

共産党についての定義はすでに定着していた前述の秋山によるものが用いられているが、全協については

「国際赤色労働組合の日本支部にして、同党の直接指導の下に同党を支持して日常経済闘争を激発し、之を政治闘争に転化発展せしめて労働階級の革命意識を昂揚せしめ、以て日本共産党の所謂貯水池たるの目的任務を有する革命的労働団体」と定義された。Ⅰ章でみたように、全協は外郭団体から「国体」変革の結社に格上げされていた。

ついで、「第一、被告人晃は」として、組合運動について「協議を重ね」、組合機関紙などを「配布し」、教労メンバーを「獲得し」たことなどの具体的行動を六項目あげる。他の二人も同様に記載したあと、「諸般の活動に各従事して日本共産党の拡大強化を図り、以て其目的遂行の為にする行為を為したるものなり」と結ぶ。適用条文は治安維持法第一条第一項・第二項で、「之を公判に付すべき嫌疑あり」（以上、『長野県史』「近代史料編（三）社会運動・社会政策」）とされた。

共産党の目的や実態について、予審で被告らは十分に理解していたとして「知悉」とされたが、公判における被告に対する裁判長石田弘吉の訊問からは、「知悉」とは裏腹に曖昧で茫漠とした認識であったことがわかる。三四年四月一七日、裁判長から「予審の終る迄は共産主義以外に絶対に正しいものはないと述べて居るようであるが、今の供述では共産主義理論は一面的のもので、それを以て国家社会を維持して行くことは出来るかどうか、分らない様に考える様になった、マルキシズムは完全なものじゃないと云う所に思い至ったのは何時頃からか」と問われて、藤原は「予審判事殿は其の当時の心境を聴いて呉れなかったのです」（「藤原晃陳述速記録」『「長野県教員赤化事件」関係資料集』第一巻、六花出版）と答えている。

別の予審となった河村卓と馬場健作の予審終結決定は、多賀谷恵司予審判事によって一二月一五日になされた。河村については経歴を記したのち、「当時世界的不景気の影響は益々甚しく、地方の困惑は其極に達し、因って生じる幾多不安の世相を眺めて之を批判するに至り、其の根源を除去して之を安んずるの途《みち》は啻《ただ》に共産主義的施設あるのみとなすに至り」という事件の背景に言及している。共産党・全協・新興教育同盟準備会の定義は藤原らの終結決定と同じで、「知悉しながら深く之を信奉し居たる」とされ、その活動を通じて「北信に於ける共運動を指導統制し来りたる」となっている。馬場の場合は、「知悉して深く其の主義政策に共鳴し居たる」（「治安維持法違反事件被告事件予審終結決定謄本」「昭和前期司法関係文書」、新潟県立文書館所蔵）となる。適用条文は治安維持法第一条第一項・第二項である。

唯一の女性被告となった矢野口波子についての「予審終結決定書」は不明だが、上述のようなものであったはずである。五月一五日の公判で、石田裁判長からの「教労と全協の関係、又教労にせよ新教にせよ、日本共産党の主義政策を支持して党の指導を受け、或は其の影響下にあると云う様なことを知らなかったのか」という質問に、矢野口は「共産党とか全協とか云う名前は聞いて居りましたが、性質に付てははっきり知らなかったのであります」と答えた。さらに、予審では詳細に運動目的を述べているではないかと問われて、「して居た当時ははっきり分らないでも、警察へ検挙されてから党と全協との関係などが分ったのです」（「矢野口波子陳述速記録」『「長野県教員赤化事件」関係資料集』第一巻）と答える。特高の拷問を含む取調に加えて、検事や予審判事の誘導尋問や詐術が駆使されて、「知悉」が作り上げられてしまった。

戦時下の予審終結決定

一九三〇年代後半になると、「国体」変革結社の概念は急速に拡大した。三七年一一月三〇日に予審終結となった日本無政府共産党事件では、被告相沢尚夫（アナキズム運動の再建をめざし、日本無政府共産党を結成）に対する東京刑事地裁予審判事八木田政雄による「予審終結決定書」には、無政府主義について「一切の権力並私有財産制度を否認し、コンミュン組織を基幹とする無政府共産社会の建設を終局の目的とするもの」としたうえで、宣伝を通じた民衆の啓蒙による資本主義的意識の変革や「戦闘的分子を組織して民衆の総蜂起による武力革命への準備」、各地域の「コンミュン組織」による「一切の生産消費管理の権」の獲得などにより、「無政府共産の理想社会を建設せんとするもの」とする。その「権力否認の思想の結果」は天皇制を否認すると断じて、治安維持法が適用された。

前述した人民戦線事件の「教授グループ」の南謹二に対する予審終結決定は、三九年一二月二八日、東京刑事地裁予審判事徳岡一男によってなされた。「労農派」は「窮極に於て此の階級勢力を基礎として、国体の変革並に私有財産制度の撤廃を随伴すべき「ブルジョアジー」打倒を目標とするプロレタリア革命を遂行し、依って以て「プロレタリアート」の独裁政権を樹立し、之を通して階級目標たる社会主義社会の実現を企図する結社」（以上、「治安維持法書類」、東海大学図書館所蔵）と認定され、南の行為はその目的遂行にあたるとする。同日、やはり徳岡予審判事による「教授グループ」の阿部勇に対する終結決定も、同様である。ともに治安維持法第一条第一項後段と第二項に該当する犯罪として、公判に付されることになった。

四四年三月、ホーリネス教会弾圧事件の被告車田秋次についての予審終結決定は、東京刑事地裁の吉浦大蔵予審判事によってなされた。ホーリネス教会は「新天新地と称する完全なる永遠なる神の国」においては、天皇統治が廃止されるという「国体を否定すべき内容の協議を宣布することを目的とする基督教新教の一派たる結社の組織」（『車田秋次全集』第六巻）と認定され、新治安維持法第七条前段に該当する犯罪とされた。

目的遂行罪の拡張が際限なくなされたことも、戦時下の「予審終結決定書」から確認しうる。出版社のナウカ社を経営し、自らもロシア文学の翻訳をおこなっていた大竹広吉は治安維持法違反に問われ、三八年三月、徳岡予審判事による予審終結決定を受けた。そこではナウカ社刊の雑誌『文学評論』を「日本プロレタリア文学運動の中心勢力として小説論文等を通じて読者に革命思想を普及し、同運動の再建又は支持の役割を果すと共に、「党」活動を助成し、以て之が拡大強化に寄与するものなることを認識し乍ら、依然《いぜん》右文学評論の発行を継続し」(『思想月報』四七、一九三八年四月)ていたと認定した。検閲を経た雑誌の編集と刊行そのこと自体が、目的遂行罪に問われた。

四〇年一二月二六日、京都地裁予審判事山本武による「京大俳句事件」の予審終結決定がなされた。被告平畑富次郎(『京大俳句』創刊者の一人、医師)について、「俳句及俳論等を通して一般大衆の左翼化を図り、革命運動展開の為の温床を育成し、以て右党の運動に寄与せむことを決意し」と断定したうえで、「資本主義の矛盾、搾取性、或は資本家階級の堕落せる現実を象徴的に描写したる作品」や「反戦思想を含蓄せしめたる作品」を具体的にあげる。「勤労階級の窮乏したる生活を取上げて資本主義に対する反抗を示唆したる俳句、或は銃後の生活苦等を素材としたる反戦俳句等を、一般購読者の投稿作品中より選句して之を発表する等、雑誌「京大俳句」を通して一般大衆に階級的反戦反軍的意識を浸透せしめ、其の左翼化に努め」たことが、コミンテルン・日本共産党の目的遂行行為(『思想月報』七八、四一年一月)に該当するとされた。

「究極に於て」や「窮極に於て」を用いて、文学や演劇などの日常的で合法的な文化活動を「一般大衆の左翼化」や「革命運動展開の為の温床」育成に強引に結びつける手法は、広く文化運動を治安維持法違反でからめとるこの時期の典型といえる。

新築地劇団事件の関係者岡倉士朗に対する東京刑事地裁の長尾操予審判事による予審終結決定は、四二年一月三〇日になされた。「唯物史観の観点に立ち、現実社会の矛盾を暴露して資本主義社会の崩壊、共産主義社会実現の歴史的必然性を大衆に普及浸透せしめんとする等、革命的芸術理論たる所謂「発展的リアリズム」を基調とし、公演、批判会、座談会等を通して一般大衆並劇団員の共産主義意識の啓蒙昂揚を図り、以て究極に於て「コミンテルン」並「党」の各目的達成に資せんとするものなることを知り乍ら」(「治安維持法違反(検事局以後)」)とあるが、実はこれは吉河光貞検事の「予審請求」にある「公訴事実」に「究極に於て」の語句のみを追加したものであった。予審判事の手抜きであると同時に、特高の検挙および思想検事の取調を通じて目的遂行罪を適用する一貫した筋書ができあがっていたというべきだろう。

生活主義教育運動事件の予審終結決定

生活主義教育運動事件の場合をみよう。被告中井喜代之に対する予審終結決定は、一九四二年四月二三日、釧路地裁の予審判事代理判事中川毅によって次のようになされた(中井「その日の記録から」、北海道立文学館所蔵)。

小学教育の分野に於て児童をして生活現実の諸相、殊に貧窮民の生産労働、生活の基底裏面を深く鋭く探査批判せしめ、所謂資本主義社会の矛盾を自覚、階級意識を誘起触発せしむると共に、革命に依る資本主義社会の変革、共産主義社会の建設に必要なる段階的乃至併立的能力、殊に綿密なる企画性、強靭なる意欲、剛湜なる行動性、鞏固なる協同団結性(以下左翼性と略称す)を、児童の知能の発達程度乃至学年別並に立地的環境に応じ、全部又は一部育成せしめて、他方一般の学校教員をして斯る指導方法に共鳴、之を実践せしめんことを企て

「綿密なる企画性、強靭なる意欲、剛湜なる行動性、鞏固なる協同団結性」は「左翼性」=「発展的レアリズム」と一括され、生活主義教育運動の理論として抽出された。いずれの被告の予審終結決定でもこの「左翼性」が活用された。小坂佐久馬の「予審終結決定書」もほぼ同様な表現となっている。

被告坂本亮に対する予審終結決定は、六月二二日、釧路地裁予審判事川原徳治によってなされた。綴方指導を通じて「児童に生産的労働場面、家庭の貧窮生活乃至之等に関係ある生活場面に取材せしむる様題材の方向を指示して課題し、之が生活現実を在《あ》りの儘に観察精叙せしめ、之に文話、合評、鑑賞等の指導を加うる過程

を通し、経済を基本とする社会的唯物的人間観を培育し、労働及生産の価値を認識せしめ、勤労大衆の恵まれざる資本主義社会の矛盾を認識せしむると共に、労働者農民子弟の愛情共感を培《つち》かい、階級意識を誘致醸成」（高田富与『綴方連盟事件』所収）することをめざしたとされた。「社会的唯物的人間観」の培育や「階級意識」の醸成などは、予審判事の空想の産物といってよい。

綴方運動事件と一対の生活図画事件でも、同様に「階級意識」の誘発や「左翼意識」の昂揚が企図されているることに犯罪性が求められた。四二年一二月二三日、被告教員の山下懋《つとむ》に対する「予審終結決定書」で、旭川地裁予審判事西田賢次郎は「我国現時情勢下に於ける諸制約並生徒又は小学校訓導たる地位に鑑み、愛好する芸術並小学校教育の分野に於て、唯物史観の観点に立ち、現実生活の典型的場面に取材して、資本主義社会の矛盾欠陥を暴露し、階級意識を誘発する」とともに、「所謂「生活絵画」の普及、該理論に基く作品の展覧、左翼文献の貸与推薦の活動に依り、生徒、児童、小学校教員及一般大衆を左翼的に育成啓蒙せんことを企画し」（小田切正『戦時下北方美術教育運動』、一九七四年）と断定した。

ゾルゲ事件の予審終結決定

リヒャルト・ゾルゲを「東京刑事地方裁判所の公判に付す」という予審終結決定は、一九四二年一二月一五日、予審判事中村光三によってなされた。「理由」では、型通り「コミンテルン」の定義を「世界「プロレタリアート」の独裁に依る世界共産主義社会の実現を標榜し、世界革命の一環として我国に於ては国体を変革し、私有財産制度を否認し、「プロレタリアート」の独裁を通じて共産主義社会の実現を目的とする結社」としたうえで、そのことを「知悉しながら」、諜報活動を展開し、蒐集した情報を漏泄したことが、「「コミンテルン」の目的遂行の為にする行為」（「予審終結決定」『現代史資料』「ゾルゲ事件（一）」）にあたるとされた。注目すべきは、この犯罪事実の枠組みが、国家機密の探知収集と漏泄行為を処罰する国防保安法ではなく、新治安維持法の目的遂行を処罰する論理を用いていることである。したがって、適用すべき法律とされるのはまず新治安維持法（第一条後段と第一〇条）であり、ついで国防保安法（第八条と第四条第二項）、軍機保護法、軍用資源秘密保護法、刑法の順となる。

尾崎秀実の予審終結決定も同様に一二月一五日、中村予審判事による。コミンテルンの定義や目的遂行のための活動という判断、適用法律もゾルゲの予審終結決定と同じである。尾崎の活動については、「官界政界財界其の他各方面より右各種情報を蒐集して之を直接、或は宮城与徳、「ギュンター・シュタイン」等を介して「ゾルゲ」に提供し、且「ゾルゲ」と共に諸情報の評価、又は諸情勢の観測を為し、同人をして其の結果を一定の情報に取纏《まと》めしめて、「ゾルゲ」の諜報活動に欠くべからざる助言を提供し来りたるものなり」（「予審終結決定」『現代史資料』「ゾルゲ事件（二）」）と概括している。

マックス・クラウゼンや宮城与徳に対する予審終結決定も、一二月一五日、中村予審判事によってなされた。クラウゼンについては、「自ら無電技師として無電機の組立及送信並に受信の操作等に従事したる外、右団体の会計並に連絡事務を担当したる」（「マックス・クラウゼンに対する予審終結決定」『現代史資料』「ゾルゲ事件（三）」）とされる。二人とも、適用法律の第一にくるのは新治安維持法（第一条後段と第一〇条）である。

Ⅳ

公判―裁判所Ⅱ

3・15★4・16の裁判を公開せよ！

一　公判の進行経過

荒れる法廷

一九三一年九月一五日、小林多喜二は東京地方裁判所の共産党統一公判を傍聴した感想記のなかで、「共産党の公判と云えば、私の郷里の北海道などでは法廷で椅子を振り上げたり、格闘をしたりしたものである」（「共産党公判傍聴記」『文学新聞』第一号、一九三一年一〇月一〇日）と回想している。おそらく多喜二の想起したのは、札幌における三・一五事件公判での「武勇伝中異彩をはなったのは秋山安治君で、長椅子の背の横木をブチ折って振り廻し、スパイ（この場合は警察官――引用者注）を殴り付けた……他の三十六名の共産党員諸君も武内、清水君の指揮で一斉に廷内の窓ガラスを叩き壊したが、裁判長以下は自失呆然として声すら立て得なかった」（『無産者新聞』第二〇六号、一九二九年二月一〇日）などの場面だったろう。

それは一九三〇年前後の共産党関係の治安維持法公判では至るところで見られた光景であった。たとえば、三〇年四月一日の『小樽新聞』は、秋田と青森の四・一六事件の公判における「騒擾」ぶりを報じる。秋田地裁では四・一六事件の被告九人に対して懲役六年などの判決がなされると、「蔭山裁判長が右読み終るや、白水、吉原の両名は何事か高声にて述べ立つるや、全被告これに和し、革命歌を高唱して轟然《ごうぜん》たるものあり、柿崎看守長以下がこれを制止せんとするや、何この野郎とばかり椅子をもって殴打せんとしたので、予《かね》てより警戒中の秋田警察署近江警部補以下多数の巡査が取押さえんとするや、今度はストーブの上にあった鉄瓶を投げつけんとするなど、大騒擾となった」という。

青森地裁では被告らが入廷すると、被告堀江彦蔵（農民運動で活動）は「開廷前の時間を利用し、法廷に被告会議を開くべしと発議し、四月十六日から検挙されてから今日まで弾圧の下にあくまで正しく闘って来たが、ここに最後の闘争に対し被告会議を開いて演説をなし、ベンチにまるくなって被告会議を開き、「リーダーの指揮に絶対服従すると誓ってほしい」と提議し、各被告は「異議なし」と叫び、続いて全部起立し「日本共産党万歳、〇〇〇万歳」と叫ぶや、裁判長、「そんな乱暴は止せ」といえば、「乱暴ではない、正当防衛」と大沢喜代一君がまぜ返す等、開廷前一騒動を惹起した」。

三〇年一一月の東京地裁における朝鮮共産党日本総局並高麗共産青年会日本部第一次事件の公判で、警視庁では保釈中の被告に対して前夜から「厳重なる尾行を付して策動を牽制する」ほか、公判期間中は赤色救援会らの「極左鮮人の動静内偵」を各警察署に指示して警戒にあたらせている。初日に集まった三五九人の傍聴希望者は、入場券を交付した三〇人を除き、「極力退散」させた。初日の開廷の状況は次のようであったという（警視総監「朝鮮共産党事件公判開廷に関する件」、一九三〇年一一月二六日、「内地に於ける朝鮮共産党事件公判状況」、韓国国会図書館所蔵）。

金容杰《キム・ヨンキョル》は入廷と同時に編笠を振上げ「コンミンタン万才」を絶叫して気勢を揚げ、続いて勾留被告十一名全部の入廷を終りたる後、不勾留被告……入廷するや、彼等は控室より頻りに気勢を上げ、出廷被告に対し各々《おのおの》握手を求め、之れを警戒員に於て制止するや、大声叱呼して警戒員を手古摺《てこず》らし……金漢卿《キム・ハンギョン》は起立し裁判長に対し「裁判長は何故に吾々に斯《か》くも弾圧するか、我々は永い間暗い監獄生活と官憲の弾圧に依り苦しめられ、被告人の入廷前に開廷し、而かも未だ傍聴者一名も入場せしめざるは何故か」と詰問したる後、「仝志《どうし》よ、吾々は飽く迄此の弾圧に抗せねばならぬ」云々と絶叫するや、全被告総立となり……革命歌を高唱し、全被告之に□□〔判読不能〕喧噪を極むる

三一年九月、朝鮮共産党日本総局の東京地方裁判所の分離裁判でも、被告の朴得鉉《パク・トクヒョン》が公判の公開と併合審理を要求して「裁判長を罵倒し、朝鮮共産党万歳、コミンテルン万歳、日本帝国主義打倒等怒号しつつ、看守に擁せられて退廷す」（「各種治安維持法違反事件公判概況報告書綴」「渡辺千冬関係文書」）という場面が出現した。細迫兼光弁護士は裁判長の忌避を求めたが、却下されたうえに退廷を命ぜられた。

なお、これらの公判の裁判長であった神垣秀六は治安維持法公判における強硬な指揮で知られたが、その神垣は「昭和五年の夏頃に私は刑事部第六部に配塡されました。当時は、全国至るところの裁判所で共産党事件の審理が大変荒れた時代でございます。裁判所というものが左翼陣営のために翻弄された時代で、これに対するなんらなすべき術《すべ》を知らないのです。困り切った時代なのです」（野村正男編『法窓風雲録』上、一九六六年）と述懐する。

開廷

公判が開始されると、裁判長の人定訊問、検察官の起訴状朗読、被告人訊問、証人・証拠調、論告・求刑、弁護人および被告人の弁明とつづき、最終的に判決が下るという流れをたどっていく。それを概観する前に、法廷の様子を河上肇『自叙伝』からみよう。一九三三年八月一日、東京地裁の第二号陪審廷である（『河上肇全集』続6）。

この法廷の正面は高い壇になっていて、そこが判検事の着席する場所になっている。長方形になっている法廷の左右両側にも、やや壇を高くして、議会の議員席に似たような座席が設けてある。これは弁護士の

座席で、雛壇と称され、場合によってはそこに大勢の弁護士が詰め掛けて勢揃をし、一種の示威をなし得る場所である。被告や傍聴者達の座席は中央の平土間である……続いて法官服を纏《まと》った藤井裁判長が二名の陪席判事と共に、壇上後方の扉を排して、正面に現われた。裁判長を中央にして、陪席判事はその左右へ着席した。彼等の頭上に当る所には、天皇制の支配を象徴するかのように、皇室の紋章が金色を放って居り、私をして司法権は天皇の名において裁判所これを行うという憲法の規定を思い出させた。

一九二八年一〇月二五日の『北海タイムス』は、札幌地裁における札幌・小樽・室蘭の三・一五公判の開廷前の様子を、「被告等何れも　法廷で大はしゃぎ　紅一点九津見房子を殿《しんが》りに入廷　裁判長ッ　飯を食わして下さい　被告等異口同音に和し」という見出しで報じる。一斉検挙以来、一堂に会する最初の機会となったため、被告らは興奮し、意気盛んだった。

宮城控訴院検事長西川一男は、四・一六事件の「宮城控訴院に於ける日本共産党事件（四・一六事件）控訴公判概況」（法政大学大原社会問題研究所所蔵）を司法省に報告する。三〇年六月三〇日、開廷されるや「被告人は孰れも元気旺盛にして、廷内に入るや交互に握手し、「やあ元気だ」等高声を放ち、或は互に私語する等不謹慎の態度を示したる」という状況だった。裁判長は検察官の求めに応じてすぐに公開禁止とし、傍聴人を退廷させる。これに対して、七月一四日、被告らは「今日迄官憲が加えた拷問、暴圧等の暗黒面を社会に知らしめる必要がある」として、裁判の公開を要求する。これが却下されると、被告らは裁判長を忌避するが、それも却下されると、被告らは抗議して退廷した。四・一六事件では他の地裁検事局・控訴院検事局からも同様な報告があり、公判の進行に司法当局が手を焼いていることがわかる。

東京地裁における三・一五事件と四・一六事件の統一公判のうち、三一年一一月一四日、第二グループの公判冒頭で、宮城実裁判長は傍聴人に対して静粛を求めたのち、「被告人一同に於ても十分厳粛に秩序を紊《みだ》さないように、濫《みだ》りに席を離れたり、或は不遜の言動をしないこと、それから若《も》し発言する場合には一々許可を得て発言するように」（「日本共産党公判速記録」『現代史資料』「社会主義運動（五）」）などの詳細な注意を与えている。

起訴状の朗読

第一回公判では、検察官が公訴事実を説明する。一般的に検察官は「予審終結決定書」を読みあげることが多く、意図的に簡単な説明にとどめた。前述の札幌地裁の三・一五事件裁判では、「検事は「大体は予審終結決定書に記載の通りである」と冒頭して約四十五分にわたって起訴の事実を述」べるが、被告らは「最初は神妙に聞いていたが、約十分もたつとそろそろ咳払いが始まる、「ノーノー」、「みんな出鱈目だ」、「うそつけ」などと裁判長の禁止もものかは、盛んにいいたい事を連発する、遂には大きなあくびをやるものもあれば、「アーアー」とためいきをつくものありして、かろうじて右陳述が終る」（『北海タイムス』、一九二八年一〇月二五日）という有様だった。こうした被告らのヤジや反発を厄介視して、起訴状の朗読の多くは形式的な公訴事実の説明にとどまった。

東京地裁の日本共産党中央部統一公判は一九三一年七月から始まるが、七日の第二回になされた第一グループに対する検察官の公訴事実の説明は、平田勳検事の「各被告に対する各予審終結決定書記載の事実につきまして審理を求めます」（「日本共産党公判闘争代表陳述速記録」『現代史資料』「社会主義運動（四）」）だけだった。これに被告側の反発が強かったため、一一月一四日の第二グループに対しては、第一回公判冒頭で平田検事は次のように公訴事実を陳述した（「日本共産党公判速記録」）。

被告人等に対しまする本件公訴事実は各予審終結決定書記載の事実に拠っておりますが、要するに日本共産党はコミンテルンの日本支部、日本共産主義青年同盟はキム（共産主義青年インターナショナル——引用者

注）の日本支部でありまして、何れも革命的手段によりまして我国体を変革し、私有財産制度を否認することを目的とする秘密結社でございますが、被告人等は或は情を知りまして右結社の一方、若しくは双方に加入し、或は結社の目的遂行のためにする行為をなし、或は目的たる事項の実行に関し協議を為し、或は目的たる事項の実行を補助する等の行為を為したるこの事実に付て、審理を求める次第であります。

「要するに」以下の説明が加わったわけだが、それでも紋切り型の陳述である。

被告の陳述

検察官が起訴状を朗読すると、裁判長は被告にこの公訴事実についての認否を求める。

札幌における三・一五事件裁判を報告した札幌地裁検事正の「公判概況」（一九二八年一二月、法政大学大原社会問題研究所所蔵）によれば、第一回の「被告人等の弁解要旨」は「被告人等は異口同音に警察に於て拷問を受けたる結果、虚偽の自白を為したるものにして、予審の調書は右警察に於ける虚偽の自白が基本となりて作成せられたるものなれば、無罪を要求すと陳弁す」というものだった。第三回では「自他共に左翼の闘士を以て任ぜる武内清、沼山松蔵、石原吉久、田口右源太、渡辺利右衛門、山口利哉等は単に否認の答弁を為すのみならず、演説口調を以て或は公判の公開を要求し、或は予審調書は予審判事の奸計によるものなりとて予審判事を攻撃し、或は労働者農民解放の為めに飽くまで闘う旨叫び、裁判長より再三注意を受けるも介意せざるが如く装いて其の主張をなし、改悛の情を認め得るもの殆んどなし」という。

東京地裁の四・一六事件裁判でも同様で、「同志のひとりは、やがて裁判長の前に立つ。彼は左手に原稿用紙を持ち、右手でコップに水を注ぎ、それから裁判長にお尻を向けて傍聴者の方に向って立つ。同志達は、裁判官に裁かれているのではなく、労働者農民に党の政策と活動の正しさを伝えようとしているのだということがはっきりわかる。同志は裁判長の質問にはおかまいなく、どしどし彼の原稿を前に演説する！」（「四・一六前衛の公判闘争」『プロレタリア文化』号外、一九三二年六月）。

公判における訊問

被告の公訴事実に対する陳述が終わると本格的な審理に入るが、共産党の統一公判などでは「法廷闘争」が展開されて公判も長期化する。公訴事実をおおむね認めた治安維持法違反裁判になると、一般的には二、三回の公判で証拠・証人調を終えて、検察官の論告・求刑に進むケースが多かった。予審において実質的な取調が済んでいるとみなされていたからで、それは一九三九年七月の東京刑事地裁検事局主催の特高主任会議で警視庁特高第一課の林半警部から「公判では此頃余り取調をしない様ですが」と問われて、東京刑事地裁検事局の思想部長栗谷四郎が「公判は既に予審迄で調が出来ているので、余り聞きません」（東京地裁検事局『特高主任会議議事録（其ノ二）』『資料集成』㉖）と答えたことにもうかがえる。

それでも、公訴事実を否認し、法廷で争う場合は、裁判長と被告の間で訊問と陳述がなされた。そうしたやりとりがわかる史料は乏しいが、四〇年一二月に始まった労農派「教授グループ」の被告阿部勇に対する裁判長中島民治の取調状況をみよう。第一回公判で阿部は「公訴事実は認識問題並に事実問題に付、事実と違った点が相当あります」と争う姿勢を示した。四一年七月一六日の第三回公判でのやりとりは、次のようなものであった（「治安維持法書類一件」、東海大学図書館所蔵）。

裁　其の警察官から言われた教授グループと云う実態は何を指して居たのか

答　夫れは私は、私共が何か一つに纏《まとま》った団体であると云う風に云うて居るのではないかと思ったのです。然し事実上其の様な団体は持って居なかったのでありまして、私共は纏まった団体と云う様な意識を

持って居なかったのであります

裁　被告人が執筆した此「二つの産業合理化政策」と題する論文は、資本家と無産階級の対立を説き、ソヴィエトロシアの礼賛と云う様なことになって居るではないか

答　左様であります

裁　此の様な論文を執筆発表することが、日本共産党及コミンテルンの目的遂行の為めに役立つと云う様な考えは持って居なかったか

答　直接には其様な考えは持って居りませぬでした。尤《もっと》も結果的に見ると、其様なことになると思いますが、執筆した当時の私自身の気持は左様ではなく、大森（義太郎――引用者注）氏を支援する心算で執筆したものであります

裁　然し、此の様な論文を執筆発表すれば、如何なる結果になるかと云う位のことは考えるべきことではないか

答　左様です

裁判長もあの手この手を尽くして、被告を目的遂行罪にからめとろうと苦心している。そして、「結果的に見ると、其様なことになると思います」という陳述を引出すことに成功している。

拷問の暴露

主に特高警察の取調過程での拷問の実態について、検察廷において、あるいは予審廷において被疑者・被告は訴えるが、聞き入れられることはなかった。そのため、最後の公判の場で、残虐な拷問の事実を暴露し、供述を強制されたことを主張する。

札幌の三・一五事件裁判の第一回公判では、九津見房子が拷問の事実を生々しく語る。一九二八年一〇月二五日の『北海タイムス』は「陳述が終ると、すかさず突然起立、発言を求めたのが九津見房子、「私は女ですから何もわかりませんが、日本の法律は一体警察で被疑者を拷問する事を何と見ていますか」と冒頭して……急霰《きゅうさん》の如き声援を受けて「私は実に一昼夜も拷問を受け、すそをまくってはたかれ、猿またをはいていたら生意気だといって引きさいてしまわれた」」と述べた。同日の『小樽新聞』も、「日本の法律では警察が人民をごう問するという事が公然許されていますか、私が札幌警察署で取調を受けた際、係官が生意気だと云って私の尻を捲って強く叩いたのみならず、猿股を引き裂くなど乱暴な取調を受けました。その猿股は今尚独房に保管してあります、かかる拷問は日本の法律では差支ない事であるか否か、私は審理に先立って裁判長に質問いたしたいのであります」と報じる。

函館三・一五事件での拷問は山本宣治が取材し、議会で追及したことでも知られるが、函館地裁のその公判で証人が自ら受けた拷問を証言すると、「検事は憤然として立ち上り、「そんな拷問の事実は絶対に無い、第一に私は全被告に会ったが、傷害したような顔に何もなかったと共に、斯の如き拷問に対して訴え出たものもない」と……無法にも事実を否認せんと」した。加藤弁護士はこれに対して、「今度の検挙で釈放された同志も同じく証人の陳述のような拷問を受けた、そのため釈放されると共に検事に「拷問の起訴」をすると、或る者は「君の顔は普通ではないか」とか「おどかされて」帰されたり、又は書類を以て正式に起訴したものも却下されたりして居る」と検事に迫った。すると、「検事は「セッパつまった苦しさに」直に論告を開始した」という。また、「裁判長一言なし」（『労働農民新聞』第六九号、一九二八年一一月一九日）だった。

大阪の三・一五事件の第一回公判でも、「被告人宮城雄太郎は最も激烈なる口調を以て前に双手を突出し……私は父母よりいと健かなる身体を与えられましたが、警察で無惨に痛められました、此の生々しき拷問の痕跡は私に戦え、戦えと云って居ります」（大阪地裁検事局「大阪地方裁判所に於ける日本共産党三・一五事件公判概況」、一九三〇年一一月、法政大学大原社会問題研究所所蔵）と陳述する。

こうした公判廷における拷問の暴露と追及に、検事は「被告人等の原審に於ける弁解は単なる弁解に過ぎずして、予審に於ける供述が信認すべきものなり」（「宮城控訴院に於ける日本共産党事件（四・一六事件）控訴公判概況」）という立場を崩さず、拷問の事実を完全に否認する。

警察も検察も裁判所も一体となって拷問の事実を全面否定するが、そうした頑強な虚偽の貫徹を痛撃したのが、三二年五月三日の統一公判第二グループでの国領五一郎の次のような代表陳述である（『現代史資料』「社会主義運動（五）」）。

> かかる拷問に対する裁判官達の態度である。今日まで拷問は日本のブルジョワ法律すらが厳禁して居る所であって、これを犯したものは瀆職《とくしょく》罪として起訴厳罰されることに法文の上では書いてある。然らば法廷に於て今日まで多くの同志達によって拷問事実が述べられた時に、裁判官達は一体どういう態度をとっているか？　多くの同志達が拷問事実を陳述し始めるや、裁判長は大急ぎで、寧ろ非常に急《せ》ぎ込んで直ちにこの陳述を止めろ、止めなければ退廷を命ずるぞ、というような工合に、これを押えつけて述べさせない

国領の陳述に対して、宮城実裁判長は「裁判に対してゴマかすためにやっているということであるならば、もう述べさせない」と陳述を抑え込もうとした。

証人訊問

公判では個々の事実認定は予審においてなされたとして、実質的な審理は省略されるケースが過半だったと思われるが、ときに証人訊問がおこなわれることがあった。

一九二八年一二月二六日・二七日、札幌地裁の三・一五事件公判で、被告側の証人として伊藤信二（無産青年同盟小樽支部長、詩人）・風間六三（小林多喜二らと全日本無産者芸術連盟小樽支部を結成）ら五人が証言した。翌年一月一〇日の公判では、検察側の証人として小樽警察署警部補の多田和助が出廷し、証言した。被告の鮒田勝治（無産青年同盟小樽支部書記）が「裁判長に一寸《ちょっと》申上ます、此の証人は昭和三年三月何日午后何時（不詳）、小樽警察署の署長官舎に於て部下を指揮して私を拷問したものであります、其事に就いて」と発言しようとすると、裁判長は制止し、証人を退廷させようとした。鮒田が「是非答弁をと絶叫し」たため、裁判長は証人を着席させた。ついで、次のようなやりとりがなされた（「北海道庁警察部特別高等課文書」、堅田精司『北海道社会文庫通信』第一四〇号〔一九九六年九月三〇日〕より重引）。

被告鮒田勝治　署長官舎に於て部下を指揮して殴打し、其の上丹前を脱がせられたが、其の丹前を家の者が取りに行っても、警察はそんなもの知らないと云うて返して寄こさないが、どう云う訳か

裁判長　証人どうだ

証人　そんな事実は御座いませんし、又丹前なんて云う事も更に存じませぬ

裁判長は被告に対し、証人はそんな事は知らんと云う、更に証人に対し、帰っても宜しい

このように拷問を加えた特高警察官が証人として出廷すると、被告の猛烈な追及がなされることになったため、その後はこうした事態は避けられたと思われる。

三一年一〇月二九日、朝鮮共産党日本総局事件の朴文秉《パク・ムンビョン》裁判で、弁護人の布施辰治は朝鮮共産党日本総局が「日本共産党の支部にあらず、朝鮮の独立を図ることは我国体を変革するものなりや否や、極めて曖昧なり」として、この点を判然とするために佐野学・徳田球一、および同事件の被告八人の証人申請をおこなった。神垣秀六裁判長は丸才司検事に意見を求めたところ、「必要なし」（「各種治安維持法違反事件公判概況報告書綴」「渡辺

千冬関係文書」）と述べたため、この証人申請はすべて却下された。多くの治安維持法違反事件公判の場合、裁判長は証人申請を認めなかった。

後述する長野県教員赤化事件の長野地裁の公判で、検察側証人として出廷した長野県視学の岩下一徳は、被告石沢泰治受持ちの永明小学校尋常科六年の男女児童三九人に対する影響の調査結果を証言した。石田弘吉裁判長のメモによれば、「階級意識を有する者一三名」「反戦意識を有する者一四名」「国体に反する意識を有する者三名」などというもので、全体として石沢の影響を二八人が受けたとする（「昭和前期司法関係文書」）。

三五年六月、全協事件の東京控訴院での公判では、被告山田キヨ（全協日本金属労働組合中央委員、北海道をオルグ）の証人として室蘭の実父幸次郎が証人に立った。「「娘は必ず自分の手で立派な日本の女にしてみせます」と涙乍らに述べ、きよも固く転向を誓い、結局懲役二年、三年間執行猶予の寛大な判決あり、親娘相擁して嬉し涙にくれた。きよは即日市ケ谷刑務所を出所、室蘭へと旅立った」と、六月一四日の『室蘭毎日新聞』は報じた。ほどなくキヨは弁護士の岡林辰雄と結婚し、左翼運動に復帰する（以上、堅田『北海道社会文庫通信』第九八〇号、二〇〇〇年二月四日）。

一九四二年一二月に始まった生活主義教育運動事件の釧路地裁での公判では、被告・弁護側から実数で五〇人、延べで七三人の証人申請がおこなわれたが、裁判長が認めたのは一二人にとどまった（他に裁判長の職権で二、三人の証人）。そのうちの一人、高島幸次（標茶《しべちゃ》尋常高等小学校校長）の証言に関して、被告であった坂本亮は次のように回想している（坂本『季節点描』二）。

事件が裁判所の審理に移ってから、申請されて高島は被告たちの証人となった。この前後に証人となった某々は、警察や検事の威嚇にあい、意外な陳述をする者がいた。こういう人物を私たちは記憶して、最初は憤怒し、次いで軽蔑し、ついには憐憫した。こういうなかで真実を述べてひるまなかったのは、高島幸次、入江好之、吉岡一郎の三証人である。

今度の高石会で、高島は証言のあと検事室に呼ばれ、喫問と非難の言葉を浴びたことを語った。当時の司法検察の権力は、末端の検事でさえこうも露骨で威圧的であった。ことは遠く過ぎた日のことであるが、公判廷でひたいの汗をハンカチでふきふき証言した高島の姿を想起し、私はなんともいえず気の毒であった。

四四年五月三日、人民戦線事件裁判で被告大内兵衛（東京帝国大学経済学部教授）の証人に立った南原繁（東京帝国大学法学部教授）は、東大経済学部における「多数派少数派の思想的立場」についての質問に関連して、大内らの立場を「反対の立場に在る土方《ひじかた》派から少数派をマルクス主義的だと云うかも知れませんが、事実は左様ではなく、少数派の者は進歩的な経済学説を立てて居たと云うに過ぎません」と証言する。裁判長はくりかえし大内の学説がマルクス主義的ではないかと問うが、南原は「結局に於て学論の自由を説き、財政学にも分配の公平を唱え、デモクラシーの主張であるのです、マルクスの立場とは違います」と断言する（「労農派公判における向坂逸郎、南原繁証人訊問調書」『続・現代史資料』「特高と思想検事」）。

論告・求刑

共産党の統一公判や大本教事件公判などを例外にして、一般的な治安維持法違反事件の公判は二、三回程度、長くても数回で終わり、検察官の論告・求刑に移る。予審廷は長引くことが多かったが、公判自体の期間は短い。一九三三年八月の河上肇の治安維持法違反事件裁判の場合、第一回目で裁判長の訊問から検察官の論告・求刑、そして弁護人の弁論まで一挙に進み、判決は一週間後に言い渡された。

すでにII章で検察の論告・求刑を概観したので、ここでは重複しない範囲で粗描する。朝鮮共産党日本総局事件の東京地裁裁判で、三一年一〇月二七日、被告金東訓《キム・ドンフン》に対して、丸才司検事は「若し天皇より統治権行使の実を奪わんとする団体あらんか、これは即革命団体なり」として、「朝鮮の独立を企図する行為は純正憲法理論よりするも国体の変革に当る、苟《いわ》んや朝鮮共産党はプロレタリア独裁の社会を実現せんが為め、その当面の任務として朝鮮の独立を計るものなり」(「各種治安維持法違反事件公判概況報告書綴」「渡辺千冬関係文書」)と論じた。

日本共産党の三・一五、四・一六事件の統一公判の論告は、三二年七月五日、平田勲検事によっておこなわれた。被告らの行動は「社会の秩序をみだり《ママ》、国家の存立を危くせんとする点に於て、正に内乱外患の罪にも比すべく、その危険性の深刻なる到底他の一般犯罪と日を同うして論ずるを得ず」としたうえで、「殊にいわんや思想動揺せる現在のわが国情に照らし、この種《しゅ》犯罪に対しては国家の治安維持上須らく厳罰を以て臨むべき」(『法律新聞』第三四二九号、一九三二年七月六日)と断じた。「内乱外患の罪」に匹敵するという認識は、何よりも共産党に対する脅威の大きさを示している。

河上肇裁判での戸沢重雄検事の論告・求刑について、河上は苦々しく書きとめている(『自叙伝』)。その論告は、雑談でもして居るかのような、活気のない、早口の、調子の低いものであった。しかし「被告は久しきに亘り社会に向ってマルクス主義の毒素を蒔き散らし云々。」とか、「何が被告を駆ってここに至らしめたかと云えば、被告自身は之を自己の学問的良心に帰しているが、実は意志薄弱のために外ならぬ。」とか、「被告が五十五歳の老人で入党などした事は、全く年寄の冷水として苦々《にがにが》しい事である。」と云う類の毒舌は、いたく私の神経を刺戟し、忘れがたき不快感と拭いがたき侮辱感を抱かしめた。いくら検事でも人を侮辱する権利はない筈だと、私はひとり肚《はら》の中で憤慨した。

戸沢検事は河上に治安維持法第一条第一項前段の「指導者たる任務に従事したる者」として、懲役七年を求刑した。河上は判決が下るまでの一週間、「ただ執行猶予になることばかり思い続けた」(『自叙伝』)。

敗戦の直前、一九四五年八月一日、東京刑事地裁における懲役一五年という「検事求刑」を神山茂夫(全協内に刷新同盟を組織、一九四一年五月に検挙)は回想する。「この日、ゲートル巻きの戦闘帽の検事は、この国家危急存亡のとき、国体変革を目的とする被告のごとき「悪逆無道」な「国賊」は、裁判なしで直ちに銃殺しても差支えないぐらいのものだ、「ことに法廷における被告の態度は傲慢無礼」と最大級の形容詞をならべた論告を、悲憤慷慨口調でのべたてた」(神山『革命家』、一九五六年)。

官選弁護人

治安維持法公判では、官選による弁護人が担当することが多かったと思われる。三・一五事件や四・一六事件の各地方の公判では、後述するように布施辰治ら多くの弁護士が名を連ね、公判の公開を要求し、分離公判に反対し、警察での拷問を暴露するなどの果敢な弁護活動を展開するが、手が回りかねないこともあったようである。

一九三〇年六月、四・一六事件の宮城控訴院における控訴公判では官選弁護人に限られ、「被告人等の君主制に対する罪は吾国天皇は絶対的のものにして、宛《あたか》も太陽に向って弓を引く如きものなる以上、不能犯たるべく、共産党のスローガンに「君主制撤廃」の項ありと云えども、そは云わば売薬の効能書の如きものにして、決して重きを置かざりしものなりと論じ、減刑論を為し」(宮城控訴院検事長報告「宮城控訴院に於ける日本共産党事件(四・一六事件)控訴公判概況」)たという。「不能犯」「売薬の効能書」呼ばわりされることは、被告人にとって不本意きわまりなく、容認できないものであったはずである。

前述の朝鮮共産党日本総局の東京地方裁判所の公判で、裁判長神垣秀六の忌避を求めた弁護人の細迫兼光・

谷郵直雄が退廷を命ぜられると、神垣裁判長は司法官試補を官選弁護人として裁判を続行した。その官選弁護人は「寛大の処分あり度し」（「各種治安維持法違反事件公判概況報告書綴」「渡辺千冬関係文書」）と発言したという。これも被告の真意と真逆であった。

また、三二年一二月、『社会運動通信』第九四〇号は、横浜地裁の治安維持法違反事件裁判で、永村盛一被告が「裁判長から「共産主義運動は正しいと思うか」と聞かれ、「自分は主義はあくまで正しいと思う、しかし再びこの運動に投ずるかどうかは言明の限りで無い」とキッパリいい切った」ところ、「被告の転向を理由に官選弁護人を引き受けた安斎弁護士がかんかんに憤慨し、即座に弁護辞任を申出たので、裁判所もやむなくこれを認め、又官選弁護人を選んで続行することになった」という顚末を報じている。

長野県教員赤化事件裁判での弁論は、「古谷弁護士は……大要は動機に於いては若き学徒として寧ろ当然であるが、手段方法に於いて誤ったものである、併しこれを三・一五、四・一六の被告に対する判決を比較して見る時、如何にしても重過ぎると、五名の被告へ執行猶予論を唱えた……中沢弁護士が起ち、一口に云えば危い火いじりをして我が身が火傷を負った様なのが本件である」（『社会運動通信』第一三三二号、一九三四年四月二四日）と報じられている。これらの弁護士が官選であったかは不明だが、情状酌量論での刑の軽減という姿勢に終始し、運動への内在的理解は皆無といってよい。

四二年五月一〇日、札幌地裁における無教会派キリスト者浅見仙作に対する治安維持法公判で、官選弁護人は次のような弁論をおこなったという（浅見『小十字架』、一九五二年）。

被告の熱心は動かすべくもありません。被告が信仰を翻えさぬと言うは致し方がないと思う。また、こう言えば被告に笑われるかも知れないが、被告は秩序ある教会にも属せずして、無秩序の無教会主義を信じ、しかも四十年間伝道せる結果僅《わず》か百名位の信者しか出来ないという、実に夢のようなことを信じているなど、気の毒の至りであるが、それでも被告は信者にならぬ前には、尊王の思想をもち、日本外史を愛読していたと言うのであり、特に老令でもあれば、宜敷《よろし》く御寛大の御処分あるように願います

おそらく浅見と接見もないままの、見当違いの弁論であった。また、森長英三郎『史談裁判』第四集（一九七五年）によれば、灯台社事件の官選弁護人について明石順三「顚末報告書」は、「被告人の利害は一切顧慮することなく、ただ当局の指揮命令にのみ服して支部長（順三）を不利に陥れることに専念した」と酷評しているという。

名古屋で読書会を組織して治安維持法違反に問われた小栗喬太郎は、一九四三年の公判で「かつて左翼運動の弁護をしていた弁護士は表面から姿をけして、消息が分らなかった。といって他の弁護士を改めて依頼する気にもなれなかったので、官選弁護士にまかせることにした」。第二回公判で「公判開廷と同時に検事は懲役二年を求刑した。それに対して、弁護士は熱のない口調で、私の思想が恵まれない家庭関係から生れたものであるという理由を述べ、寛大な処置をとられるように懇願しているようにきこえた」（『ある自由人の生涯　小栗喬太郎遺稿集』、一九六八年）と回想する。これらの事例は、官選弁護人が思想犯罪の本質をまったく理解していなかったことを示唆する。

三八年九月、長崎控訴院管内思想実務家会同で、本郷雅広長崎地裁部長判事は「此の種犯人の多くは弁護人を付する必要がある場合でも、自選でないのが常であります。従って裁判長に於て官選するを必要とするのでありますが、此の場合、官選弁護人の選定に付ては格別の注意が必要であります。即ち思想穏健、而も被告人を威圧する程の風格、言動の者を選ぶこと、司法官試補ある場合は予め転向に導く様、旨を含めて弁護させるが宜しくはないかと思う」（『思想研究資料特輯』四八）と発言している。官選弁護人を通じて、「転向」への誘導が画策されている。

ただし、官選ではあっても被告の理解者となって弁論を展開し、感謝される弁護人が存在したことも事実である。江東地区の『赤旗』配布責任者として検挙された岸清次は、三三年七月頃の東京地裁での公判に際し、官選弁護人をつとめた司法官試補が「実に良い弁護をしてくださいました。被告のような青年たちに依って社会は正され進歩発展し、国民の権利は守られて行くのである。無罪とすべきだと堂々と主張してくれました」（岸「私と豊多摩刑務所」社会運動史的に記録する会編『獄中の昭和史　豊多摩刑務所』、一九八六年）と語る。

三七年三月の長野地裁における農村青年社事件の公判を報じる三月一三日付の『信濃毎日新聞』によれば、官選弁護人は「被告のアナーキー運動が武装鋒《ママ》起を否定し、僅《わずか》に自給自足の基礎に立って自由コンミュンの建設を夢みたのに過ぎないのに、国体変革、私有財産制の否認という結果論をもって断定することは誤っている」と批判する。もう一人の官選弁護人は「検事の論告要旨に一々反駁を加え、治安維持法の必要以上に被告等を罰することは法律の濫用である」と論じたという。

しかし、こうした被告に寄り添った弁論をおこなった官選弁護人は例外的であろう。官選弁護人の多くの弁論は被告への共感も、理解もなく、公判進行のための形式的な手続き程度の意味合いしかもたなかった。民族独立の治安維持法違反を問われた在日朝鮮人の関わる公判では、まともな弁護がなされたとは思えない。控訴や上告をすること自体、あきらめざるをえない状況もあったろう。

弁護士指定制度

一九四一年の新治安維持法で規定された刑事手続きの特例の一つに、弁護権の制限があった。この制限を盛り込んだのは、かつての日本労農弁護士団などのような裁判闘争の積極支援の企図を防止するとともに、「弁護人は徒《いたず》らに被告人の個人の利益を擁護することは許されなくなった。弁護人は国家的見地に立って、被告人ばかりでなく、国家と云う立場も考えて裁判所と協力しなければならぬ」(四一年四月の思想実務家会同における仙台地裁判事小関敏正の発言)という認識が戦時下の司法関係者のなかに共有されていたからである。五月九日の司法省令「弁護士指定規定」により、「思想、経歴其の他の事由に因り指定を適当ならずと認むる者」は、司法省の作成する名簿に登載されないことになり、治安維持法公判から締め出すことが可能となった。

この制度の実施により、七月一日現在、全国で六九三人の弁護士が登録されたが(『東京弁護士会百年史』、一九八〇年)、このなかには、後述する治安維持法運用の罪刑法定主義からの大幅な逸脱を批判する弁論を展開した鈴木義男・高田富与・海野《うんの》晋吉も含まれており、一見奇異に見える。推測の域を出ないが、これらの弁護士については治安維持法公判で司法当局をきびしく追及するとはいえ、その弁護士としての実績や識見は誰もが認めざるをえなかったのだろう。

この弁護士指定制度の実施により、弁護士には以前に増して「国家的見地」に立ち、裁判所に協力するという姿勢が強く求められることになった。そして、ほとんどの治安維持法公判の弁護は官選と自己依頼を問わず、この方針に従順だった。

たとえば、四一年四月に宮城県の小学校教師鈴木銀一が仙台地裁の治安維持法公判で懲役二年の判決を受け(「北方性教育関係」事件)、大審院に上告した際、弁護人鍛冶利一の提出した「上告趣意書」をみよう。鍛冶は「上告人は只管《ひたすら》に貧富の懸隔による社会的不公平を痛感し、遂に私有財産制度に疑問を抱きて共産主義に走りたるも、国体変革と云うが如き不逞なる思想を有せしに非ず」と述べるだけでなく、「真の日本人として更生し、新なる思想の下に其の熱意と努力を傾注し、奉公の誠を致さんとするの決意を完《まっと》うせしむるの機会を与えられんことを念願するや切なり」と訴えた。第一審判決の懲役二年の実刑は「刑の量定余りにも苛酷なり」として、執行猶予付の判決を求めた。「真の日本人」となり、「奉公の誠」を尽くすことを誓うので、「転向」を評価してほしいという情状酌量論は、被告の意向を反映したものであろう。被告の「上告趣意書」には「一日も早く本当に働き甲斐のある場所で私は御国の仕事に就き度いのであります、贖罪の気持その儘を心慎みながらも明るい日本人の隊列に伍して、大東亜建設の聖業に残った半生を捧げさせて頂き度い」(以上、上告審判決に引用された「上告趣意書」による。『思想月報』第九六号、一九四二年七月)とある。

鍛治の「上告趣意書」に込めた熱意と真剣さは明らかながら、そこには治安維持法の運用に疑義を呈し、批判する論点はなく、「刑の量定余りにも苛酷なり」という批判にとどまっている。しかし、現実には官選弁護人に限らず、こうした「国家的立場」に立った弁論が過半を占めたと思われる。

被告弁論

検察官の論告・求刑についで弁護人の弁論が終わると、被告人自身の弁論の段階となって、公判は結審となる。

まず札幌地裁の三・一五事件裁判を例にとろう(「北海道庁警察部特別高等課文書」、堅田精司『北海道社会文庫通信』第一四〇号による)。一九二九年一月一一日から一七日にかけて被告人の弁論がなされた。裁判長は各被告に弁論の有無を尋ねると、「全被告異口同論にありますを絶叫して止まず」という状況となって紛糾したため、武内清(小樽合同労組争議部長、港湾争議などを指導)・渡辺利右衛門(小樽合同労組組織部長)・沼山松蔵(労働農民党札幌支部長)が被告の代表として「一般的総論の弁論」をおこない、他の被告の弁論は簡単にすることになった。ほとんどの被告が、「警察拷問と検事や予審判事詐術誘導訊問に依ってデッチ上げられた事件であって、何等関係ないものであるから、無罪を要求します」と述べた。そのなかで九津見房子は「七年等と言う刑を科せらるる様には思いません」と、境一雄(小樽合同労組委員長)は「予審決定書の肩書に共産主義に共鳴しとあり、裁判長に於て共産主義は悪いものだと云う観念がありましたら、それを捨てて御判断あられん事を御願い致します」と陳述した。

「一般的総論の弁論」をおこなった武内は、「我々被告三十五名は、無産大衆の生活改善の要求には如何なる圧迫を通じても我々の要求を貫徹せねばならないが、其圧迫を通り抜けるには少《ママ》さい団体では目的貫徹は出来得ないので、必然的に大衆団体となったのであります、本事件は此大衆団体の生活改善の運動たる外何物でも無い」とした。また、沼山は「無産階級今日の如く猛進出の階段に進出した時、資本家地主は弾圧しなければならないと云うので、共産党に名を藉《か》って弾圧し、而も之が政治的意味も含んで居るのであります」と述べて、全員の無罪を要求した。

三一年一〇月二四日、東京地裁の朝鮮共産党日本総局事件裁判で被告陸鶴林は最後の弁論で、「合邦後は一日として満足なる日はなく、搾取さるるのみにして、其生ける屍は年二十万人の海外移住を余儀なくされる、夫れに対し吾々は正当なる要求を為せしも受け容れられぬ、解放運動は自己の生命を護る運動なり。日本帝国は吾々を臣民とは看做《みな》さず、其罪丈を論ずることは諒解に苦しむ。日本帝国の横暴迫害等に対して、より一層反抗が増大することであろう」と陳述する。

また、一〇月二七日、同事件裁判の被告金東訓は最後の陳述として、「無産労働者は工場中に喘《あえ》ぎ疲れたる、貧農大衆は塗炭に苦みつつあり、生活の安定、生存の保障何処にかもとめん、今や日本資本主義、軍国主義的政策に圧迫・迫害せられつつある朝鮮民族二千万人は悉皆《しっかい》朝鮮の独立を願求せざる者無し。吾々はこの熱望を代表したるものなり」（以上、「各種治安維持法違反事件公判概況報告書綴」「渡辺千冬関係文書」）と述べた。

これらの痛切な弁論は、いわば公判上の手続き的なものとだけみなされ、裁判長に届くことはなかった。一般的な治安維持法違反事件公判では、とりわけ「転向」を誓った被告の場合、最後の陳述は「ありません」と答えて、あらためて恭順の姿勢を見せることになった。

上申書

判決を前に、無罪、あるいは執行猶予付の寛大な判決を求めて、被告やその家族は裁判長に「上申書」を提出する。

新潟県の三・一五事件裁判では、一九二九年二月二一日、ある被告が二七日の判決を前に「開廷と同時に私自身の過去の述懐、そして今社会運動から去ろうとするその気持等につき、声涙共に下る最後の告述を致し度《たく》存候、依而《よって》特別の御計いを以て御許可相成度」と「願書」を石田弘吉裁判長に提出した。判決後の三月一〇日には、控訴審を控えて「第一は社会運動から身をひきましょう。第二には父親と和解して、働いて共に暮しましょう」という書状を石田に送る。さらに三月二五日、「一身上の処置に関し具陳希望致し度儀有之《これあり》」として「召喚御願」を提出している（以上、「昭和前期司法関係文書」）。

河上肇の場合は執行猶予を期待していただけに、予想外の懲役七年という検事の求刑に、「立っても坐ってもいられないような気がして」（『自叙伝』）、三三年八月三日、裁判長と検事宛に「上申書」を提出する。「私の今日迄の生涯は学問のために捧げて来たと言っても可い様に自分では感じて居りますが、自分の斯る学問的生涯をも此際自ら進んで自分の手で終りを告げしむると言うのが、私の新たになしたる決心であります。最早《もはや》あとに余す所は只だ一個の残骸に過ぎません」（「内務省保安課転向関係綴」『続現代史資料』「特高と思想検事」）という、未決監時代の「獄中独語」以上の転向表明であった。後日、『自叙伝』執筆時の回顧では、「此の時が私の精神気力の萎靡《いび》沈滞を極めた頂点」であったとする。

長野県教員赤化事件では、公判を前に、三三年四月一八日、被告福沢準一（上郷小学校教員）が石田弘吉裁判長に「上申書」を提出し、「私が過去に於て抱いた共産主義思想が到底支持し得べきものでなく、之と相対立すると見られた考えの中にこそ真なるものの有ることを見ずに至りました」と表明する。共産主義の誤謬を四つあげるが、その一つは「共産主義思想が経済諸関係の改革を目的として、其の為には国家の存立をも無視せんとすることの誤れるを見、世界に特立する日本精神の磨滅すべからざる個性と其の発展力を確信すること」であった。勾留中に「私共に対する国家の御処置が厳なる中に思《おもい》あることを種々感得」したことが転向に導いたとして、「今日の慚愧と感謝とを将来社会に報ぜん念慮の為、又私の家族の為に、今日私の到りました心境御酌み取り下され、何分御寛大なる御処分下され度」(『昭和前期司法関係文書』)と結んでいる。

四四年一一月、ホーリネス教会事件の泉田精一(牧師)は「上申書」のなかで、「第一、日本人として唯概念だけでなく、全《まった》き国体観に徹底し、国学書、殊に古事記、日本書紀、国体の本義、臣民の道其他を精読し、歴史にも通じ、日本人たるの自覚を持ち、自他をよく教え得る者たらんと期して居ります……第二、神社問題に対しては所信を十二分に発表し、積極的に当局の意のある処を察し、日本人の特徴である祖先崇拝を徹底せしむるよう努力致します」(『戦時下のキリスト教運動』2)と記した。

第七日基督再臨団(セブンスデー・アドバンチスト教会)本部総理で、天沼教会牧師の小倉指郎は、四四年一〇月二三日、東京刑事地裁裁判長宛に「上申書」を提出し、「天皇は神聖にしておかす可からざるものであり、総家の根源にして、従って皇室の繁栄は我等臣民の繁栄であり、国家の基礎は国初より定まれるものにして天壌無窮、世界に祝福を与える大使命を負うものであります」としたうえで、次のように結ぶ(海野晋吉『ある弁護士の歩み』、一九六八年)。

最後に私は、この度の事件に於て、警視庁、検事局はともに、単なる取調べではなく同胞に対する責務といった様な御親切と、又私の如き者にも同胞なるが故に、国家の線に完《まった》く帰せしめ、国家の一員として有

高田富与（札幌市長時代）

宮城実裁判長（中央）ら判事

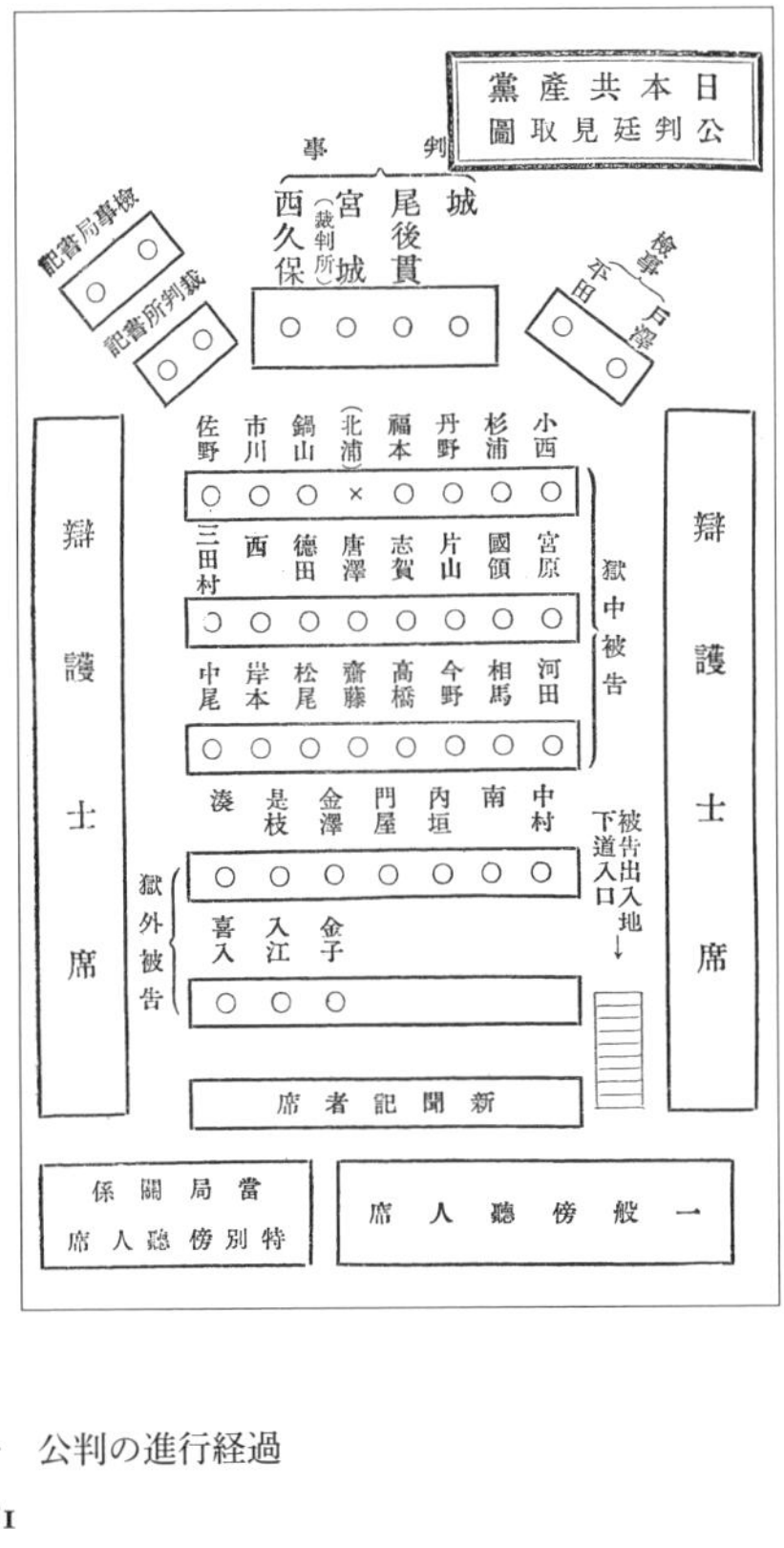

日本共産党公判廷見取図

札幌三・一五事件公判　連行される被告たち
1928年10月

為なる者に立ち帰らそうとして下さる、その御気持を十分に感得することができました。わけても公判廷に於て此の感を一層痛感し心から感謝するものであります

痛々しさが伝わるが、こうした「上申書」を書かざるをえなかったこと、あるいは書くことを暗黙に強要されたとも推測されることは、戦時下の治安維持法公判をめぐる状況がどれほど極限的なものであったかを再認識させる。

なお、一九三〇年前後の共産党関係の公判では、法廷内の裁判闘争に連動して、裁判長に抗議の投書が送られた。三〇年一二月一五日、新潟県の三・一五事件の公判開始を前に、全国農民組合新潟県聯合会南部地区石曽根支部総会は傍聴禁止としたことについて、「憲法に規定されたる公判の公開の精神に反するもの」として、「絶対公正なる裁判を求めるため、飽くまでもその公開を断乎として要求する」という抗議文を送った。一二月一七日に同南部地区拡大支部長会議名で送った抗議文のなかには、「暗々裡に事件の真相を極秘に付し、暗黒裡に公判を公開せず、共産党事件として斯の如く終始一貫し葬り去ろうとすることは、輝ける指導者を共産党事件の口実をもとに、吾々の陣営より奪い去ろうと云うコンタンの以外になにものでもない」(「昭和前期司法関係文書」)という一節があった。

名古屋と新潟の三・一五事件判決

通常の公判では二、三回の審理を経て判決の言渡しとなる。治安維持法違反事件の場合、「予審終結決定書」、さらにさかのぼって検事の「予審請求書」や警察の送致時の「意見書」ですでにその枠組みがかたちづくられているため、判決もそこから逸脱することはわずかで、多くは求刑を少し割り引いた量刑とした。国内で現存する司法処分の文書としては「予審終結決定書」がもっとも多く、意外に判決文は残されていない。上告審と

して大審院でなされた判決で、新たな判例となったものは『大審院刑事判例集』などに収録され、それを丹念に追うことで治安維持法がどのように拡張解釈されて運用されていったかがわかる（奥平康弘『治安維持法小史』、内田博文『治安維持法の教訓』『治安維持法と共謀罪』参照）。ここでは、すこし異なった視点から判決をめぐる問題をみてみよう。

判決の書式から。冒頭、「〇〇被告事件に付当裁判所は検事△△関与、審理判決すること左の如し」とあり、「主文」で「懲役□年」として、未決勾留日数を「本刑に算入す」、あるいは懲役二年以下の場合、刑の執行を「▽年間」猶予する、となる。ついで「理由」が述べられ、最後は「仍《よっ》て主文の如く判決す」となる。

長谷川民之助（労働農民党名古屋支部執行委員）ら五人に対する名古屋地裁の三・一五事件裁判（裁判長は渡辺久、検事は下田勝久）は一九二八年一〇月二九日に開廷し、被告人訊問・証拠調まで終え、第二回目の一一月二三日の公判で論告・求刑がなされ、結審となる。一二月三日の判決は長谷川の懲役四年（検事求刑懲役七年）がもっとも重く、懲役三年と二年が各二人だった。他の地裁と比較すると、相対的に軽い判決となったが、そこには裁判官の次のように「彼是考量《あれこれ》」する事情があった（京城地方法院検事局「地検検事局情報綴」、一九二八年〜三〇年、韓国・国史編纂委員会）。

> 其量定に付《つき》按ずるに、被告人等は孰れも幼少の頃より不遇、学半《なかば》にして職を労働に求め、爾来孜々《しし》として奮励し来りたるも、国民の思想著しく動揺を示し、無産階級解放運動漸次熾烈となるに従い、被告人も亦其環境に支配せられて無産団体に加盟し、其解放運動に従事したるが、偶々《たまたま》豊田某の甘言に惑い、一面虚栄的自負心に囚《とら》われたる結果、日本共産党の渦中に陥るに至りたるものにして、若年思慮未だ定らず、学未だ深からざるが為に此の不逞を敢てするに至りたる点は聊か同情すべきもの無きに非ずと雖《いえど》も、苟も三千年の光輝ある我国体と相容れざる思想に囚われ、之が実行に加担したるは乱臣賊子たるの譏《そしり》を免れず、

寸毫も仮借するを許さざるものに属す

前半では境遇に対する「聊か同情すべきもの」があるとしつつ、後半では「国体」に反する「乱臣賊子たるの議」を糾弾する。しかも、この後にはさらに「然れども」がつづき、被告人の将来への影響からは寛大に臨むべきであるとしつつ、治安維持法の求める「厳罰主義」にも応える必要があると、「彼是考量」した結果の判決となった。この行きつ戻りつの「考量」は、治安維持法違反事件の本格的運用の初期段階における手探り状況を反映している。

次に新潟地裁の三・一五事件裁判の判決（一九二九年四月二七日）を例にとろう（「昭和前期司法関係文書」）。裁判長は石田弘吉、検事は原定男である。「理由」ではまず五色温泉における日本共産党再建からはじめ、その目的を「露西亜「モスコー」に本部を有する世界共産党（コミンテルン）の一支部として、政治的には君主制を撤廃し労農独裁政治と為し、経済的には一切の生産機関を没収して社会の共有と為すこと」とする。「当面のスローガン」を「君主制の撤廃、宮廷寺院地主等の大土地無償没収、「ソヴエットロシア」の防衛」などと決定し、中央委員会を設置するとともに、信越地方にも地方委員会設置のためオルガナイザーを派遣し、活動中だったとする。

そして、被告ごとの活動を列挙していく。たとえば、中蒲原郡で農民運動をおこなっていた被告安中作市郎は、オルガナイザー西山武一から共産党の印刷物の送付を受けるなどの働きかけを受け、「入党方並《かた》に郡内南部方面に於ける同党の主義宣伝を委嘱せられ、同党が前記の如く共産主義社会を革命的手段に因り実現せんことを目的とする秘密結社なることを知悉しながら之を承諾し」、郵送されてきた地方機関紙『赤色信越』を閲読したことが犯罪事実とされていた。ただし、安中は一貫して入党を否定していた。

次に「証拠を按ずるに」として、犯罪事実の証拠調をおこなう。公判における被告の陳述のほか、主に「予審訊問調書」が用いられた。安中の場合、「同被告人に対する第三回予審調書中、之と同旨の供述記載により夫々之を認む」という具合に、犯罪事実の確認がつづく。この証拠調が済むと、「以上の証拠説明により判示犯罪事実は証明十分なり」とされる。ただし、判決では共産党加入は予審終結決定と異なって認定されなかった。

最後は「法律に照すに」として、各被告の該当する条文が明示される。安中は旧治安維持法では第二条の「協議罪」に、改正法では第一条第一項・第二項中の結社の目的遂行罪に相当するとされ、重い罪として後者がとられたが、量刑は旧法が適用されて懲役一年六月となった。また、「犯情を斟酌」し、執行猶予三年が付された。検事求刑は懲役五年であったから、大幅な減であった。同様に党加入が認定されなかった稲村隆一は懲役二年（執行猶予三年、求刑は懲役六年）で、党加入を認定された被告は懲役五年から二年六月となった（量刑は旧治安維持法を適用）。

判決書式のパターン化

日本共産党の定義は三・一五事件の予審終結決定・判決の段階ではまだ各地裁で異なっていた。たとえば、先の名古屋地裁の判決では「日本共産党なるものは君主制を撤廃し、国権を無産階級に於て掌握すると同時に、私有財産制度を否定し、共産制社会の実現を期することを中心綱領とし、以て国体の変革並私有財産制度の否認を目的とする秘密結社」（京城地方法院検事局「地検検事局情報綴」）とある。

一九三〇年三月三一日の横浜地裁における四・一六事件公判の判決（裁判長津田進）では日本共産党について「吾国に於ける無産階級解放の為、暴力革命に依りても現行の私有財産制度を否認し、共産主義社会の建設を図らんことを其窮極の目的」とし、この目的達成のために「プロレタリア（無産階級、就中《なかんずく》労働者貧農階級）

独裁の制度を樹立し」、「立憲君主制を廃止して吾国体を変革せんことを其当面の一目的と為す秘密結社」(同前)とする。「私有財産制度」否認を「窮極の目的」とし、「国体」変革を「其当面の一目的」とする点は注目される。

これらに対して、二九年五月三一日の大審院による北海道旭川グループに対する判決が判例となることによって、「国体」の定義が確定した。あわせて判決の書式も固まっていく。

この判決書式確定後の共産党関連の治安維持法違反事件裁判の典型的な事例といえる、三二年四月二五日の大阪地裁における前納《まえの》善四郎(一九二九年に共産党入党、全協再建を指導、大阪地方を担当)に対する判決を例にとろう(朝鮮総督府高等法院検事局『思想月報』第二巻第七号、一九三二年一〇月)。裁判長は池内善雄、検事は吉村武夫である。前納の経歴が記載され、「専心労働運動に従事し居りたるところ、其の間共産主義に関する諸文献を通じ」、共産主義運動に接近したとされる。ここで日本共産党を「国際共産党の一支部にして、我国家存立の大本たる君主制を廃止し、無産階級の独裁を階梯として私有財産制度を撤廃し、所謂共産主義社会を建設することを目的とする秘密結社」と定義したうえで、前納は「其の目的とするところに共鳴し」、党に加入、各種の活動を通じて「其の最高幹部たる役員として同党の統制指導の任務に従事すると共に、同党組織の拡大強化に努めた」とする。

証拠調については「被告人の当公廷に於ける判示と同趣旨の供述に依り、之を認むるに充分なり」というだけで済ませた。「法律に照すに」、党加入とその目的遂行のための行為が治安維持法第一条の第一項・第二項に該当するとして、「重き前者」、すなわち「国体」変革の罪をとって懲役六年を科した。

もう一つ、拡張解釈が頂点に達した段階のものとして、四三年一〇月二〇日の北海道農業研究会事件の中川一男(北海道農会技手)に対する札幌地裁判決をみよう(堅田精司『北海道社会文庫通信』第四二四号、一九九八年五月一三日より重引）。裁判長は菅原二郎、検事は向江菊松である。中川の左翼運動の経歴を記載したあと、「コミンテルン」について「世界「プロレタリアート」の独裁に依る世界共産主義社会の実現を標榜し、世界革命の一環として我国に於ては革命手段に依り国体を変革し、私有財産制度を否認し、「プロレタリアート」の独裁を通じて共産主義社会の実現を目的とする結社にして、日本共産党は其の日本支部として其の目的たる事項を実行せんとする結社」と定義する。中川はそれを「知り乍ら之を支援し、其の目的達成に資する意図の下に」、諸活動に従事したとする。たとえば、帯広詩歌研究会に参加して「革命的芸術理論に立脚せる所謂「社会主義的リアリズム」の観点より短歌詩等数篇を発表し、且同研究会員の詩歌作品に付批判論評を為し」たこと、北海道農業研究会に参加して、「共産主義的観点より同研究会の運営方針、特に地帯別農業の実態調査、共同経営の綜合的研究及土地問題研究方針に就き検討を加え、或は会員の分担せる調査研究の報告を批判し」たことなどが犯罪事実とされた。

それらは「以て「コミンテルン」及日本共産党の目的遂行の為めにする行為を為したるものなり」と認定された。証拠は「被告人の当公廷に於ける供述」や「予審訊問調書」、検事の「訊問調書」、警察官の「訊問調書」の記載に明らかであるとする。新治安維持法により、警察官の「訊問調書」や検事の「訊問調書」も証拠能力をもつこととなった。「適条」は新治安維持法第一条後段、第一〇条後段などで、懲役八年という重い量刑が科せられた。

葛藤する裁判官

治安維持法の拡張解釈がエスカレートするなかで、罪刑法定主義の原則に徹した判決もわずかながら見られた。それは、戦時体制の進展とともに極まった治安維持法の鎧袖一触《がいしゅういっしょく》ぶりに対して違和感を抱く裁判官がごく一部とはいえ、存在していたということである。

その一つは、人民戦線事件の「教授グループ」とされた大内兵衛や美濃部亮吉らが無罪となった一九四二年九月の東京刑事地裁の中島民治裁判長の判決である。労農派を「国体」変革を目的とする結社と認めつつ、美濃部らがそうした「結社なることを認識しいたりとの事実については、これを認むるに足る証拠なし」とした。これについて、美濃部は「当時の状勢の下では、あれだけ大騒ぎをして僕等を逮捕した以上、事実がどうであろうと、一応有罪が宣告されても仕方のないことだったのかも知れない。こういう状況の下に、われわれに無罪の判決を下された中島裁判長の勇気と良心には、ただただ感服せざるを得ない」と記している。なお、この無罪を不服として検察は控訴したが、控訴審で宮本増蔵裁判長は「労農派は国体変革を目的とする結社とは認められない」として、「教授グループ」全員に無罪を言い渡した（以上、美濃部亮吉『苦悶するデモクラシー』、一九五九年）。これらは、日本無産党や労農派グループを躍起となって治安維持法でからめとろうとした池田克に代表される思想検察に、真っ向から異議を唱えるものとなった。

後述する大審院（三宅正太郎裁判長）による無教会派キリスト者浅見仙作に対する無罪判決も、治安維持法の安易な拡張解釈に対する異議となった。

本来の治安維持法の想定する対象から逸脱したといえるこれらの裁判では勇断をもって無罪判決を下すこともありえたが、本来の対象である、いわば想定した「共産主義運動」に対する裁判において、当時においては標準的な有罪判決を下す以外の選択をすることには大きな困難があった。その狭間でたじろぎ、悩み、葛藤する裁判官もわずかながら存在した。岸盛一は、裁判官をめぐる戦後の座談会で「戦時中は裁判所も国家総力戦の嵐の中にまきこまれ、言論の統制、統制経済の強化という国策の下におかれていた」とする一方で、「当時の若い裁判官の間では、いわゆる袞竜《こんりょう》の袖にかくれて安逸をむさぼってはいかんという反省が却って強かった」と発言する。おそらくこの「反省」に関わるだろう、同じ座談会で横川邦雄はより率直に次のように発言している。

あの当時の国家主義的、軍国主義的空気の中にあっては、思慮の十分固まっていない私達仲間は、多かれ少かれその影響を受けざるを得ませんでした。……あの戦争の勝利を祈り、軍艦マーチに感激していました。そして、いよいよ「滅私奉公」の決意を固めていたのです。しかし、他方裁判官として、種々悩んでいたことも事実です。一言でいうと裁判官としては、どうしても当時の軍国主義的な行き方についてゆけない点があったのです。……純真な学生が、数名でマルクスの「資本論」を読んでいたというだけで国体変革の目的遂行に役立つ行為をした者として治安維持法違反で起訴されてくる。かような、今日では想像もできないようなことが平然とおこなわれていたからです。これらの事件は大抵執行猶予にはされましたけれども、なかなか無罪にはできませんでした。当時は、法律と判例に忠実である限り、そうせざるを得なかったのです。

横川は「裁判官は法に忠実である限り、犠牲者と知りつつも犠牲者を出さなければならない。ここに人知れぬ裁判官の苦悩があったわけです」ともいう（以上、ジュリスト編集部『裁判批判』、一九五七年）。

伊達秋雄も一九三九年頃の予審判事としての体験を、「ちいさな読書会の事件です。レーニンの「帝国主義論」の研究会みたいなことをやっていた。それが将来の革命に備えての勉強と、現在の天皇制を転覆する運動に参加するための理論武装だといって、治安維持法に触れる」事件として裁かれたと語る。この予審の結果について は言及していないが、「戦争遂行のために治安維持に走りすぎて個人の人権を軽く見る裁判は、刑事裁判のあり方として、是正しなければならないと考えたのです」と述べており、やはり葛藤があったことがわかる（澤地久枝対話集『語りつぐべきこと』、一九九一年）。

後述するような「判事と検事の一体化」に忠実に、大部分の裁判官は拡張された治安維持法の運用に疑問をもたなかったが、横川や伊達のような葛藤する裁判官がわずかながらも存在していたことは記憶に値する。

判決の感想

一九二八年一〇月、岡山地裁では三・一五事件公判に最初の判決を下した。同検事局思想係は「被告人等に与えたる裁判の効果を知らんが為、彼等に対して詐《いつわ》らざる告白を感想の形式を以て求め」、「岡山共産党事件被告人感想録」をまとめている（「田中義一関係文書」、山口県文書館所蔵）。

もっとも重い懲役五年を科せられた長門操の感想は、検事の「同情たっぷりの論告」に反して、「俄然求刑は僕に八年、僕は耳を疑った。八ヶ月かと思った。……前后を取乱したのは不覚の極み」としつつ、落ち着くと「五年の日子長くとも尚志あるものには立ち得る猶予ある御判決である。……僕は謹んで天の命を受ける。喜んで拝受する」というものだった。

懲役一年（三年間執行猶予）の石井照夫は「判決の結果は意外でした、嬉しかったには違いありませぬが、何か気の抜けた様でもありました」としたあと、「国家世界を念頭に入れないで徒らに唱歌を覚えるが如く、学課を勉強して居たならば、恐らく親兄弟にも心配をかけずに、しかも碌々《ろくろく》死学問を抱いて学士になったのでありましょう、マルクス主義が悪いのではありません」と述べた。

札幌の三・一五事件公判で唯一人無罪となった小樽の境一雄は、すぐに釈放されると、小樽合同労働組合や札幌一般労働組合などによる歓迎大会の席上、「おとろえの色も見せず、徹底的闘争を誓い、併せてブル監獄の曝露をやった」（『無産者新聞』第二〇六号、一九二九年二月一〇日）という。

新潟の三・一五事件裁判で弁護にあたった玉井潤次弁護士は、「検事の求刑と判決とが非常の相違ある事」

に注目し、「裁判所は独自の立場から公正に刑を言渡し、証拠の採用も殆ど吾々の期待した様に独自の選択をした、裁判所も苦しかったであろう、しかし、全く独自、公正を忘れなかった裁判所は実に立派なものだ」(「日本共産党事件の裁判に就て」、掲載紙不明、「昭和前期司法関係文書」所収)と石田弘吉裁判長の主体性を称えた。後述するように、石田裁判長は治安維持法の枠組みを逸脱することはなかったが、可能なかぎりその厳密な運用に努めたといえる。

東京地裁の藤井五一郎裁判長による判決言渡しの場面を、河上肇は『自叙伝』で次のように記している。三三年八月八日、流れ作業的に他の刑事事件の判決がなされたあと、被告席に立った河上は望みを執行猶予につないでいたが、懲役五年という判決に「私の空想がゴム球のように破裂した瞬間、間髪を容れず、私はひらりと心の持方を建て直すことが出来た。……判決理由書の終わる頃には、私の心は既に獄裡にその落着き場所を定めていた」(『河上肇全集』続6)。一方、藤井裁判長は同郷という縁に加え、公判前から河上の「まっ正直な愛国者」に敬服していた。公判の担当となったことに苦慮するが、党を「幇助」したことは免れないため、「慎重審理の結果、刑の量定に当って生活が幾分でも保障できるためと思って恩給が剝奪されないギリギリの線として最高の懲役五年という判決」を下したという(「私の見た河上先生」天野敬太郎・野口務編『河上肇の人間像』、一九六八年)。

三九年九月の長崎控訴院管内思想実務家会同での柴田昇熊本地裁検事局検事の発言が興味深い。「熊本管内で最近転向した其の声明書を見ても、「自分の裁判は僅々《きんきん》五分間位で、結局懲役八年の刑が決って仕舞った、何の為の八年か理由の説明もなかった」と裁判所の冷淡さに対する不平不満を述べています」(『思想研究資料特輯』八九)という。警察・検事・予審判事による取調に不満と諦観をもって、公判廷に最後の期待をかけていたにもかかわらず、「僅々五分間位」の形式的な審理となったことに、「裁判所の冷淡さ」、ひいては日本の司法制度の「冷淡さ」に暗然とし、強い不平不満を抱いたことが推測される。

控訴審

地方裁判所で判決が下ると、執行猶予が付された場合はそのまま確定することが多かったと推測されるが、判決内容・量刑に不服の場合は控訴した。大部分は判決が不当で量刑が重いとする被告からだが、例外的に量刑が軽すぎるとみた検察側が控訴することもある。

三・一五事件や四・一六事件の裁判をみると、控訴審になっても一審と量刑はほとんど変わらないケースが大半を占め、わずかに執行猶予が付されたり、未決勾留が算入される程度であった。大阪控訴院の一九二九年一二月一二日の判決では、大阪グループの春日庄次郎が一審の懲役八年から懲役一〇年に、村山藤四郎（共産党に加入、農民運動を指導）が懲役七年から九年となるように逆に重くなった。一方、三宅正太郎を裁判長とする名古屋控訴院の判決では、長谷川民之助が一審の懲役四年から禁錮一年半に大幅に軽くなった（後述）。長崎控訴院の判決もやや軽くなった。四・一六事件の控訴審判決もほぼ同様である。

しかし、三・一五事件と四・一六事件の中央統一公判の控訴審判決になると、明らかに大きな変化が見られる。三二年一〇月二九日の東京地裁の宮城実裁判長による判決後、党指導者の佐野学・鍋山貞親の声明を受けて「転向」の雪崩現象が生じ、控訴審も「転向組」と「非転向組」の分離裁判となった。三三年一一月から三四年七月にかけて、東京控訴院の主に赤羽熈《あかばねひろし》裁判長による判決は「転向組」に対しては量刑を大幅に減らすのに対して、「非転向組」の量刑は一審とほとんど変わらなかった。たとえば、前者の代表格佐野学は無期懲役から懲役一五年に、西村祭喜は懲役一〇年から懲役六年となった。後者の代表格市川正一は無期懲役のまま、徳田球一も懲役一〇年のままだった（以上、小田中聡樹「3・15事件、4・16事件」『日本政治裁判史録』昭和・前による）。

『思想月報』第一五号（一九三五年一〇月）の「治安維持法違反事件の統計比較観察」によれば、佐野・鍋山の「転向」声明の影響は公判結果においても大きく、「転向を表明した者の大部分は執行猶予の恩典に浴し、昭和八年に於ては全執行猶予者の二十六％弱、昭和九年に於ては四十四％強の多きに達し、尚今後も増加の傾向を示している」という。正確な統計はないが、一九三〇年代前半を通じて、控訴審判決においても「転向」表明に連動して量刑の軽減が図られたと思われる。

上告審

三・一五事件、四・一六事件で上告審となった大審院判決をみると、一九二九年五月から三一年一一月にかけての一一の上告のうち、一件を除いて被告・弁護側からのものであるが、すべて「棄却」となっている。二審判決を唯一破棄し、大審院自体が判決をおこなったのは、前述の名古屋控訴院の禁錮判決に対して名古屋控訴院検事長が上告したものだった。その三〇年二月二一日の大審院判決では長谷川民之助は懲役三年を科されたが、禁錮刑から懲役刑に変更される理由は「所犯情状に徴し」とあるのみで、具体的に示されなかった（『大審院刑事判例集』第九巻）。

総じて大審院の壁は厚く高く、治安維持法事件の上告も棄却されることが大半だったが、三〇年代半ば、その壁がやや低くなったことがある。『思想月報』第一五号は「治安維持法違反事件に付、大審院に於て事実審理を為したる事件の判決」に注目している。最近の判決中、六件中五件が「刑の量定甚しく不当を理由とせるもの」で、事実審理により一審・二審判決よりも軽い判決となった。そこでは犯罪事実とその証拠の証明は同様だが、「転向」状況の評価が大きく分かれた。たとえば、一審で懲役一〇年、二審で懲役六年だった西村祭喜の場合は、泉二《もとじ》新熊裁判長による三四年一二月二四日の判決で懲役二年、執行猶予五年と大幅に軽減された。

被告人は一旦前掲日本共産主義に共鳴し活躍するところありと雖も、其の後漸く自己が日本及日本民族に対する省察を忽諸《こつしょ》に付し、コミンターンに対する盲目的信頼を為し居たることの誤謬に付自覚するところあり、昭和八年六月佐野学等の転向声明あるに当り益《ますます》右の自覚を強固にして率先之を支持すると共に、我国体の変革を企て又は私有財産制度を非合法的に破壊することの非なるを覚醒し、過去に於ける一切の誤謬を捨て転向を決意し、将来共産党に関係せざるは勿論、何等非合法的活動に関与せざることを誓うに至りたるのみならず、昭和九年四月保釈出所以後、家庭の人となり、一意専心正業の途を辿るべく努力しつつあることは、当公廷に於ける被告人の供述及本件記録に徴し之を認むるに足るべく、叙上《じょじょう》事実は被告人をして刑の執行猶予の寛典に浴せしむるに足るべき情状なりと認め得る

もう一人、三五年五月二三日に、原判決を破棄して判決（泉二裁判長）のあった被告石井滋の場合は、一審・二審ともに懲役三年が懲役二年、執行猶予三年となった。「被告人は青年血気に駆られ、深く思慮分別することなく一旦共産主義に共鳴」しながらも、静思反省により、「過去に於ける一切の誤謬を捨てて転向を決意し、且将来に於て絶対に共産主義に関係せざることを誓約するに至りたる」こと、さらに正常な業務に従事しつつあることが認められた。

「転向」表明を積極的に認めていくこの段階の思想司法の流れに沿ったものといえるが、いわば共産主義運動をほぼ弾圧しつくしたという一種の余裕が、この寛大方策を導いたと推測される。しかし、三〇年代後半、人民戦線運動に新たな警戒感が強まり、共産主義運動・思想の潜在を警戒して「転向」の寛大な評価の見直しが求められるようになり、再び大審院の上告の壁は厚く高くなっていった。

わずかな例外は、四五年六月一二日になされた無教会派キリスト者の被告浅見仙作に対する三宅正太郎を裁判長とする判決で、一審の懲役三年が破棄されて無罪となったこと、そして大阪控訴院が大本教事件を治安維

持法違反にあたらずとして無罪としたことに、検察側が上告し、四五年九月八日に大審院でなされた二審支持の無罪判決（裁判長は沼義雄）である。

前者では、「畏《かしこ》くも天皇統治が右千年王国の建設に際して廃止せらるべきものと倣《みな》す国体を否定すべき内容のものなることを知悉しながら」、浅見が伝道にあたったという公訴事実に対して、判決は次のような理由により「結局其の証明なきに帰する」として、無罪を言い渡した（『現代史資料』「治安維持法」）。

純粋なる信仰は霊の救に重きを置くものなれば、信仰者が再臨せる「キリスト」に期待するところも専ら霊的の活動に在りと謂うべく、従て縦《よ》し「キリスト」が現実に此の世に出現すとするも、信仰者の意中其の「キリスト」を地上の権力者の如き活動を為すものとし、之との優劣を品隲《ひんしつ》するの念慮ありと為すべき筋合に非ずと謂わざるべからず

後者では記録や証拠を精査して、「各被告人の入信の動機、入信後の行動等をも参酌するも、被告人王仁三郎其他結社の組織者と目せらるる者等が、我国体を変革するの意図又は認識ありたるとするに足る証左なし」とした。「予審訊問調書」については「其の内容自体に矛盾齟齬《そご》ありて不可解なるのみならず、多数文献の明文に反し輙《たやす》く措信《そしん》するを得ず」（「第二次大本教事件」『日本政治裁判史録』昭和・後）と全面的に否定した。

いずれも宗教事犯に関するもので真っ当至極だが、それだけ信仰の次元を治安維持法で断罪することが異常であったことを、敗戦前後になってようやく司法の一部が認識するに至ったといえる。一方で、共産主義運動事犯や朝鮮民族独立運動事犯に関しては、最後までそうした自浄能力は働かなかった。

二　判決全般の特性

第一条への収斂

新潟地方裁判所の部長判事石田弘吉の文書のメモに、岡山地裁の三・一五事件裁判について「第一条　情を知りて加入　第二条　協議を為し　第三条　煽動を為し　赤旗、宣伝ビラの撒布交付　謄写版刷のものを配布撒布」（「昭和前期司法関係文書」）とある。各地裁の三・一五事件裁判でもっとも早く判決のあった岡山地裁の場合（一九二八年一〇月三一日）、その判決内容は不明だが、犯罪事実の相違に対応して、党加入は第一条、未加入ながら党関係の会議などに出席すれば第二条を、機関紙・ビラなどの配布は第三条というように、本来の治安維持法の想定にそって適用されたと思われる。このメモは、先行する岡山地裁の判決を石田が検討していたことを示す。前述したように、その後、自らが下した判決では、党未加入と認定した被告に対して旧治安維持法第二条の「協議」に該当するとしていた。

治安維持法制定・公布後の各種の条文解説書は、いうまでもなく各条文の適用をそれぞれ想定して解説されていた。

ところが、緊急勅令による治安維持法「改正」で、旧第一条が「国体」変革の第一項と「私有財産制度」否認の第二項に分離され、前者の刑期を死刑に引き上げたことに加えて、それぞれに目的遂行罪を導入したことにより、国内の公判に限ってのことだが、急速に「改正」後は第一条に収斂することになった。一九二八年一〇月から二九年二月にかけて岡山地裁などでなされた三・一五事件の判決は、まだ過渡期にあったというべきだろう。

早くも判決が第一条に収斂されていく傾向をみて、風早《かざはや》八十二《やそじ》（マルクス主義法学の先駆者の一人）は三〇年七月の『現代法学全集』第三〇巻「治安維持法」（発売禁止、『治安維持法関係資料集』第一巻所収）において、「改正法に於ては、第二条及び第三条は事実上廃止され、協議及び煽動行為は、宣伝其他の行為と共に常に第一条第一項又は第二項に該当し、刑が加重されて十年以下の懲役又は禁錮と云うことになった」と指摘する。

その後、第一条適用のほぼ独占状態になったと推測されるが、強引に治安維持法違反として司法処理を進めた企画院事件では、ついに「国体」変革結社と結びつけることができなかったため、新治安維持法の第五条＝「協議」の適用に落着させようとした。検事の「予審請求書」、予審判事の「予審終結決定書」はともに第五条の適用としたが、敗戦後の判決はそれすらも認定できず、無罪となる。

これに対して、朝鮮における治安維持法判決は第五条までの各条文が適用された。二五年から三三年までの「罪状調」（拓務省管理局「朝鮮に於ける思想犯罪調査資料」、一九三五年二月、『治安維持法関係資料集』第四巻所収）によれば、第一条＝「組織」二八％、「加入」四五％、「目的遂行」一八％、第二条＝「協議」六％、第三条＝「煽動」三％であった。また、三八年六月から四〇年六月までの「罪態別表」（朝鮮総督府高等法院検事局、一九四〇年、同前）によれば、第一条の第一項＝「国体」変革が五五％、第二項＝「私有財産制度」否認が二〇％、第二条＝「協議」が二二％、第三条＝「煽動」三％となった。この分散について、つまり第一条だけに集中することなく適用されることの意味について、東京刑事地裁判事の吉田肇は「朝鮮思想犯の特殊性が科刑の上に影響して、一般予防他戒の為、厳罰を以て臨まるるに至る事は当然」（「朝鮮に於ける思想犯の科刑並累犯状況」『思想研究資料特輯』

六一）とする。なにがなんでも、治安維持法に引っかけて弾圧することが必要とされた。

「私有財産制度」否認の適用から

国内における一九二八年の「改正」後、その運用は第一条に収斂するとともに、量刑の適用は第一項の「国体」変革の罪が大部分を占めた。宗教事犯をのぞくほとんどの治安維持法違反事件は、第一条第一項の「国体」変革の罪および第二項の「私有財産制度」否認の罪とされた後、量刑として「重き」前者の刑が選択されるのである。たとえば、共産党統一公判の東京地裁判決（一九三二年一〇月二九日、宮城実裁判長）で佐野学・鍋山貞親・市川正一が無期懲役となるのは、「改正治安維持法第一条第一項前段並に同条第二項に該当し、刑法第五十四条第一項前段、第十条に則り、重き右改正治安維持法第一条第一項前段の刑に従うべく」（『現代史資料』「社会主義運動（五）」所収）となったからである。もし第一条第二項の量刑の選択であれば、最高刑でも一〇年だった。

日本国内の運用においては「国体」＝天皇制と考えられるに至っていたため、その変革は天皇に歯向かう不逞の行為とみなされ、「国体」の魔力が吹き荒れることになった。奥平康弘は「少年期」に、「昭和初期に特有な治安維持法適用のなかで極悪非道の「アカ」に対する底なしの恐怖心を植えつけられ」たと回想する（「岩波現代文庫版あとがき」『治安維持法小史』二〇〇六年）。その「底なしの恐怖心」とは「国体」変革の観念によって生み出され、増幅されたものであった。ただし、「国体」変革が治安維持法施行直後から魔力を吹き出し、席捲していたわけではない。少なくとも一九三〇年頃までは、「私有財産制度」否認を基軸とみる考え方もまだ存在していた。

治安維持法の本来の法益からいえば、治安維持法の議会提出前、若槻礼次郎内相が「国体政体の変革は無政府主義と云って良い、又私有財産制度の否認は共産主義と大体同一である」（『時事新報』、一九二五年二月一三日）と述べたように（「政体」は議会審議で削除）、そして立案過程の「国体」や「私有財産制度」の語句が最終的に選択されていく過程をみても、「国体」変革は共産主義運動・思想と直接的に結びついていたわけではない。大杉栄によってリードされた無政府主義運動は、大杉死後も取締当局にとって国家・社会の変革と結びついた「朝憲紊乱」を企てるものとして、もっとも警戒を要すべきとされていた。三・一五事件後の「国体」の傍若無人ぶりからすると理解に苦しむが、立案・議会審議時には「朝憲紊乱」を言い換えた「国体」は、限定的で明確な概念と受け止められた。一方、共産主義の取締規定とされたのは、「安寧秩序紊乱」を言い換えた「私有財産制度」の否認だった。

したがって、二四年初頭からの治安維持法の立案時と異なり、無政府主義運動の衰退が顕著になった公布施行時には、第一条第一項前段の「国体」変革の規定は早くも形骸化しつつあったといえる。共産主義運動の取締としては、第一条第一項前段の「私有財産制度」否認の規定、および第二条以下を活用すれば足りると考えられた。

国内における治安維持法適用の一番目と二番目にあたる京都学連事件と北海道集産党事件の判決は、この考え方を基本とする。二七年五月三〇日の京都地裁の京都学連事件判決では第二条の「協議」罪が適用となった。それが実質的に「私有財産制度」否認に関する「協議」を指していることは、弁護人の主張を否定する「治安維持法に所謂私有財産制度の否認の実行とは、現在我国の法制上認められたる財産の私有に関する制度の存在を全く無視するが如き方法に依り、其の全部又は根幹に亘り、現実に廃止又は変革することを指称し、必ずしも其の手段の合、不法は之を問わざるものと解すべく」（『日本政治裁判史録』昭和・前）という判決の一節からも明らかだろう。

二八年五月一六日の旭川地裁の北海道集産党事件判決では、「治安維持法第一条第一項前段（但し国体の変革を除く）私有財産制度」否認の部分のみが適用された。集産党は「共産制度社会の実現を期し、以て我国の現存社会組織、経済組織の根幹を為す私人が財貨に対して、絶対支配権を享有することを是認せらるる現行制度の根本的変革を目的とする所謂私有財産制度を否認することを目的」とする結社とされた（菅原政雄『集産党事件覚え書き』より重引）。三・一五事件以前、国内の共産主義運動に対してまだ「国体」変革が適用されなかったことは、第一条条文の順当な解釈がなされたからであろう。

「国体」変革への収斂

治安維持法の国内の本格的適用となる一九二八年の三・一五事件は、「国体」変革を断罪する方向に大きく転換させた。田中義一内閣の政治的延命とも結びついていたその大あわてな四月一〇日の事件公表では、共産党を「金甌《きんおう》無欠の国体を根本的に変革」する「悪逆非道」な秘密結社（司法省「日本共産党事件概要」）と決めつけ、センセーショナルな新聞報道も加味されて、共産党＝「国体」変革結社という見方が急速に定着した。いうまでもなく第一条を第一項と第二項に分離し、前者の「国体」変革の量刑を死刑に引き上げる治安維持法「改正」を緊急勅令によって成立させたことも、「国体」変革が最大の重罪であるという理解ゆえであった。当局は治安維持法による断罪を、「国体」変革によって押しすすめる方向に大きく舵を切った。

三・一五事件の各地裁の予審終結および判決においては、前述のように共産党に対する定義に微妙な相違はあったものの、「我国成立の根源たる君主制を撤廃し、私有財産制度を否認し、労働者農民の独裁する政府を樹立し、以て共産主義社会の実現を目的とする」（新潟地裁予審終結決定）、「世界共産党（コミンテルン）の一支部として、政治的には君主制を撤廃し、労農独裁政治と為し、経済的には一切の生産機関を没収して社会の共有と為すこと」（新潟地裁判決）のように、「君主制」撤廃＝「国体」変革と「私有財産制度」否認を並立させる形式については一致した。そして、大審院判例による「国体」定義は、起訴から判決に至るまで活用される共産党の定義を確立させていく。

「国体」変革への二つの疑義

この治安維持法違反事件の司法処理が画一化する段階の最後で、二つの疑義が提出された。一つは『現代法学全集』で「治安維持法」（一九三〇年七月）を担当した風早八十二の指摘である。「我君主国体は決して単なる封建的基礎にのみよるものでなく、資本主義制度の上に立つものであり、逆に私有財産制度は我国体によって強固に擁護せられているものである」ゆえ、両者は「全く分離出来ない観念」とする。あえて分離したその理由について、「資本家階級と云う法益を侵害するものをいきなり死刑に処することは余りにひどく見えるから、表面上は一応、資本家階級と云う法益よりも「国体」の法益の方を重く評価してこれのみに死刑を科しつつ、結局、後者を前者と同様の高さにまで釣り上げ、かくして日本共産党の全活動を常に死刑にまで高めんとする悪意がひそめられている」と論じた。

もう一つは、風早「治安維持法」論が発禁処分となったために急遽代わりに『現代法学全集』「治安維持法」（一九三一年二月・三月）を執筆した、大審院判事の三宅正太郎の指摘である。

風早が「我国の絶対多数（九割二分）よりなる所の被搾取階級の味方」たる法学者の立場から治安維持法と全面的に対峙して、その階級的意図を鮮明にしようとしたのに対して、司法当局内の影響力のある一員たる三宅は治安維持法の存在を肯定しつつ、「穏健妥当」な解釈からの逸脱傾向にある運用状況に対しては厳正に批判を加えた。その治安維持法認識は、立法当初、「法文は茫漠として容易に捕捉し得ざる概《おもむき》」があったとし、なお「その改正は旧法の不明な点を明確にすることなく、却って更に茫漠たる規定を設けることによってこの法律適用の限界を一層不明瞭なるものとした」（「治安維持法に関する大審院判例」『警察研究』、一九三二年九月）という歯に衣着せぬ批判に明らかである。

論点を戻すと、三宅は「私有財産制度の否認を目的とする結社ということは、共産党の主たる綱領たる私有財産制度否認を掲げて共産主義に基く結社を意味せしめたもの」としたうえで、「余論」として次のように論じた。

日本共産党の根本の目的は飽くまで私有財産制度の否認にあって、いわゆる国体変革の目的はその手段に属するものということが出来るから、右共産党は本質的には共産主義の実行、即私有財産制度否認を目的とする結社であるが、唯その手段として君主制の撤廃を政綱とするが故に、茲に国体変革の目的をも有する結社となり、従ってその組織行為等は重く罰せられると観念すべきであろうか。……本法――特に改正後の本法――が国体変革と私有財産制度否認とを両々対立せしめたことは不合理であり、且不得策であって、本法が専ら共産主義に向って之が撃滅を謀るものであるならば、むしろ単に私有財産制度否認のみを掲げるべきであり、而して仮りに刑を重くする必要がありとするならば、その刑を重くすべきであったと思う。

治安維持法の司法処理がピークを迎えつつあった三二年から三三年にかけて、大審院判事となっていた三宅は大審院判例の詳細な考察をおこなうなかで（「治安維持法に関する大審院判例」『警察研究』、一九三二年九月〜三三年七月、『治安維持法関係資料集』第一巻所収）、このことを再論している。最後のところで運用上の疑義を是正するためとして「治安維持法改正私案」を提示するが、その第一に掲げたのが、それぞれ「国体」変革と「私有財産制度」否認を目的とするものを「截然《せつぜん》区別して規定を立てること」であった。その論拠は「共産主義の本格的な主張は国体変革よりはむしろ私有財産制度否認にあって、国体変革はその第二次的、又は政策的な主張と見るべき」という点に求められる。ただし、共産党が「私有財産制度否認を唱うるのみを以て事《こと》足れりとせず、国体変革事項を特に陣頭に掲げてその活動を恣《ほしいまま》にしたため」、その活動は「この上もなき脅威」となってしまったという。

そこで三宅の考える改正案は、共産主義の本来の主張たる「私有財産制度」否認は治安維持法によるべきであり、その活動が「国体」変革におよんだときに限り「刑法の制裁」を受けるというかたちにすることである。各地裁でなされる治安維持法事件公判の実態が、なにがなんでも「国体」変革に結びつけ、天皇・国家に対する凶悪な犯罪行為として懲役刑を科すことになっていることを、三宅は「穏健妥当な解釈」からかけ離れていると考えていた。その批判は本来の治安維持法制定の趣旨からすれば「穏健妥当」な真っ当なものだったが、実際の治安維持法運用はすでに検挙から判決に至る全過程において「国体」の魔力が吹き荒れ始めていた。

風早や三宅の担当した「治安維持法」論文を収録する『現代法学全集』につづく新たなシリーズ『新法学全集』に「治安維持法」を執筆したのは(一九三九年八月・九月)、大審院検事の池田克であった。池田は思想検察のエース格として、「国体」が席捲する司法状況をリードしたといってよい人物である。風早・三宅の論点と対応する一節を引用すれば、「要するに本条第一項の結社は国民の国体意識を変革することに依って国体を変革することを目的とする行動主体たるか、又は国民の国体意識変革と暴力手段とを併用することに依って国体を変革せんとする行動主体たるかであって、後者のみが本条第一項の結社ではない」となる。

「国体」変革の禁遏《きんあつ》を「本法の最大使命」と捉える池田は、ここで「暴力手段」をとる共産党だけでなく、「国民の国体意識を変革する」ことも広く「国体」変革の範疇に含めるとした。その用意周到ぶりは、「暴力革命手段に依らず、戦争其の他の非常異変の発生襲来を必至なりとし、其の過程に於て現存の制度組織が破滅せらるるものとする教説を信奉して意識変革運動に努むると共に、其の教説に於ける非常異変の到来を期待するもの」という見解に明らかなように、一九三〇年代後半という段階において、人民戦線運動や未組織の共産主義再興のための活動、さらに宗教団体をも広範囲に取締の対象とすることだった。

目的遂行罪の膨張

治安維持法事件の司法処理がピークを迎えつつあった一九三二年から三三年にかけて、大審院判事の三宅正太郎は「治安維持法の何たるやを解決する重大な責任は裁判官の肩上にある」として、大審院判例の詳細な考察をおこなった（「治安維持法に関する大審院判例」）。とくに目的遂行罪について、「その初め一粒の種子をおとしたものの如きものであったのが、忽《たちまち》にして根をひろげ枝をのばして、今や治安維持法の全面積に亘り傍若無人の膨張をなし、結社組織、結社加入の両行為を除けば治安維持法は殆ど目的遂行行為のために独占されたかの観がある」と断言し、前述の風早八十二と同様に、「目的遂行行為の出現によってその第二条以下は実際的には殆どその存在価値を失ってしまった」と指摘する。

三宅はこれを論証するために、三一年五月から三三年二月にかけての五つの大審院判例に言及する。その一つ、三一年五月二一日の判決では、目的遂行行為について「結社を支持し、其の拡大を図る等結社の目的遂行に資すべき一切の行為を包含する」としたうえで、「其の行為が国体の変革又は私有財産制度否認の目的に出でたると否と、又右目的と直接重要なる関係あると否とは同法第一条第一項第二項各後段の罪の成立に消長を来すべきものにあらず」（『大審院刑事判例集』第一〇巻）と断じた。これは、議会審議や内務・司法両省の解説書において、治安維持法は一貫して目的罪であるとしてきたことからの転換を意味する。行為者が「国体」変革または「私有財産制度」否認の目的を有しない限り、目的遂行罪として処罰されることはないはずだったが、この判決により共産党についての認識さえあれば、「一切の行為」が処罰対象となることになったと三宅は鋭く指摘した。しかし、こうした批判は顧みられることはなかった。三〇年代半ば以降には「コミンテルン」への認識も加わって、治安維持法の「膨張」に歯止めがかからなくなったことは、これまでみたように警察から予審判事に至る取調の実際からも明らかである。

三宅と見解を共有したのは、東京控訴院判事の坂本英雄である。坂本は「極めて軽微なる行為、例えば共産思想の何たるや判然せざる青年が、友情等の為め、伝票等を印刷し又は発行するが如き行為、主義思想の実質に無智なる青年が座談会の席上に於て、たまたま党のスローガンに合致したるが如き要求の必要を高唱したるが如く、何等国体変革、私有財産制度否認に関係なき宣伝、協議、煽動行為を、重罪を以て処罰することとなり、斯の如きことが引いて、元来思想に盲目なる青年を収容することを通じて、真実なる共産主義思想者とならしむるの結果を生ずるに至るであろう」(「治安維持法第一条に於ける目的遂行の為にする行為の本質」『法律新聞』第三二七一号、一九三一年六月八日)と述べて、目的遂行罪の厳密な運用を求めた。

後述する弁護士鈴木義男は自らの弁護経験から、やはり目的遂行罪の濫用ぶりを問題視する。「立法者は単にシンパとして資金丈けの提供を罰する為めに」第五条の規定を設けておいたにもかかわらず、「近時の判例は如何なる瑣細《ささい》の資金提供も尽く第一条第一項後段及第二項「結社の目的遂行の為めにする行為」に該当するものとして処断する」として、第五条で処断される例は「殆んど無に帰しつつある有様」(「治安維持法の改正に付て」『法律新聞』第三六五二号、一九三四年一月三〇日)と論じたのである。

一九二八年から三三年までの司法省刑事局「治安維持法違反事件科刑表」で「罪態別」をみると、第一審で禁錮・懲役刑を科された総計一九七二人中、「目遂」(目的遂行罪)は六八〇人で(党「加入」は一二九二人)、執行猶予となったのはその四九%である。刑期として最多数となる「懲役二年」は三五八人となるが、その執行猶予率は七一％に達する（『治安維持法関係資料集』第二巻）。目的遂行罪は広く網を掛けるのに活用されたが、その多くは執行猶予付の有罪でも十分な効果を発揮した。

懲役刑の偏重

一九四〇年四月末現在の司法省刑事局「治安維持法違反事件科刑表」（『治安維持法関係資料集』第二巻）は一九二八年以来の裁判確定の判決を集計しているが、無罪や免訴などを除くと、九九・二％が懲役刑で、禁錮刑はわずか〇・八％以下であった。実数でいえば三五人である。しかも、それは二八年から三一年の間という運用初動期に限られる。圧倒的に懲役刑が選択されたことになる。

この偏重傾向をいち早く看取した風早八十二は、前掲「治安維持法」（一九三〇年七月）のなかで「我国に於ても刑法典は内乱罪に対しては懲役刑でなく、禁錮刑を規定している。而して多くの学者はこれを正当化せんが為に、内乱罪は至純なる正義憂国の心より之を敢《あえ》てするものが多いからだとしていた。だが、内乱罪の処罰規定も、それに対する学者の理由づけも、治安維持法において完全に蹴飛ばされてしまった」と批判する。このとき風早がわずかな禁錮刑選択の事例として引用し、言及したのが、前述した二九年七月二九日の名古屋三・一五事件に対する名古屋控訴院判決であった。裁判長は三宅正太郎で、被告は第一審で懲役四年となった長谷川民之助ら三人である。

上告された大審院の判決に引用された三宅の判決では、被告らが運動に加わった意識について次のように理解を示して、その意図が社会への憂慮に発していることを認める。

治安維持法に規定する懲役刑及禁錮刑の何れを選択すべきやを按ずるに、元来同法の罰する各犯罪は固《もと》より我国体及現行社会制度と相容れざる犯罪にして、厳に之が禁遏を図るべきは当然のことなりと雖も、其の犯人の多数に付、其の之を犯す動機を考うるときは、彼等は其の期図《ママ》する所に於て洵《まこと》に誤てりとは云いながら、其の心裡に於ては社会の人類の幸福を思い、社会をしてより良きものたらしめんとするものにして、其の為に自ら求めて法禁をおかさんとするものなるを以て、其の間私曲私念の存するなきを常とすることは、之を認めざるを得ず

そのうえで、被告らは「自己が虐《しいた》げられたる社会制度の欠陥を是正し、自己と同一の立場にある多数者を救うの道は此の方法を措《お》き他に求むる能わずと為したるもの」であるゆえに、「寛宏大度、彼等に反省の余地を与えて国家の大を示すこそ、蓋し彼等に対する公正の道なるべき」として、禁錮刑を選択した。長谷川の刑期は第一審の懲役四年から禁錮一年六月と、大幅に減った（以上、『大審院刑事判例集』第九巻）。

その後、大審院判事に転じていた三宅は、風早論文が発禁処分となったため、急遽、『現代法学全集』の「治安維持法」を執筆する（一九三一年二月・三月）。そこでは、「本法の犯罪者はその手段に於て現時の社会と相容れない行為に出づるものではあるが、其精神はより良き社会を出さんとするものであって、破廉恥な心術に出でざることを常とする」として、治安維持法は「禁錮刑のみ」規定すべきであったとする。そして、「近時の我立法者は昔時の立法者が禁錮刑を規定したその心持を解するには、あまりに狭量であり、非人間的であった」と推測し、実際の判決が懲役刑一辺倒になっていることに、「立法の趣旨の徹底せざるなきやを疑わしむる」とまで言い切った。

しかし、こうした司法内部からの批判や疑問を一顧だにせず、治安維持法公判は懲役刑の処断に偏重していった。なお、こうした治安維持法運用の解釈において当時では異端的な存在であった三宅が、名古屋控訴院判事から大審院判事となり、さらに札幌・長崎各控訴院長、司法次官（一九四〇年）と順調に経歴を重ねていくことは、誰からもその資質や人間性が認められてのことだろうとはいえ、やや不可思議なことである。

石田弘吉裁判長

これまでも言及してきた新潟地裁と長野地裁で治安維持法公判を担当した石田弘吉判事について、あらためて取り上げたい。

ごくわずかな例外を除いて、大多数の判事の治安維持法公判に臨む姿勢は受動的で、思想犯罪処理に精通している思想検事に依存・追随しがちであった。それは、たとえば一九三五年一一月の思想実務家会同での潮道《うしお》佐判事（東京刑事地裁刑事部長）が「私は公判に来てまだ経験のない時分には露骨に検事局に対して、固より裁判所独自の考があるが、出来るだけ公判廷に於て率直に此思想犯人に対する量定科刑に付ては少しも掛引のないことを言って呉れるように、執行猶予にして宜いか悪いかと云うことまでも検事の意見を述べて貰いたい、言葉が悪いのでありますが、裁判所で分らない時は検事の意見に従う方が寧ろ正しいと思うから十分有の儘を述べて貰いたい」（『思想研究資料特輯』二四）などの希望を述べたことから類推できるだろう。

そうした大勢のなかで、石田判事は自らの職務に忠実に取り組み、治安維持法の運用にあたり厳密に、慎重に臨んだといってよい。前述したように、新潟三・一五事件裁判の判決に対して、玉井潤次弁護士は「裁判所は独自の立場から公正に刑を言渡し、証拠の採用も殆ど吾々の期待した様に独自の選択をした」（「日本共産党事件の裁判に就て」、掲載紙不明）と評価を惜しまなかった。

石田判事が新潟地裁・長野地裁のいずれにおいても担当する裁判関係の書類を丹念に読み込むという、本来の日常業務に忠実に地道に取り組んでいたことは、新潟県立文書館に所蔵された「昭和前期司法関係文書」にうかがうことができる。長野県教員赤化事件公判を担当する石田について、三四年三月一〇日の『社会運動通信』第一二九六号には「五万頁に及ぶ予審調書を閲読中のところ、中旬ごろには漸く大体終了する見込がついた」として、「一、転向を表示する被告の転向が果して戦術としてか、反省による真心から出発したものかどうか　一、被告のマルキシズムを信奉するに至った動機及び現在の心境、今後の生活方針等について被告と膝つきあわせて心の底を見きわめよう」としているとある。石田は三三年一二月の予審終結決定以来、三四年四月の公判開始まで、約四カ月を費やして入念な準備にあたった。

石田は担当する思想犯罪公判にあたり、「予審終結決定書」の綿密な検証のために「予審訊問調書」の供述内容を点検し、証人訊問も精力的におこなっている。とくに「予審終結決定書」の随所にみられる石田のメモが興味深い。表紙に「前なし」とあるのは犯罪前歴について、予審までの間に「転向」がなされた場合には被告名の近くに㊢記号が記される。また、「求二年、判二年（執四）」という書き込みは、検事の求刑が懲役二年、石田が判決の見通しとして懲役二年、執行猶予四年を考えているという意味である。

「予審終結決定書」の理由の余白には、「プロット伊那地区準備会、結成　三三七、以下」などの石田の書き込みが各所でなされている。この場合は、犯罪事実の一つとされた「プロット伊那地区準備会」結成について、被告の「予審訊問調書」三三七頁以下に記載があるということを示し、証拠の裏付けを一つひとつおこなっていることがわかる。かなりの頻度で「?・」があるのは「訊問調書」の証言の信憑性について疑問をもっていることを示している。また、「予審訊問調書」や被告の「手記」からの抜粋も多く残されている。総じてそれらで石田が注目しているのは、「思想の推移」や「党及共青に対する認識」「機関紙の認識」などである。党に対する認識でも、「党の存在を知りたる時期」「党の目的、綱領に対する認識」「党のキカン紙赤旗、党建設者に付ての認識」などと詳細にわたる。

「予審訊問調書」や「手記」などを熟読したうえで、それらの事実確認を自らが公判における被告人訊問を通しておこなった。新潟三・一五事件の西山武一（日本農民組合連合会主事、共産党に入党）を被告とする公判では、

「一、家庭の状況　二、学歴　三、思想の変遷並運動　四、入党　五、入党後の活動　六、日本共産党に対する現在の考えと将来の決心」という「取調順序」のメモをあらかじめ作成している。別のグループの公判メモには、「一、加入罪は知情だけにて足り、目的は必要とせざるか？　二、勧誘して加入せしめたる者は加入罪の教唆となるか?」という「疑問」が記されている。前述の先行した岡山地裁の三・一五事件判決についてのメモも、これと関連していた。

それぞれの量刑を記入した「判決一覧」（主に一九三三年）がいくつかあるが、その備考欄に「深く懺悔す、修養せん」「深く後悔す、転向す、謝罪す」などの被告らの弁明と推測されるメモが記されている。それらは執行猶予付の判決とされていることからみて、石田は「転向」について積極的に評価する傾向にあったといえる。

長野県教員赤化事件公判

長野県教員赤化事件公判での石田裁判長と藤原晃ら六人の被告に対する訊問のやりとりをみよう。共産党や教労・新教などについての認識・理解度、天皇制・私有財産制度についての認識、今後の方針などを執拗に問いただしている。一九三四年四月一七日、藤原に対して「共産主義思想を抱懐するに至った点の思想の推移、どう云う風に自分の考えが変って来て共産主義思想を抱くに至ったか、其の経路をずっと話して見よ」「大体運動経路を訊いたが、斯う云った運動をなした目的は共産主義に共鳴して共産党の目的を達せしめて、そうして此地上に共産主義社会を打立てようと云う意図の下にやったことになるかね」などと立て続けに訊問を進めた。

「天皇制」をめぐるやり取りをみると、藤原の「自分達の時代には共産主義社会は来ないが、将来来るから其の準備として経済的闘争に主力を於て、直接天皇制廃止と云うことに考えないで経済闘争を革命的にやって、天皇制廃止の方は片方にそっとして置いた」という陳述を受けて、石田は藤原を挑発するかのように「国体」変革を認識していたという言質をとるべく、次のように訊問をくりかえす。

「共産主義運動をやると云う人が共産党の中心スローガンを片っ方の方にそっと置いたなんと云うことがあるかね、其の当時の考えを隠しなく云って御覧なさい」

「遅かれ早かれ革命が来るのであると云うことを確信して居ったんだろう、そうすれば天皇制を廃して大資本家や地主の土地を没収して共産主義社会は来る、そこまで天皇を片っ方に置いて運動して居ったんだろう」

「そんな生ぬるい革命運動者があるかね……共産主義が最も正しいと其正当性を認めるに至ったと云うからには、天皇制の廃止や暴力革命に依る私有財産制度の否認と云う様なことも是認しなければならぬ訳になるだろう」

この畳みかける訊問に、藤原が「天皇制廃止も是認して居りましたが、実践上でははっきりして居らない気持があったのです」と陳述せざるをえなくなると、石田裁判長は「そうか、是認して居ったのだね」と念を押す。この思い通りの陳述を得るまで、何度も訊問をくりかえした。この言質を得て、有罪の立証ができたことになる。

五月八日の河村卓被告への訊問もほぼ同様である。「其の当時共産党のスローガンであった暴力革命に依る天皇制の廃止であるとか、私有財産制度の否認と云う様なことに付ては考えて居ったか」という訊問に、河村が「天皇制廃止と云うことにはどうしても自信は持って居りませんでした、併し自分の心持をはっきり信じることも出来ないのですから、それじゃ共産党の方針はいけないと云う確信も出来なかった、併し宜《よ》く考えれば天皇制の廃止と云う様なことは納得することは出来ないでした」と答えると、石田裁判長は「それじゃ共産党の運動は出来ないじゃないか」と迫るのである。

五月一五日の矢野口波子被告に対する訊問では、今後の方針を問いただしている。唯一の女性被告で公判まで「転向」を認めていなかった矢野口は、公判の陳述で「自分が斯うした苦痛から遁《のが》れるには、斯うした運動に今后は携わらない心算であります」と表明する。すると石田裁判長は「間違ったことをしたと思って居るかね」「平たく云えば共産主義は日本の国には出来ないことであると云ふことが分ったかね」と迫った。矢野口は「幾度も御取計いを受けた時からそう思って居りましたが、今迄云い出しませんでしたが、よく分りました」と述べる（以上、『「長野県教員赤化事件」関係資料集』第一巻）。

論告で検察側は藤原を懲役六年、河村を懲役五年、矢野口を懲役二年六月と求刑したが、石田裁判長の判決は藤原が懲役四年（未決通算一八〇日）、河村が懲役三年六月（未決通算一八〇日）、矢野口が懲役二年、執行猶予四年という、一般の予想よりも軽いものとなった。二七人全員が有罪であったが、「藤原は軽減されて四年十四名へは情ある執行猶予」と報じられた。「転向」は肯定的に評価され、量刑に反映された。判決の関連メモにも「小松、理論的に転向せり　丸山、国家国民性を認め転向せり」とある。小松俊蔵は懲役五年の求刑が判決では懲役三年六月（未決通算一八〇日）に、丸山茂太は懲役三年六月の求刑が判決では懲役二年六月（未決通算一八〇日）になった。

石田は判決を言い渡すと、被告らに「治安維持法は一種の反逆事件であり、その内でも文化の基盤をなす教育者として幼い者に反逆思想を植えつけ様としたのは決して軽いものではなく、被告の動機が如何に純なものであっても行為は断じて許すべきではない」と訓戒したという。判決を言渡した後の新聞談話では、次のように社会に対して「転向」者への配慮を求めている（以上、『信濃毎日新聞』、一九三四年五月二二日）。

大体思想事件は集団犯罪であるから、個人よりも地区に重きを置き、そして個人の地位活動状況等を考慮したのである。転向については矢野口も最後に転向した——その他は準備審理で既に転向を誓って居り、大体全被告を通じてインテリで而も真面目なものばかりだから、戦術的とも見られぬので、此点は充分に認めてやったつもりだ。此際社会に希望するのは、彼等を暖かい気持ちで迎えて欲しい事で、折角転向しても社会が白眼視し、彼等の心を暗くする様では何にもならず、結局それは社会の罪である、被告たちは私利私欲でなく、こうしなければ社会は救われぬと信じて、遇々《たまたま》道を踏み違えて了った迄で、人間的に見れば、極めて純なものばかりだから、社会でも暖かい感情で迎えて呉れる事を切に望んでやまない。

自らが保存した治安維持法公判の関係書類をみると、石田が終始一貫して主体的な姿勢で職務に忠実に、熱心に取り組んでいたことは間違いない。往々にして検察の筋書にそった公判進行とし、いわば下請けとしての予審の取調をコピーしただけの判決で事足れりとする治安維持法公判が大勢を占めるなかで、石田の姿勢は少数派に属するだろう。それを可能としたのは、被告の動機や人間性を「純」なものとし、「私利私欲でなく、こうしなければ社会は救われぬ」という考え方への一定の理解であり、前述した三宅正太郎の考えに通じる。とはいえ、反「国体」・反「私有財産制度」の思想と活動は「断じて許すべきではない」ものであり、被告らが「道を踏み違えて了った」ことは重大で、罪を償わなければならないということは、これも三宅と同様に厳然としてあった。治安維持法の枠組み自体を否定することはなく、あくまでもその条文の順当な解釈と厳密な犯罪事実の認定に応じて、公判の進行がなされ、判決が下されるべきという姿勢が貫かれていた。

浜辺信義裁判長

北海道の生活主義教育運動事件のうち綴方運動の公判は一一人を被告とし、一九四二年一二月二日、釧路地裁の浜辺信義裁判長の下で開始された。判決は四三年六月三〇日、八人が懲役二年、二人が懲役一年六月、一人が懲役一年で、全員に執行猶予が付された。検事の求刑は五年から三年だったので、大幅に下回った。

この浜辺裁判長について、弁護にあたった高田富与は「公判開始までの四カ月余の期間、記録を精査し、これと証拠物とを具《つぶ》さに対照して、公判の準備に精進したらしく、当時の公判審理としては、一応満足してよい審理振りであった」「その当時の裁判の傾向としては、双方の顔を立てたきらいはあるとしても、勇断と称してもよいように思われる」（『綴方連盟事件』、一九五八年）と回想する。この高い評価は、やはり高田が弁護を務めた旭川地裁における生活図画教育事件裁判の裁判長小島喜一郎と対照的である。高田は小島を「少しも被告人の弁明を聴こうとせず、徹頭徹尾〝予審における供述の通りだろう〟と言ったような調子で押し通し、少しも真実を究明しようとしなかった、従って、弁護人の弁論にも耳を傾けようともしなかった。そして、殆んどの被告人に懲役の実刑を科したのである」（高田『なぎさのあしあと』、一九七〇年）と酷評する。小島の指揮する公判こそ戦時下においては典型的なものだった。

公判について記した「公判記録」と公判前後の三回の内密の浜辺裁判長との「個人面談記録」を、被告の中井喜代之が残している。拘置所内で記録し、外部に持ち出し、戦後に自身で清書したものである。異例と思われるが、裁判長と被告が面談していた。一回目は公判開始前のことで二時間におよぶ。中井は警察から予審まで「ホントのことは一つもしゃべらせてもらえなかったのですからネ」「自分らにはさっぱりわからぬ〝治安維持法〟とやらの改正とかで随分おどかされた」などと話した。自身の公判第二日目の一月二六日の様子を中井は「公判記録」に次のように記している。

十一年三月の例の、中学時代の同期と夜を徹してコンミニズムについて議論した際の詳細な日記を自分に読ませてくれる。この判事、予審で故意に無視した日記を表に出すことにより、自分の思想は単なるヒューマニズムであり、階級闘争などは飽くまでも拒否した態度が明瞭となる……それにつけても、今回の細目（実――引用者注）検事の焦々した様子、憤懣やる方なしとみえる態度、ピリッピリッとメモをひきさき、そわそわとかたわらのストーブの前に立って行っては、又落着かぬ様に坐る

翌二七日は「このあたり、余り呼吸がぴったりとあいすぎて、まるで二人で――裁判長と被告とが協同戦線をはって、検事局と予審の歪曲を粉砕しているかの感さえあり」だった。その後、「全く浜辺氏に対する絶対の信頼感」を書きつける一方、「それにしても中川予審判事の調書のドギついたイデオロギー付加は、読みきけを受けつつ、笑いを禁じるに苦しむ位なり」ともいう。二月九日の公判日は「苦戦の日であった。あらかじめ覚悟はしていたが……」とあり、裁判長の訊問への陳述に苦心していることがわかる。それでも三月二日の公判では、「これまでの調書は、論文全体の構成、テーマ、論旨の中心というものには一切触れず、ただ、この言葉尻をとらえてひどくゆがめられて居ります」と、制限を受けることなく自らの主張を弁明する機会があった。

高田弁護士も「浜辺裁判長が相当良心的に綿密に訊問し、被告人に対しても、当時としては充分と言ってよい供述をなさしめたので、審理は長いので四日、短いのでも一日半を要した」（『綴方連盟事件』）と記している。判決を前に、裁判長との三回目の内密な個人面談がなされた。中井は次のようなやり取りを記録している（中井「その日の記録から」、北海道立文学館所蔵）。「二年半」とは、中井に対する懲役二年六月の求刑を指す。

浜辺「二年半はいい相場だろう、土橋（明次――引用者注）の三年に比べたら安すぎた位だね」
中井「しかし、あの検事さんの論告には何としても承服できませんよ」
浜辺「何といっても、こういう時代だからね、結局君らの不運さ――こんな時に検挙になり、それが長引いたということ、まあ、運が悪かったんだと諦める外はないな！」

……

浜辺「やっぱり、みんなにどこかくさいところはあるネェ……」

中井「はじめは何が何でも聯盟が赤、生活綴方が赤、でおしつけられたものが、いつの間にか調書になると、個人の意識、実践にもってゆかれて……俗なことばで云えば、ペテンにかかった様なものですよ」

佐竹直子『獄中メモは問う――作文教育が罪にされた時代』（二〇一四年）によれば、判決を前に浜辺裁判長が一一人の被告を一人ずつ呼び出し、「無罪判決では必ず検事上告がある。今、思想事件は控訴院の審理を経ず、大審院では書類だけで審理される。実刑を受けないのだから、早く世の中で働いたらどうか」と告げ、全員の了解を得たという。この結果、判決の言渡しでは全員が執行猶予となった。検察側は判決に不満だったが、上告は断念した。前述の高田弁護士が「双方の顔を立てた」というのは、こういう意味である。

高田は「裁判所のこのような態度も、掬《きく》すべきものがあると言ってよい」（『綴方連盟事件』）という。たしかに憔悴しきっていた被告を一刻も早く社会に出す現実的な便法にはちがいなかった。しかし、これも治安維持法の枠組みのなかでの公判進行と判決であり、その点で高田も言うように「大きく批判せられなければならない」。石田弘吉裁判長の姿勢と通底する公判記録の厳密な検証、そして時代の不運として「運が悪かったんだと諦める外はないな！」という被告への同情心の発露（そこに高みからの、自らの物分かりの良さを誇る嫌いはあるが）は、戦時下において稀有なものではあった。にもかかわらず、浜田裁判長の「やっぱり、みんなにどこかくさいところはあるネェ……」という見方は抜け切らず、治安維持法違反として有罪判決を科すことに疑念はなかった。

三　公判の諸問題

公開か非公開か

被告と傍聴人の相互刺激により一九三〇年前後の治安維持法違反事件の公判廷が荒れたものになったことは、すでにみた。裁判所は警戒を強め、公判の非公開、傍聴禁止の措置で対応した。

治安維持法関係の公判が本格化する前から、労働運動や農民運動などに関連した思想犯罪の公判でも同様な問題はすでにおこっていた。一九二七年五月、司法実務家会同に司法省は「特別の主義主張を背景とする犯罪に対する検察審判に付、考慮すべき事項如何（特に思想的犯罪者に対する処置）」を諮問している。泉二新熊刑事局長はこの説明にあたり、思想犯罪と目すべき事件が増加しつつあるとしたうえで、「是等の被告人は予審に於ても、公判に於ても、動もすれば裁判の威信を損ずるような言動をすると云う事が往々にしてある」と注意を促した。

これに対する答申では、「所謂主義者は法廷を自己の主義宣伝の場所に悪用せんとするものなるを以て、初めより公開禁止を為し得べきものは之を禁止し、然らざるものと雖、其供述が主義宣伝を為すの疑あるに至りたる時は直に傍聴禁止を為すを相当とす」「準備手続を活用し、公判廷に於て主義宣伝の機なからしむるの要あり」などの対策が注目される。また、金沢地裁からの「協議事項」では、思想犯罪の公判で「被告人中不当の行状を為し、法廷の神聖を害する者漸次多からんとするの傾向あり」として、法廷秩序を維持する法規の制定を求めていた（以上、司法省調査課『司法研究』第四輯、一九三二年）。

三四年一一月の思想実務家会同で、木村尚達刑事局長は、公判の公開問題について「東京は公開、大阪は非公開を原則とする」として、その違いについて「東京に於ては既に珍しくないから傍聴人少いが、地方に於ては尚珍らしき為傍聴人多かるべし」と発言している。また、思想犯罪公判への対応に習熟してきたことや「従来は被告人が公判を宣伝場所と考えたるも、近時は左様な事無き」という状況の変化を捉えて、公開禁止の緩和も「差支なし」と述べている（以上、『思想研究資料特輯』一八）。東京地裁での党中央部統一公判は、宮城実裁判長の判断で公開のまま進行したが、多くの治安維持法公判はその後も非公開だった。

三八年七月の宮城控訴院管内思想実務家会同では、公開と非公開の見解の対立が生じた。福島地裁「諮問事項答申」では、「従来妄《みだり》に思想事件の裁判を不公開とする傾向ありて、暗黒裁判などの誹《そしり》ありたる」という声に配慮して、裁判を公開すべきとした。被告人が宣伝などをするケースはわずかだとして、「今後須く裁判を公開し、国民監視の中に正々堂々と裁判を為し、裁判の威信を高むると共に、思想団体の正体を天下に曝露し、一般国民に対する警鐘となすの要ありとす」という立場だった。

一方、盛岡地裁の答申では公判は非公開にすべきとする。その理由にあげられるのは、「東北地方の民衆は朴訥《ぼくとつ》にして思慮に乏しく、概ね生活窮乏して多額の負債あるにより、思想事件、特に私有財産制度を否認する共産主義思想の如きは是等民衆に甚大なる衝動を与え、階級的意識を強からしめ、誤りたる感銘を有せしむるに至るべき危険ある」という見方である。あわせて、予審終結決定や判決でも「最少限度の犯罪構成要件を叙するに止め、且用語は勗《つと》めて平穏なるものを撰び、以て一般民衆に過大の刺戟を与えざることを要するものと思料す」と述べていた（以上、『思想研究資料特輯』四七）。

三八年九月の長崎控訴院管内思想実務家会同での本郷雅広長崎地裁部長判事の発言は、「被告人の非転向の場合は、宣伝、煽動の危険が多大であるから、絶対に公開せない方が宜しいと思います。亦一般人を傍聴せしむることは百害あって一利ないものでありますから、公開の時でも成るべく傍聴人の少い時刻を選び、神速《ママ》に取扱い、努めて一般人心を刺激せしめないことにしなければなりませぬ」（『思想研究資料特輯』四八）という姑息なものであった。おそらく治安維持法公判のほとんどは非公開でなされたと推測される。それはとくに戦時下の治安維持を最優先する立場から、一般民衆を「刺激」しないことが何よりも重視されたからである。治安維持法公判は「知らしむべからず」の姿勢で一貫していた。

併合審理か単独審理か

共産党中央部の統一公判で裁判長を務めた宮城実は、一九三三年一〇月の思想実務家会同の講演「私の経験より見たる共産党事件の審理に就て」のなかで、先行した二つの紛糾した治安維持法公判を参考にしたと述べる。その一つ、三・一五事件の東京控訴院の公判は被告・弁護側の強い要求を受けて併合審理としておこなわれたが、「非常に法廷が混乱をした、栗山藤次郎という被告が真中に立って号令をして、一同それに応じて騒ぎ立って非常な混乱状態を呈した」。もう一つ、前述した神垣秀六の担当した朝鮮共産党事件について、「此時も随分騒いだものだ、判決の時などには一人の被告に看守が五人或は巡査が三人付いて腕首を抑えて居る、そうして無理様に判決を言渡した」（『思想研究資料特輯』一二）と語る。宮城自身はこれらから法廷警備や審理進行などの教訓を学びつつも、いくつかのグループに分けた統一公判とした。

宮城の言及するような「荒れた」治安維持法公判を教訓に、以降の地裁での公判は併合審理を避け、単独ないしは少人数のグループの審理となっていった。他の被告への遠慮や気後れなどからも、「転向」の促進のためには単独審理が望ましいと考えられた。

これに対して、被告側は当該事件全体の併合審理を要求する。学生運動やプロレタリア文化運動をおこなっていた札幌の前田英彦は、三一年九月に治安維持法違反で検挙され、三二年六月三日の札幌地裁での公判の冒頭で、次のように裁判長に迫ったと『小樽新聞』（六月四日）が報じている。

ハッハッと愛想笑いを裁判長に浴びせながら、他の三事件六被告と併合審理を熱望したが、裁判長はその必要を認めずと突き放したので四十分にわたる押問答を展開、前田は正義の神のいわれ因縁を説き、机の脚を引例して愛嬌たっぷりにあくまで審理の統一を要求懇願し……漸く事実審理に入りかけて公訴事実に意見があるかと訊すと……前田は又ぐっと砕けて裁判長、併合して審理して下さい、さもないと安心して陳述が出来ませんからね、と又ぞろ机の脚問答を初めたので、裁判長も「それでは審理を受けないというのか、それならばそれでもよろしいが」と気色ばむ、これに対して前田は持前の軟骨戦術とでもいうべき如才なさで「いや、もち論充分に申し上げたいからいってるので、公平な裁判が願いたいからです、このままでは弾圧されていわされる様で信頼が出来ない」と主張

また、『戦旗』や『無産青年』などを配布し、読者網をつくったとして検挙された小樽の被告四人に対する札幌地裁の公判では、「首領株の広川は「札幌共産党事件と一緒に審理を受けたい」と公判の延期を要求したところ、紛糾した。他の三人の被告の意向は「一人は延期、他の二人はどちらでもよい」となったため、裁判長は「一向統一出来ていないぢゃないか」と冷やかして、審理に入」ったという（『小樽新聞』、一九三二年四月二一日）。実際の公判では、このような被告間の意見の相違もあった。

治安維持法公判で法廷が紛糾すると、裁判長は分離し単独公判にするぞと威嚇した。

裁判闘争

四・一六事件後、上海で検挙された日本共産党の指導者佐野学は、一九三一年一月、豊多摩刑務所でまとめた「共産党の裁判テーゼ案」のなかで、裁判闘争について総括的かつ具体的に論じている。司法省は「密書」として裁判所・検事局に送付した（司法省刑事局長「治安維持法違反事件被告人の筆写に関する件」、一九三一年一月二二日、「渡辺千冬関係文書」）。

まず「東京のＫＰ《共産党》裁判戦は長期に亘る一聯的な大カンパニア」であり、党中央部の統一公判で頂点に達するとしたうえで、「在来の個々の裁判戦がまちまちで無連絡であった如き欠陥は急速に改められねばならぬ」と指摘し、「全般的戦術を確定し、其れを基準として個々の場合の戦術を定める必要がある」とする。基本的な立場として「法廷に立つ同志は外部の党から孤立してはならぬ、同時に党は指令を強制するだけで法廷同志のイニシアチーブを殺したり、大衆動員を以てする組織的支持を怠ってはならぬ」とし、具体的に「廷内同志が鉄の如き規律と統一を保つことが絶対必要なことだ、ここで階級と階級が直接対抗するのだ」「廷内同志は二大任務を有す、第一は廷外大衆への政治的語りかけ、第二は法廷を階級的示威の場所に利用す」などを列挙する。

「法廷内に於ける示威及行動」も重要だとされ、「統制ある進撃的態度」「へき頭のデモ――裁判及内通者のキモを奪っておく」などに加えて、「警察、検事局、ヨシン、刑務所が完全にブルキカン《機関》なるをバクロす、何かと裁判官に小さいことで喰ってかかるのはやめたい」という項目もある。裁判のボイコットについては、「可能なる統一と公開を拒否されし場合」のほか、「近時のＫＰ迫害は狂気的であり、裁判はみだりに長期を課する野蛮のものであるから、これに抗ギして裁判ボイコットを行い、示威することあり」とする。

「裁判テーゼ案」作成時、佐野は党中央部の統一公判を「早くとも来年秋」と予測し、この「裁判戦は他の裁判に於けるよりも廷外大衆への語りかけに重点をおくべく、党の政治的綱領、日本帝国主義の批判、党将来の任務等について特にソシキ的に廷外大衆に語りかけねばならぬ」という方向を打ち出していた。実際には予測と異なって三一年六月から開廷となるが、その裁判闘争は「廷外大衆への語りかけ」を最大目標としており、「党の政治的綱領」などが「代表陳述」として展開された。

また、「朝鮮同志裁判」＝朝鮮共産党公判との連帯も視野に入っている。「植民地革命大衆と搾取国プロレタリアートの結合は目下尤も重要な戦術的基準であるが、それは何も両者の運動を一つに融解する意味でない、日本党、朝鮮党の相互の独立性、ＫＩ《コミンテルン》の下に於ける其の兄弟的連結を明《あきらか》にし、朝鮮共産主義者に対する帝国主義的裁判に大衆的抗議を組織することを他方に行うべきであった」とし、裁判時に「大衆動員的支持」がなされなかったことを遺憾とする。さらに「台湾の同志」や「支那三十余名の同志」の公判とも共闘すべきとする。

こうした方針にもとづき、裁判闘争はおこなわれていった。四・一六事件の被告寺尾とし（労働農民党書記、共産党に入党）は、予審終結決定後に保釈されていたが、党の指示を受けて西田信春と竹内文次（もと東京市電運転手）とともに「被告会議」の中核グループを結成し、公判を前に「毎日のように集まったり、連絡し合って公判闘争をすすめていった」という（寺尾「西田信春の思い出」『西田信春書簡・追憶』）。

党中央部統一公判

三・一五事件、中間検挙、四・一六事件で、日本共産党中央部の佐野学・鍋山貞親らをはじめ、約二八〇人が東京地裁の公判に付された。この裁判については、『現代史資料』「社会主義運動（四）」「資料解説」において、編者山辺健太郎が「被告側の公判闘争の戦術について」を中心に詳細に論じている。

裁判長であった宮城実の一九三三年一〇月の思想実務家会同における講演「私の経験より見たる共産党事件の審理に就て」（『思想研究資料特輯』一二）によれば、東京地裁の部長会議で「全部一つの部」でやることが確定したものの、担当判事が決まらなかったため、当時東京控訴院判事であった宮城が転任して担当することになったという。「記録の数が四百二冊、枚数が十二万四千三十四枚、証拠物が一万五千六百九十九号」に達した。

それまでの共産党事件公判を参考とし、宮城は「此の如き事件をやるに付ては刑務所、裁判所、検事局、警視庁、皆一面に国家権力を発動して之に当ることが必要」と考え、事前に十分の協議をして、裁判闘争に備えた。たとえば、法廷における警察権の完全な実施のために、被告の入廷を一番後にし、退廷を最初におこなうという通常とは逆の順序をとることにした。また、「開廷中に於ける被告人に対する注意厳粛にして言葉を謹しみ、発言は裁判長の許可を得ること、禁を犯したるものは制裁をする」ことなども、関係者で申し合わせて実施した。

宮城は、退廷命令の連発に被告らは「皆閉口して居った」、傍聴人も「始めの内は沢山出来《マ マ》たが、終いには十人位しか来なかった、詰《つま》り其元気がなくなった」などと、統一公判進行がうまくいったとする。山辺はそれを「自慢話」（『現代史資料』「社会主義運動（三）」、「資料解説」）とする一方、被告の代表陳述中の佐野「総論」、鍋山「組織論」、杉浦啓一「労働組合に対する方針並に指導」についてもきびしい評価を下している。

ここで京城地方法院検事局の福田甚二郎の出張報告書「日本共産党事件公判傍聴記」（朝鮮総督府高等法院検事局思想部『思想月報』第九号）をみよう。「審理の状況」について、次のように記している。

自然其の供述は党の宣伝に趨るが如き傾あり、各供述者の態度も或は肩を聳《そび》やかし、或は手を挙げ、時に或は拳を以て卓上を叩き、殆んど裁判長を凝視するものなく、自由に検事席、弁護人席に向い、又或は振向きて傍聴者席を眺めつつ、共産党が如何に英雄的に（此の語は被告人等の常套語なるが如く、其の供述中屢此《しばしば》の語を耳にしたり）「プロレタリア」階級解放の為に努力し来りたるか、又共産党を措《お》きて真に「プロレタリア」解放の実現を期し得べからざる所以《ゆえん》等を各方面より大声疾呼論究したるものにて、其の状宛《えん》として演説の如く、聴く者をして恰《あたか》も共産党宣伝演説会場に在るの思いあらしむ

これは三一年九月の杉浦・国領らの代表陳述についての感想であるが、先の「裁判テーゼ案」にあった「廷外大衆への語りかけ」はこのように実践されたといえる。また、福田は「同公判に対する裁判所並検事局の態度」に言及し、担当の戸沢重雄検事が宮城裁判長らと会合をもち、「其の時々に於ける被告人等の情勢等を伝え、以て公判審理の参考に資し居れるが如く、裁判所検事局間の交渉は極めて円滑に行われるが如く見受けられたり」とする。弁護人の態度については「一般に其の言動、裁判所より重視せられ居らざるが如く、被告人等も亦《また》特に弁護人らに恃《たの》むの風を認め難く、寧ろ被告人等に於て弁護人をリードし居れるが如き感あり」と観測している。それは後述するように、弁護団の基本的姿勢を反映していた。

名古屋地裁判事の辻参正が、司法省の司法研究員として「法廷心理学の研究」を課題とする東京出張中、六月の開廷から九月末までの公判を特別傍聴した記録を残している（『法廷心理学の研究』〔「司法研究報告集」第一五輯第五号、三二年三月〕に「附録」として所収）。

裁判所周囲は警察官約二〇〇人と憲兵一〇人で厳重に警戒を固めるほか、法廷内も「看守及巡査を以て人垣を作り、被告人席を囲繞し……巡査の垣と二列の新聞記者席あるを以て、一般傍聴人と被告人は遠く隔てられ」るという警戒ぶりであった。傍聴者は約三分の一が特別傍聴人で、司法・内務・文部省の関係者や陸海軍法務官らが占めた。一般傍聴席には「菜葉服に交りて多数の断髪の乙女及妙齢の婦人あり……被告席に向い、手を振り微笑を投げ、無言の交歓を行う様いぢらし」と辻は記している。また、最前列には渡辺政之輔（日本共産党中央委員長、台湾基隆で官憲に追われ、自殺）の母の姿もあった。

辻は新聞の「同一裁判に対する記事が孰れも同一ならず、悉く異り居ること」にも触れている。「某新聞は本日の裁判長の訊問中の名句を捕えて喜び、又或る者は虹の如きマルキストの気炎、革命的慷慨演説に喝采す」という。

辻の傍聴記は、宮城自身も先の講演で「褒め過ぎられて少しくすぐったい感」があるというほど、裁判長としての公判指揮の手腕への称賛で一貫している。「実に裁判長の胆力と其機智、円滑滑脱なる審理振りと博学振りには確かに被告等は一歩を譲れるの感あり、弁護人亦裁判長の出没自在の審理を端倪《たんげい》することを得ざるものの如し」（第二回、七月七日）「裁判長は充分被告人に述べさしておき、其の後で理論的に、又ニコニコしながら被告人の矛盾を指摘す、被告人陳弁之れ努むと雖も、常に顔色悪し」（第六回、七月一六日）「裁判長は或は賺《すか》し、或は嚇《おど》し、審理を進めんとす、いつも巧妙に繰らるる猛獣も今日は却って猛獣使に喰い付かんとする気勢あり、観客もはらはらするばかり」（第一二回、七月三〇日）という具合である。

宮城が随所でレーニンやマルクスの原書を引用して被告をやりこめたとみえる場面について、山辺は「裁判長のドイツ語というのも実はあやしいもの」と検証し、「宮城裁判長のペダンチックな攻撃はことごとく的はずれであった」（『現代史資料』「社会主義運動（四）」）と指摘する。「この頃の新聞にのっている共産党公判の記事を見ると、揃いも揃って「誰々が裁判長に一カツさる」とか「鍋山がシドロ、モドロに答弁す」とか、しきりなしに出ている。果してそんな風にやっているのか？」と疑問に思った小林多喜二は、九月一五日の第一七回目公判を早朝の午前二時から並んで傍聴した。当日は高橋貞吉の代表陳述「農民運動」の第二回目だった。多喜二は「オレたちよりもずっとずっと進んだオレ達の先輩が、オレたちにいろいろタメになることを教えてくれているということがわかる」（「共産党公判傍聴記」『文学新聞』第一号、一九三一年一〇月一〇日）と感想を記している。

「転向」をめぐって――温情主義へ

すでにⅡ章のところで検事の論告・求刑に際しての量刑の程度について、またⅢ章のところで予審判事からみた公判判事の判決の量刑の程度について、「転向」評価もからんで、厳罰主義か温情主義かで論議がなされたことに触れた。もっとも、司法処分の大勢としては常に厳罰主義に傾いていた。それと同様な論議は、最終的な司法処分の確定となる公判の判決のあり方について思想実務家会同などの場でくりかえされた。

一九三二年八月の司法官実務家会同で、山本武雄和歌山地裁判事は思想犯罪について「他の犯罪より厳罰するを可とす」と主張した。「各地方の判決を見るに、科刑軽く、執行猶予多きに過ぐる感あり」と現状の科刑傾向をとらえ、「個人防衛のみに重きを置き、一般防衛を閑却したるが如き感あり」、つまり国家への反逆犯罪の観点が希薄だとする。二、三回の公判だけで「転向」を安易に認めてしまい、執行猶予を付すのは望ましくないとし、「宜しく厳罰し、刑務所に於て其行情《ママ》を見、然る後、真に改悛の情顕著なれば仮出獄の制度を活用すれば可なり」という方策を示した。

同会同で、梶村謙吾名古屋地裁判事は「従来各裁判所に於ける共産党事件の判決を見るに、其の科刑、求刑と著しき相違ありて、検事局と裁判所との間に此の種事案に対する根本的観念を異にするに非ずやと思わしむるものあり」（以上、司法省調査課『司法研究』第一六輯）と問題提起した。新潟三・一五事件の石田弘吉裁判長は明らかに検察求刑をかなり軽減した判決を下していたが、梶村はそのような状況を念頭に置いているとみられる。一九三三年前後、一般的には党加入は五年、党の目的遂行は三年が求刑の目安であったが、公判の判決ではそれらが二、三割程度減じられたものとなった。目的遂行罪の適用では執行猶予が付されることが多かった。梶村のいう「科刑、求刑と著しき相違」とは、こうした目安から外れ、もっと軽減された判決が目立っていたということであろう。

三四年一一月の思想事務会同では、中西保則大阪地裁判事が「刑の量定に関しては事件の少い所程重い。大阪も相当思想事件多きを以て、他の管内と比較すれば刑は軽きも、然し乍ら東京と比較すれば東京は更に軽い」（『思想研究資料特輯』一八）と指摘する。福岡地裁の井上健一郎判事は「厳罰主義を適当と信ず、殊に地方的に社会の耳目を聳動《しょうどう》したる事件に付、特に然り」と述べる。

同会同では広島地裁の福田豊市判事から「犯情相当重きも、判決当時改悛の情顕著なるものに実刑を科することは相当苦慮す。元来思想事件に於て思想を抛棄した以上は、無辜《むこ》に戻ったのであるから、殺人罪等とは異る考方をする必要あるにあらずや」と、「転向」の評価をめぐる問題が投げかけられた。「転向」の雪崩現象にどのように対処すべきか「苦慮」しながらも、福田の見解は執行猶予を認める方向に傾いている。

「転向」を容認する判決は全国的な傾向だったため、三五年六月の思想実務家会同で東京刑事地裁検事局の戸沢重雄が釘を刺した。二八年以来の治安維持法公判での有罪判決三一八三人中、執行猶予は一八五一人におよぶという数字を示し、「転向被告人に対する裁判は極めて寛大となり、執行猶予に付せられる者が甚だ多くなった」とする。一般刑事犯罪の執行猶予率五、六％に比べ、五八％という高さが問題視された。戸沢はその対処策として「転向を誓って居りますが、聊かにても危惧の念を持つような者で、而《しか》も犯罪事実が相当重大なものに付ては成るべく実刑を科せられて、爾後《じご》の処遇は行刑当局に於て仮釈放の規定を生かして、其の方で按配すると云うような方法で進んで行ったらどうか」（『思想研究資料特輯』二二）とする。

「転向」問題では検察側が実刑を求めるのに対して、いぜんとして判決では執行猶予を付す傾向がつづいた。業を煮やした大審院検事の池田克は、三八年九月の長崎・名古屋の各控訴院管内思想実務家会同で「転向」評価の厳密化を要求する。長崎の会同では、次のように発言した（『思想研究資料特輯』四八）。

行動的転向に止まるものは一面から見ますと、将来社会情勢の推移により再転向するの危険性が多分にあると考えられるのであります……転向としては理論的転向が最も望ましきものであります。それはマルクス主義の誤謬を反省して理論的転向を為すと共に、行動的にも適法なる社会生活を営むことを期待し得るものでなければならぬのでありますが、此の例は非常に少ないのであります。

そこで裁判検察の運用に於きましては甚だ遺憾なことではありますが、行動的転向者の中で相当に有望だと思われるものが、所謂転向者として執行猶予等の恩典に浴すると言うのが実際ではないかと思われます。

思想犯前歴者の再犯が増加している状況も、この池田の要望の背後にあった。しかし、長崎控訴院管内思想実務家会同では、本郷雅広長崎地裁判事は「転向の甲斐がなかったと言うことを怨ませる様な刑は之を避けなければならぬ」という観点から、「転向確実にして、且《かつ》所犯軽微の者には進んで寛典を以て之に臨み、忠誠を致すの機会を与うる必要がありはせぬでしょうか」と寛大な方針を譲らなかった。六月の思想実務家会同で長崎控訴院の山崎勝喜判事も、温情主義の立場から「改悛の情明かなりと認められる者は執行猶予にして宜しいだろう」と発言していた。

厳罰主義の増加

一九三〇年代前半には「転向」に対して多く温情主義に立って執行猶予付の判決が出されたが、三〇年代後半の戦時体制下になると、前述のような検察側の牽制も強まり、厳罰主義の判決が増加していく。三八年六月の本省の思想実務家会同で、渡辺彦士広島控訴院判事は「国に矢を向けるというような考を抱いている人に対して寛大に処するということは、一般国民から見ますと寧ろ不忠の謗を受けやせぬかと考えるのでありまして、寧ろ私は此の際厳罰主義で臨む」とするだけでなく、検事に対しても「起訴になった以上は少くともそれに対しては厳罰主義を以て臨む」（『思想研究資料特輯』四四）ことを要望する。

この渡辺判事は七月の広島控訴院管内思想実務家会同で、再び持論を次のように展開する（『思想研究資料特輯』四七）。

> 思想犯に対する科刑のみならず、一般犯罪に対する科刑が寛大に傾きつつある様に思う、殊に思想犯人に対しては観察所（保護観察所――引用者注）が生活安定の為、就職又は就学等の斡旋迄致し、一般犯罪者より優遇して居る様である、種々の理由もあるでしょうが、今日の非常時局に於て祖国ソビエットの為に我帝国を亡ぼさんとするが如き思想犯人を寛大に取扱うことは、一般国民に対し悪い影響を与えはせぬかと云うことを憂うるものでありまして、少くとも此事変下に於ては宜しく厳罰主義で臨まなくてはならぬのではないかと思う

後述する思想犯保護観察の制度にも渡辺は批判的である。人民戦線事件として処断しようとするものを、あるいは学生の社会科学文献の読書会程度のものを、大仰《おおぎょう》に「祖国ソビエットの為に我帝国を亡ぼさんとするが如き」行動に結びつけることは、やはり治安維持法の拡張解釈が頂点に達しつつあることを示そう。

三九年八月の広島控訴院管内思想実務家会同では、二宮峰広島控訴院判事が戦時下、「思想犯の如きものは少しでも検挙が遅れれば国家の治安を紊すと言うことが非常に大となるのであります」として、「現在の様な非常時局に於きましては厳罰主義を以て臨み、従来のような転向したと言うことを科刑の標準とすると言うことは余程考えものである」（『思想研究資料特輯』八九）と発言する。日中戦争下の「非常時局」認識を追い風とし、「厳罰主義」の主張が大勢を占めていった。

三八年七月の宮城控訴院管内思想実務家会同では、青森地裁から「東北地方に於ける思想犯人と称せらるる

者が、果して国体変革又は私有財産制度否認等の所謂革命思想を有するや否や疑問の者多し、従て之が裁判、検察には特に留意すべきものと思料す」(『思想研究資料特輯』四七)という協議題が提出された。地方において社会運動が逼塞するなか、「革命思想を有する」者自体がわずかになっているという認識に立って、それに応じた検察・裁判所の対応が必要という提言である。

これに関連して、同会同では秋田地裁から、警察や検察の取調過程でむしろ「真の思想犯人」を作り上げることになっているのではないか、という疑念が提出された。思想犯人に対して「取調官に於て敢て犯罪の体型を整えんが為誘導尋問を為し、又は其の真髄を告げて啓蒙し、夫れが為、遂に該犯人は真の思想犯人と為り了《おわ》し」(『思想研究資料特輯』四七)という状況が生じているとする。その誘導は裁判の適正や「転向」への障害となっているとして、警察や検察の取調のあり方に批判的である。

思想犯罪の減少した地方ならではの、強引な検挙や取調に対する要望ではあったが、「非常時局」下の治安維持のために思想犯罪の剔抉に熱心に取り組む特高警察や思想検察は聞く耳をもたず、たとえば、東北地方でも北方性教育運動と呼ばれる生活綴方運動の弾圧をおこなっていった。その司法処理においては、先の「刑の量定に関しては事件の少い所程重い」ということになる。

判事と検事の一体化

検察と裁判所の間では科刑と求刑の「著しき相違」をめぐって齟齬《そご》が生じることもあったが、おおむね裁判所は検察の意向を尊重、ないしは追随する関係にあった。共産党中央部の統一公判においても、宮城実裁判長のイニシアティブの下、「国家権力」が一丸となって公判に臨む体制を構築していた。

一九三五年一一月の思想実務家会同における東京刑事地裁判事潮道佐の「裁判所で分らない時は検事の意見

に従う方が寧ろ正しいと思う」という発言はすでに引用したが、そのすぐ前で潮は「裁判所と致しましては一審、二審、三審。司法部全体と致しましては検事局、裁判所に於て此思想犯人に付ては、特に国家的な或る最高の目的と云うようなものに於て、見る所が一点に帰すると云うような趣旨の確乎たる動かない方針の下に処理せられると云うことが誠に必要ではないか」（『思想研究資料特輯』二四）と述べていた。この判事と検事の一体化の必要性は、両者の関係が量刑や「転向」評価などをめぐってギクシャクするたびに、くりかえし叫ばれた。

四〇年五月の思想実務家会同で、札幌控訴院の堀真道判事は「将来の思想戦に対しては判検事一体となって当るべき」とし、「従来臆測せられる本省思想事務に於ける検事重点主義及思想検事の独善的傾向、従って裁判所側の追随的態度の反省と判検事協力して将来への対処の必要上、検事より裁判所側に対して一層思想情勢及資料の提供を求むると共に、判事側に於ても之を受容れる準備と覚悟とを切望する次第であります」（『思想研究資料特輯』七九）と発言する。「裁判所側の追随的態度」に対して忸怩《じくじ》たるものを覚えつつ、「将来の思想戦」に向けて「判検事一体」化を求めた。

三九年八月の広島控訴院管内思想実務家会同でも「判検事一体」化は言及されていたが、その内実は検察に対する裁判所の従属を容認するものであった。岡田建治下関区予審判事は「何うしても思想問題の研究は検事側の方がよく御承知であります。其処《そこ》で我々の方へも貴重なる予備知識を送って戴けば、審理の上に非常に便利である」と発言する。さらに二宮峰広島控訴院判事は思想検事による専門的研究が進展している現状を踏まえて、「協議とか意見とかいうよりは寧ろ御研究になって居られる事項につきまして御教えを願えれば、今後裁判所が裁判をする上に於きまして、参考になることが多々あるのであろうと思う」（『思想研究資料特輯』八九）と述べる。

四〇年五月の思想実務家会同において東京刑事地裁検事局の平野利は「思想公判部」が未設置であることか

ら、「思想実務に御経験のない裁判長は、其の審理に於きまして、率直に申しますと、固くなられる気味があるのであります」として、「時に丁重に失する……突飛な非常識な質問を出して被告人を面くらわせるようなことも時々ある」と述べて、その結果、「科刑の統一を欠く」事態が生じているとする。判事の「社会情勢の認識が足りない為に検事の求刑と開きが出ると云う場合には、遺憾ながら承服出来ない場合が多い」(『思想研究資料特輯』七九)という検察側の率直な物言いは、裁判所側・判事にとっては耳が痛いというより、屈辱的な見方といってよい。それだけ思想検事が思想犯罪の処理にあたっては絶対的な力を持っていたということになるが、会同でこの独善的な思想検事の姿勢に反論する判事はいなかった。

四 公判における弁護活動

弁護士団の組織化

現在では被疑者が警察に検挙された時点から弁護士が関与するが、戦前の場合、弁護士の関与は実質的に公判からであった。場合によっては、予審段階で拘置所において選任した弁護士と面会することもある。

治安維持法違反事件公判では、一九三〇年前後の数年間は労農運動や無産運動の弁護に積極的にかかわる自由法曹団から日本労農弁護士団に至る弁護士集団のほか、自由主義的で社会正義の実現に熱心な弁護士がまだ存在し、弁護活動にあたった。しかし、治安維持法による弾圧が拡大されるにともなって、三三年以降は弁護活動そのものが目的遂行罪に問われるようになり、有効な弁護活動はほぼ封じ込められた。それでも、治安維持法の拡大運用の異常さに、罪刑法定主義の危機を痛感したごくわずかな自由主義的立場を堅持する弁護士たちが、法廷で治安維持法の無法性を糾弾した事実は記憶に値する。

全国的規模にわたった三・一五事件の各地の公判が開始される一九二八年秋から、公判を支援する運動が展開された。労働農民党の解散後の新党準備会は「犠牲者釈放運動」にも取り組み、「公判の準備を為せ」を掲げた。具体的には「弁護士団の組織」として、「事件が広汎で、各地で公判が開かれるのだから、左翼弁護士を一ヶ所に多数集めることは出来ない。弁護を進んで希望する程度の人なら充分に利用して働いて貰うようにせよ。法廷曝露は優秀な被告が敢行するであろうから、弁護士はただ被告の発言の便宜をはかって呉れるだけ気のきいた人なら満足すべきである」(「新党準備会本部指令」第二三号、一九二八年九月九日、『山本宣治全集』第七巻所収)などの方針が固められた。

九月一五日の「新党準備会本部指令」第二四号の「公判に備えよ」では、弁護団の組織化を急ぐとともに、「弁護士団の編成に当っては各地方分離公判が行われるのであるから、各地方は独立的に編成しなければならぬ。弁護士の動員範囲は、進んで被告の弁護に立つ人なら働いて貰うのがよかろう。従って弁護士団は極めてルーズなものとなると思うから、少なくとも一人の階級的弁護士を配備して、出来るだけ統制をとるようにすること」(『山本宣治全集』第七巻)などを各地に求めた。

四・一六事件に連座した西田信春は、妹静子宛に獄中から「弁護士は解放運動犠牲者救援会が世話をしてくれた十人近くの人達に頼みました」(一九三一年六月八日、石堂清倫・中野重治・原泉編『西田信春書簡・追憶』)と知らせている。

このできるだけ多人数の弁護団を組織する方針は、各地で実践された。大阪の三・一五事件公判の判決後、被告の一人村山藤四郎は「×××《共産党》事件の被告より弁護人へ」（『法律戦線』一九二九年三月、『現代史資料』「社会主義運動（五）」）で、次のように感謝の言葉を記した。

公判開廷当初に於ける全国統一公判、併合審理の要求、裁判公開の要求をひっさげてのブルジョワ××に対する私共の抗争に、最も有力な援助をお与え下すったことと、それから最終の弁論に於て、私共と異った立場からとしては最も思い切った弁論、即ち私共の事件が階級的政治犯なるが故にすべからく即時釈放せらるべしとなす××を試みられたことと、この二点に於て……私共の感銘的な感謝の志をお受けください。……私共は、立場はどうでもよいから、出来るだけ多くの弁護人を頼んで下さるように小岩井（浄——引用者注）さんに頼んで置いたのです。そしてまたこの私共の願いは達せられて、予期以上に多くの弁護士諸君の来援を得たのでありました。そしてまた更にこれら多くの弁護士諸君の多くが予期以上に有利な弁論を試みて下すったのでした。

自由主義的な立場から有志の弁護士が治安維持法事件の被告について、「階級的政治犯」であるゆえに即時釈放すべきという原理的な弁論を展開してくれたことに被告らは感謝する一方で、寛大な温情判決を求めるだけの弁論は拒否した。先の「新党準備会本部指令」第二四号にも「父兄側から選ぶ弁護士には「共産党は悪いが、被告は学生であり、社会的地位があり、未来があるから減刑して呉れ」と云う如き議論をなす者もあるであろうから、かかる醜体《ママ》を演じないよう、救援会、党支部等は家族会と連絡をとってゆかねばならない」とあった。また、札幌三・一五事件の被告本田要吉（全日本無産青年同盟小樽支部組織部長）は獄中からの手紙で、「就《つ》きましては弁護士ですが、後日に「何卒御寛大なる……」テナ事は言わない様に頼んでください。その外屈辱的な言葉を使わない様にお願いしてください」（「獄窓の同志より」『無産者新聞』第一八六号、一九二八年一一月一日）と要望していた。

果敢な弁護活動

治安維持法違反事件公判が「荒れる法廷」となっていったことが影響してであろう、当初は加わっていた自由主義的な弁護士も遠ざかっていき、たたかう弁護士の集団として、解放運動犠牲者救援弁護士団（一九三一年四月結成）、全農全国会議弁護士団（三一年九月結成）、そして両者の合体による日本労農弁護士団（三三年一月結成）が担い手となっていった。その具体的な弁論の論理については、後述する布施辰治に代表させてみることとして、ここでは活動全般についてみてみよう。

青柳盛雄は「弁護士の活動が法廷の中に限局されていた、それも手続き的な要求、争いに限られていた……手続き的には、分離公判には反対で、統一公判を要求したり、公開禁止の暗黒裁判反対とか、傍聴人がたくさん聴けるような大法廷を使えとかね。それから被告には十分発言を保障しろとかね、それを裁判所が制限したり禁止したりすることにはもちろん抵抗する。そういったことが法廷闘争の主なこと」（『治安維持法下の弁護士活動』、一九八七年）だったと回想する。

解放運動犠牲者救援弁護士団の第三回団総会（三二年一月二四日）で決定された「弁論の大綱」について、角《つの》田《だ》守平は次のように陳述する（「日本労農弁護士団事件における聴取書」森長英三郎『史談裁判』第一集より重引）。

（一）弁護人の弁論は一般的には公判カンパニヤの根本方針に従属し、特に被告人の弁論に従属し、それと矛盾することなきように注意すべきである。

（二）合法性の範囲内に於ては弁論が大衆に与える影響は極めて大きい、故に（一）の条件に於て相当の評価を払う必要がある。

（三）内容に付て

Ａ　法律の適用に対する攻撃、但し、治安維持法其のものに対する攻撃は被告人自身がやるであろう。治安維持法を弁護人が余す所なくやる事は無理である。治安維持法に対する攻撃は法其のものに対する攻撃と不可分離である。

Ｂ　証拠力に対する攻撃、証拠力の極めて薄弱なるもの、特に合法場面で活動せるシンパサイザー等に付特別の弁護がなされるべきである。

この方針にそって、共産党の統一公判の弁護に臨んだ。それについて、被告だった徳田球一は「裁判所側はこの弁護士団にたいして非常にざんぎゃくだった。弁護士が正当に弁護しているのに、それが被告に有利だとみるや判事はすぐにくってかかる。検事がこれに呼応する。そして弁護士権をうばうぞと言外ににおわしておどかす……とりわけ官憲、資本家のあくらつさをばくろし、またごうもんの内容を述べて、証拠として提出されたものがじつはごうもんによってでっちあげられたもので、ほんとうの証拠にはならないことを指摘すると、ますますつっかかってくる。だから弁護士は、弁護士権をはぎとられる覚悟で勇敢に述べなければ弁護ができない」（『獄中十八年』）と記している。

弁護活動が法廷内の手続き的な要求に限られざるをえなかったとはいえ、さらに判事・検事の圧迫や威嚇にさらされたとはいえ、労農弁護士団に連なっていく面々はひるむことなく、果敢に弁護活動を展開した。

三一年一〇月、朝鮮共産党日本総局事件公判で、被告張星祚《チャン・ソンジョ》の弁護人角田守平は「裁判所の決定に依り分離公判、公開禁止さることは勝手乍ら之は封建的暗黒裁判に基くものなり」としたうえで、「朝鮮の独立は国体変革、君主制度廃止とは別個のものであり、其点は同法第一条に該当せぬものにして、私有財産制度否認も事実の捏造と考えられ」ると弁論した。また被告椎奇百《チュ・キベク》に対する弁論でも、角田は「抑々《そもそも》民族的精神の如何なるものかを知る者は、何人と雖も帝国主義の惨虐に依りて搾取、迫害せられつつある朝鮮の現状に対して感慨なきを得ざるべし、苟《いわ》んや朝鮮人に於てや、此種の民族運動に従事せる者を罰する謂《い》われなし、民族解放運動は国体の変革に関する運動にあらず、此の根本的見地の相違より被告の無罪と即時釈放を要求す」（「各種治安維持法違反事件公判概況報告書綴」「渡辺千冬関係文書」）と言い切った。

同一一月、この控訴公判準備手続きの場で、被告の金漢郷は「弁護士青柳盛雄、谷郇直雄、角田守平、布施辰治の諸氏は吾々朝鮮共産党員の為め全幅の尽力を為し呉れ居るを以て、意を強くして充分意見を開陳して貰い度い」（警視庁情報、朝鮮総督府高等法院検事局思想部『思想月報』第一一号、一九三二年二月）と同志の被告らを激励したという。

こうした弁護活動は、公判の進行上、検事や判事にとっては厄介でめざわりとなり、審理に支障がでると判断された。三二年一〇月の思想実務家会同では、名古屋地裁・控訴院から「思想事件関与の弁護士に付、特に考慮すべき対策如何」が、名古屋控訴院検事局からは「思想事犯に付、弁護人が弁論に名を藉りて主義の宣伝を為すものありと認めらるる場合、之に対し検事は如何なる態度を以て臨むべきか」（朝鮮総督府高等法院検事局思想部『思想月報』第二巻第八号、三二年一一月）という協議事項が提出されるほど、弁護活動に翻弄されていた。

この対策として、検察・判事側は法廷での弁護活動に「つっかかってくる」だけでなく、弁護士の資格剝奪さえもおこなっていく。布施辰治に対する懲戒裁判がそれにあたるが、ついに三三年九月、日本労農弁護士団の一斉検挙を断行するに至る。

先ほどの名古屋地裁などの協議事項提案をもたらしたのは天野末治の弁護活動にあったと推測されるが、天野も労農弁護士団事件で検挙された。三四年一一月の思想事務会同では、名古屋地裁の北本常三郎判事は「名古屋に於ては某弁護士の為に共産党事件の審理困難なりしも、同人の検挙せられたる後は審理円滑となり、保釈をなすも弊害無くなりたり」（『思想研究資料特輯』一八）と発言する。

布施辰治弁護士

たたかう弁護士の先駆かつ象徴的な存在は、やはり布施辰治である。その生涯および労農弁護士団事件で治安維持法違反とされたことについては比較的よく知られているので、ここでは「たたかう」論理やその原点についてみていく。

まず布施の治安維持法公判における弁論から。一九三一年一〇月二九日、東京地裁における朝鮮共産党日本総局事件で被告朴文秉の弁論に立った布施は、「被告人は法廷に於ける言論の不自由、警戒の厳は特に鮮人なるが故にとの点に付て痛感するものなり」とする。そして、どれほど弁明しても「実益なきことは被告人の一切の権利を蹂躙されし感を抱けるものなり」として、「如斯《かくのごとき》裁判は形式訴訟法上成立し、夫れに依り被告人を牢獄に入れ込むなり」（「各種治安維持法違反事件公判概況報告書綴」「渡辺千冬関係文書」）と思想裁判の本質をきびしく批判する。布施は国内の各地裁公判だけでなく、京城地方法院における朝鮮共産党の公判も引き受けた。

日本労農弁護士団事件で検挙された際、警察で執筆した「手記に直面して」（一九三三年九月二七日）のなかで布施は自身の三〇年におよぶ弁護士活動の「実感」として、「弱者の強者に対する呪咀と弱者の正義を求むる熱意」をあげ、「労働者農民、小市民等々の人間生活絶対不可欠の衣食住に窮乏困苦する無産大衆の為に自ら働くと共に、他の働かんとして犠牲を要求せられた者の内に弁護士活動」をつづけてきたとする。したがって、「所謂アナとボルと、所謂共産主義思想と反共産主義思想とに関せず、凡百《ぼんひゃく》の労働争議、鉱山争議、新聞紙法出版法関係事件の犠牲者を一斉に弁護して」きたと自負する。

そうした布施にとって「公判闘争」とは、「被告側の所謂裁判闘争方針として裁判所に要求した事項に関し、其の許否が問題になった場合、法律上可能なりと思惟する事項に付て意見を述べ、且つ裁判進行上の技術的方針に付て、被告達に注意すると云うこと」にあった。そのために弁護方針として「第一の無罪釈放と、第二の減刑軽罰と併せて、第三の意図善良闡明を裁判所に弁護する」ことが掲げられ、あくまでも「公然合法線を逸脱して居ない事」を自戒とした。そして、三・一五事件以来、もっとも広く深くかかわった共産党裁判について、次のような感想を吐露する（以上、「布施辰治治安維持法違反被告事件記録抄本（一）」、明治大学図書館所蔵）。

所謂日本共産党事件は其罪質の政治犯たる関係に於て、又被告等が事件擬律の治安維持法を否定する態度を持して法律解釈上の有罪無罪を問題とせず、況《いわ》んや刑の軽重等おやの立場に於て、日本共産党の全貌を大衆の前に明かならしむる公判闘争指標の確立が甚《はなは》だ悲壮で、法律何かあらん、裁判所何かあらんかの概があり、身命を賭して階級闘争を戦い抜かんとする犠牲者の熱意は、何人の感激をも示せずには置かないだろう

その布施が主任弁護人として臨んだのが、共産党中央部の統一公判である。三二年七月五日の平田勲・戸沢重雄両検事による論告・求刑を受けて、七日、布施は弁護団のトップとして総論的弁論を展開した。七月一五日の共産党機関紙『赤旗』は、布施が「先づ検事の論告が前衛の虐殺を目的としている事、労働者農民を罰する理由がないため、ひたすら空虚な言辞をローして断罪を合理化しようとする魂胆をバクロし、七千万同胞は論告と全く相反し、前衛の即時釈放を要求している事を実例を以て示し」たと報じる。

布施自身の弁論の原稿「日本共産党事件弁論速記」（『現代史資料』「社会主義運動（五）」）を参照すると、検事論告は「昨年頻りに軍政当局の重大決意を語る日本帝国主義戦争準備のために共産党被告諸君の虐殺的厳罰を要求したもの」であり、「甚だ曖昧な神秘的らしい国体変革という法律術語のお題目を並べただけ」で、「本件裁判は、マサに所謂階級司法の正体を眼の前に見せつけられたような感じ」と「本件裁判の特徴的本質」を断言

する。拷問についても、その追及の言葉は鋭い。

拘留中の人達に加えられる白テロの事実、これは階級的憎悪と反感、而して所謂武装訓示の中に言われる共産党員の国賊呼わり、或は天皇の敵であるから殺しても構わない、殺しても自分等は執行猶予であることを放言して、ひどい目に合わせるところの惨虐が行われるのである。斯くして従来に於ける拷問は、一定の事実を訊問してもそれに答えなければということで行われたものである。然るに共産党員の拷問はそれに反し、初めから叩《たた》かれ蹴られ、敵だから殺しても構わぬというような訳で、ひどい残虐な事をする事実が起って来るのであります

さらに、長期間におよぶ未決勾留や治安維持法公判が陪審から除外されたことなども加えて、「明かに共産党事件に対する階級的意図の特別扱い、そのすべてを通じた特別の検挙であり、裁判振りであり、弾圧振りである」と論じて、被告全員の無罪と即時釈放を求めた。布施の弁論は午前午後を通じて、三時間半におよんだ。宮城実裁判長は、布施が弁論中に用いた「ブルジョワ法律、ブルジョワ裁判法規」などについて釈明を求めたり、「司法権の運用に於て唯階級闘争をやるというので弁護をするならば、抗議する」などと牽制した。これに対して、布施は「私は裁判は裁判所のみがするものとは考えていない、公判の経過、事件の検挙以来の凡べてのものを批判し結論することは、弁護人もこれを為し得る」という姿勢で抗した。

弁護士界の治安維持法観

弁護士界では全般に治安維持法をどのように見ていたのだろうか。治安維持法の前身といえる一九二二年の過激社会運動取締法案については、多くの弁護士が反対運動の側に立った。治安維持法案の議会審議の段階でも基本的に反対の立場を貫いたことは、二五年三月の日本弁護士協会機関誌『日本弁護士協会録事』の巻頭言

「治安維持法案に就て」に明らかである。「現政府は突如として、治安維持法案なるものを衆議院に提出し、平穏にある民心を動揺せしめ、平和を脅威するの愚を演出した」として、過激法案と「同一趣旨」と批判した。「法理に対する解訳《ママ》、適用は一つに司法官に独立権があるから、政府委員が議会に於ける答弁や解釈は、将来司法官の頭を左右する保証とはならず、一個の参考資料に過ぎない」とする点は、治安維持法の運用の推移をみれば、さすがに弁護士ならではの見解として予言的である。

『日本弁護士協会録事』二五年四月号には、弁護士高山和雄の「忌《い》むべき治安維持法」が掲載された。「此法の世に出て民衆を不当に苦悩せしむるは近きにある」と考える高山は、「私等無産者に取りては、政体の文字削除より以上、私有財産制度に付ての削除を願望した」と論じ、「今後の運動は此悪法の撤廃にある事を覚悟せねばならぬ」とした。なお、高山も先の巻頭言「治安維持法案に就て」も、「国体」変革を真正面から問題にしていないことが注目される。「我が国体の万世不易なるは日本国民の信念であって、学説や議論を超越しているところのもの」（「治安維持法案に就て」）ゆえに議論の余地のないこととし、将来の運用にともなう危険性は「私有財産制度」否認をめぐる点にあるとした。この段階では、「国体」変革が猛威を振るうことをまったく予想していなかった。

しかし、治安維持法公判の弁護が主に解放運動犠牲者救援弁護団に限られるようになった一九三二年頃からは、弁護士界の大勢は思想取締に肯定的になっていったと推測される。日本弁護士協会とは別の任意団体であった帝国弁護士会（一九二五年四月創立）の機関誌『正義』「時評」をみると、三二年三月号では「思想判検事の増設」について、「思想問題に対する根本統制に着手せんとして居るのは、吾人の双手《もろて》を挙げて賛すべき所」とし、五月号では治安維持法犯罪は「国家の根帯を破壊せんとする叛逆的国賊的行為にして、尋常の犯罪と同一視すべきものにあらずして、必ずや予め徹底的掃蕩を為さざるべからざる」と主張する。三四年の治安維持法改正案に対しては、二月号「時評」には次のようにある。

聞く所によれば、治安維持法を共産主義の外郭運動者にも適用せんとするものであるという。果して然らば吾人は双手を挙げて賛意を表する。むしろ此の種の改正は遅きに失する程である。惟《おも》うに一九三五、六年は、我国の運命を決すべき重大な危機である。此の危機に当って、帝国の獅子身中の虫となる者は彼等共産主義運動者である。外敵は怖《おそ》るるに足らず、内敵は怖るべし、吾人は帝国の将来を思うとき、断じて彼等共産主義者の存在を許せないのである

さらに「改正治安維持法の実施乃至共産主義者の取締には、日満両国が共同戦線を張る必要がある」という提言までおこなっている。もっとも、四月号では「予防拘禁」について更新がくりかえされると予想して、「治安維持法違反の受刑者は、無刑期《ママ》に処せられたのと同じ結果になり、司法裁判よりも予防拘禁の方が被告人にとっては遥かに恐ろしいものになるであろう」という理由から、導入に反対する。この反対論は当時の世論に共通するものであったが、それ以外では治安維持法改正案に賛成していた。官選弁護にしろ依頼による弁護にしろ、こうした立場からの治安維持法公判の弁論では被告を守りとおすことは望めないだろう。

一方で、まだ個人の立場として治安維持法改正案反対を表明する帝国弁護士会員の弁護士もいた。三四年四月号の『正義』に「治安維持法改正法律案に対する所見」を発表した伊藤陽介はその一人である。「刑事手続として、被疑者の恣意的勾留が実際に「頻々《ひんぴん》として人権蹂躙」を生じさせているとして、「本改正法律案が人身の自由を拘束する事大なる勾引勾留の決定をなす職権を検事に付与したるは、治安維持法に名を藉《か》りて違憲を敢てし、恰《あたか》も合法的立法の如き装わんとする嫌あるものなり」と真っ向から反対する。また、「保護監察」については、「当初再犯の危険ありや否やを慎重考査するに依りて、執行猶予或は起訴猶予の処分を取り、以て其の目的を達し得べく」として、その新設を「無益の制度」と言い切る。ましてや「予防拘禁」については、

「罪刑法定主義を否定する権力的刑罰制度」と明確に反対の立場をとる。

なお、「平民弁護士」と呼ばれた山崎今朝弥《けさや》さえも、三五年に再度提案された治安維持法改正案および「不法団結処罰に関する法律案」に対する雑誌『社会評論』（三五年三月）のアンケートに対して、「現行治安維持法を廃止して、元の治安維持法を多少改正し、所謂る不法党与も其中に包含させて処罰する位の罪と刑とが妥当」と答えている。「国体」変革行為の処罰として最高刑を死刑に引き上げたことや目的遂行罪の導入を実現した現行治安維持法は過剰としつつ、当初の治安維持法の存在にはかつては反対しながらも、この時点では肯定的になっている。

一九三〇年代半ばには、治安維持法公判における弁護士の関与は、裁判所・検事局に従順でない限り、身動きのとれない状況に追い込まれていったといえる。そのなかで、これから取り上げる鈴木義男・高田富与・海野晋吉の存在とその果敢な弁論は、ごく少数派ながら、際立つものであった。

鈴木義男弁護士の「人間尊重の精神」

日本国憲法の草案作成に加わり、片山哲・芦田均内閣の法相（法務総裁）を務めた鈴木義男は、東北帝大教授を「不本意な出版事件」で辞職を余儀なくされた後、一九三〇年六月、東京で弁護士を開業し、治安維持法公判も積極的に担当した。

四四年一二月四日、ホーリネス教会事件の弁論に立った鈴木について、被告車田秋次は「鈴木氏の弁護は満点とも言えるほどに理路整然。冷静だが迫力のある思想は、いかにも検事の論告を完全に押し返すことができた、と思わされた」と称賛する。それは「欧州諸国ではもはやことごとく、霊界の主権と俗界の主権とはそれぞれの領域を別とし、互いに侵すものでないことは法律学上決定済であると述べ、信教の自由はこのことなしには無意義であり、先般の尾崎行雄氏に対する大審院の判決に倣《なら》い、よろしく無罪の判決を希望する」（「日記」『車田秋次全集』第七巻）というものであった。

キリスト再臨・千年王国というホーリネス教会の教義が裁かれる治安維持法公判について、鈴木は戦後、「それを政党の主義綱領のように取扱った検察当局の愚《おろか》や及ぶべからずである。居猛高《いたけだか》になって論告している検事の姿を想像して見給え。警察の陳述を翻す被告を懇々説諭する裁判長の姿、できるだけまけてやりたいと思うが、これ以上は私にはまけられぬと弁疏《べんそ》する判官、一個のカリカチュアにあらずして何ぞやだ」（鈴木「安倍牧師の手記を読んで」『日本評論』一九五〇年八月）と痛烈に批判した。

鈴木弁護士事務所に長く籍を置いた福田力之助は、鈴木が「多くの刑事事件の依頼を受け、裁判所からも、依頼者からも信用を博しておられた」理由として、「訴訟記録を精読調査して、起訴事実を分析検討し、広い視野に立って裁判所に訴え、無罪判決若しくは執行猶予の判決を言渡す外ないという心象を科学的に構成し弁護した点」をあげている（「科学的構成の弁護」鈴木義男伝記刊行会編『鈴木義男』、一九六四年）。

弁護の基本的スタンスは、司法官赤化事件の大審院公判での次のような弁論にうかがえる。三四年九月一二日、大審院法廷において大審院検事の樫田《かしだ》忠美が被告は司法官であるが故に重刑に処せよと論告したことに対して、鈴木は「法の適用科刑の標準は万人平等ならざるべからず、その地位と職業とによりて差別あるべからず」（森長英三郎『続史談裁判』）と弁論したという。この「万人平等」は、鈴木の信念であった「人間尊重の精神」と通底する。

「人間尊重の精神」からは、帝人事件や神奈川県の選挙取締違反事件などに端を発した「人権蹂躙問題」への発言も導かれる。「人権蹂躪、所謂拷問の事実は相当広く今猶存在するようである」という認識に立つ鈴木を他の人権擁護の論者と比較した場合、出色なのはその人権蹂躙の要因を、次のように治安維持法違反事件における警察の「拷問公行の風《ふう》」に求めていることである（鈴木「人権蹂躙問題」『正義』、一九三七年四月）。

治維法違反が一の政治犯であるか、破廉恥犯であるかは犯罪観察上争があるであろうが、一般警察官によって国法を無視する不逞の徒と目され、甚しきはかかる被疑者は最初から国法の保護の外に在る者として、云うに忍びざる暴行陵虐《りょうぎゃく》を受けても人敢て之を怪まず、人権蹂躙を任とする法曹も之に抗議することは自らも又国賊の汚名を衣《き》ることを虞れて全く沈黙を守ったのである。その結果一部下級警吏のサディズム的嗜好の満足の対象とさえされた観があり、習い性となって拷問公行の風を馴致したことは否定出来ないことである。治安維持法被疑者に許されて居る陵虐が他の事件の被疑者には許されないと云うことは、下級の教養少なき警吏には理解出来ないことである

「一部下級警吏のサディズム的嗜好の満足の対象」とは的確な観察というべきだが、それは実際に治安維持法公判を通じて、弁護する被告から聴取したことにもとづいているだろう。小林多喜二の虐殺や「横浜事件」の「言え、貴様は殺してしまうんだ。神奈川県特高警察は警視庁とは違うんだ。貴様のような痩せこけたインテリは何人も殺しているのだ」（相川博「口述書」『ドキュメント横浜事件』、二〇一一年）という証言に見られる常套的な取調べ前の威嚇とその実行は、まさに「拷問公行の風」そのものであった。

鈴木義男の治安維持法「改正」批判

鈴木義男の弁護は共産党関係から日本無政府共産党事件、人民戦線事件、宗教関係の事件へと幅広いが、それらを貫く弁論の基底には、「思想犯罪に於て弁護士の任務は被告の思想乃至行為を支持乃至是認することではなくして、一の法律技師として法律技術的に被告を弁護し、弁護権を行使すること」（「治安維持法の改正に付て」『法律新聞』一九三三年一二月～三四年二月、一一回連載、『治安維持法関係資料集』第二巻）にあった。これに徹す

ることにより、法の運用が罪刑法定主義の大原則から逸脱することは許しがたいことであった。自らが弁護にあたった「個々の共産主義者の検挙・処罰のうちには、牛刀をもって鶏を割くような、いうに忍びないものが少くなかった」という。それゆえ、「屢々《しばしば》弁護するそのことが、累を受けるであろうという警告を警察当局から受けていた」（「安倍牧師の手記を読んで」）と鈴木は告白している。

治安維持法の二度目の「改正」が具体化しつつあるとき、鈴木は「治安維持法の改正に付て」を『法律新聞』誌上に連載した。後述する河上肇ほか、司法官赤化事件などの公判弁護を担当した経験をもとに、具体事例をもとに「法律の適用論として、治維法改正上考慮の参考となる」点を論述していくが、次のような論点に集約される。

（イ）法規が目的犯意を必要とする場合に於ては、犯意の成立には、単に認識認容を以て足りとせず、更に「目的」を必要とする。（ロ）この目的は一般的抽象的動機（マルキシズム研究、〇〇《共産》党同情）と異り、該犯罪行為の場合の具体的現実的「目的」（〇〇党援助）として確定されることを要する。（ハ）その認識は、犯罪構成事実となる「重要なる事情」に関する認識――しかも、その点に関して、行為と必然的に連絡ある結果に対する認識――たるを要し、それを欠く場合には犯意の成立なきものと云わなければならぬ

これらは実際に治安維持法公判で鈴木が弁論した内容であるが、「不幸にして裁判所の容るる所とならず」、目的遂行罪で処断されてしまった。そこから鈴木は当面する治安維持法の「改正」にあたっては、「犯意を最も明確に規定して置くのでなければ、坐するものに甚だ気の毒な結果を招来しないとも限らない」と懸念を示した。

この連載は全体の三分の一に達したところで中断を余儀なくされた。「私自身観念的支持乃至同情を有するものとの誤解等を受けることは、私の最も好まない所」と述べるように、何らかの圧力が加わったと推測され

る。それでも、「中断の言葉」で鈴木は治安維持法「改正」に「〇〇〇〇《国体変革》の罪と私有財産制度否認の罪とは明かに区別して立法するの必要あること、私有財産制度否認に就てのその否認の程度、根拠等可なりのヴァライテーあるが故に、法律は出来る丈け之を明瞭に規定することを要する」という的確な注文を付けた。

連載終結後まもなく、すでに衆議院を治安維持法「改正」案が通過後の三四年三月二五日付で執筆した「思想犯罪と治安維持法の改正」（『労働立法』第一巻第二号、一九三四年九月）でも、「改正案は依然として極めて曖昧弾力的文字を用いて居るのは、遺憾と云わざるを得ない。余は財産制度改革に対する合法的運動迄が此法との関連に於て累を受くるなからんことを切望するのである。合法的無産政党運動迄弾圧されるようでは、社会の健全なる進歩はあり得ないからである」と論じた。なお、「急激なる犠牲を伴なう変革と過激なる手段に訴える者に対しては、社会治安の維持者としての国家として之を防禦し、予防するの必要あるべきは云う迄もないことである」と書くように、治安維持法自体の必要性は認めていた。

河上肇の弁護

河上肇公判での弁論ぶりを、まず河上『自叙伝』（『河上肇全集』続6）からみよう。公判開始を前に弁護士を依頼すること自体に消極的であった河上だが、「平野義太郎君や山田盛太郎君などが検挙された時も、その弁護を引受け執行猶予を贏《か》ち取った先例もあり、裁判所方面の受けも良い弁護士」という、山田盛太郎ら周囲の勧めを受けて、鈴木義男に依頼することに同意した。公判を前にした鈴木との初対面では、「事件は極めて簡単だから、自分は執行猶予に漕ぎ付けて見せる積りである」という鈴木の見通しに、河上は「商売人の弁護士の言うことなど当てにしては駄目なのだが、当時の私は、法律の専門家が言うことだと思ったので、それを重く取った」という。

一九三三年八月一日の公判では、上村《かみむら》進弁護士が友人としての資格で、ついで鈴木は「主たる弁護士としての資格で、各々もの静かな弁論を試み」た。河上は「鈴木弁護士の弁論はドイツの刑法学者の新しい学説などを引用して主力を法理論で固め、ただお情《なさけ》に縋《すが》るという風なものではなかった」としつつ、弟左京が「鈴木弁護士の弁論は実に立派だった。あれなら兄さんも満足だったでしょう」と語るほどには喜ばなかった。「弁護士の弁論などどうせ刑の裁量に影響する筈はないと、最初から思い込んでいた」からである。

河上はシニカルな評価をしているものの、鈴木の一時間半におよぶ弁論は治安維持法制定時の目的罪という説明をくつがえし、単なる「認識」のみをもって処断する拡張解釈を真っ向から否定する。「被告に具体的手段を意識した国体変革の意図があったであろうか」と疑問を投げかけ、「記録全体を通じて被告が国体変革を目的として結社に加入し、又は結社の目的遂行行為を為したと云う証拠はないのである。即ち第一条所定の犯意を欠く」と論じた。また、目的遂行行為を非目的罪として解釈を拡張する運用の問題点も、次のように鋭く突いている（「河上肇弁護弁論要旨」、京都大学経済学部図書室「河上肇文庫」所蔵）。

殊に目的遂行行為に付てであるが、大審院の恰かもこれを非目的罪とするが如き近時の解釈は誤れるものである。「結社の目的遂行の為にする行為」を判例の如く「国体を変革することを目的として」為さざる場合にも拡張して該行為であるとすることは、（1）第二条以下の規定の存在を無意味となし、空文に帰せしめるものであり、（2）かかる解釈を許すに於ては如何に軽微なる行為でも、苟も国体変革、私有財産制度否認を目的とする結社たることを知って何等かの行為を為したものはこの重刑を受けることとなり、刑事政策的見地から見ても、罪刑法定の大原則に照しても、又微罪不検挙の趣旨に鑑みても不当の甚しきものとなるのである

弁論からまもなくして書かれた「河上博士の一審弁護人として」（『法律新聞』第三五九九号、一九三三年九月二日）

でも、鈴木は資金提供・翻訳提供・パンフレット提供という三つの目的遂行行為とされるものは「幇助《ほうじょ》に過ぎない」とする。こうした治安維持法観は、鈴木が弁論のなかでも依拠するように、三宅正太郎の論と重なる部分が多い。

日本無政府共産党事件の弁護

一九三九年の日本無政府共産党事件で被告相沢尚夫の弁護にあたった鈴木義男は、「弁護人の出来ることは、只弁護人の立場からその思想と行動とを批判する」ことに止まるとしつつ、自らの無政府主義への親近感を次のように展開する。

社会と云うものを予定して、最大限度迄自由にして他から制肘《せいちゅう》されず、搾取もされず、搾取もしないと云う社会生活の形式を考えて、青年期にあっては一度はアナーキズムの洗礼を受けるに至るものであります。

……

社会哲学にも色々ありますが、人類社会の理想的形態を説くものとして、無政府共産主義は私の思想としては之れ以上進歩したものはないと思う。哲学的に思考せらるる限り、社会の理想は終局に於て無政府主義でなければならぬとさえ申されるのであります。被告達が之に走ったのは無理もないことであって、その点ではマルキスト、ボルシェビキ等よりも数段先きに行って居るものであります

その上で、「事件は若い者の陥る二つの過《あやまり》に座した事案であります。極端な理想主義と極端な向う不見《みず》の直接行動であります」とし、被告らが実行前に「今一歩深く反省すべきであった、躊躇すべきであった」として、「所謂左翼思想、権力否定思想と云うものは希望に燃ゆる多くの若き者達にとって実に引掛り易い釣餌であり、躓《つまず》き易い石塊であった」と情状酌量を求めた。

無政府主義は「折々個人的に抱懐すべき思想であって、一の哲学であって、組織を以て暴力や実力に訴えて実現するに適した思想ではない」とし、天皇制廃止の考えが被告の意識のなかにも、また日本無政府共産主義連盟の綱領のなかにもなかったことを強調する。そして第一条第一項の「国体」変革には該当せず、第二項の「私有財産制度」否認を適用すべきとする。

鈴木の弁論で注目されるのは、次のような治安維持法の運用の現状への鋭い批判である（以上、鈴木「弁護要旨メモ」「治安維持法書類」2、東海大学図書館所蔵）。

> 治維法は殆んど大逆罪に近い厳刑厳罰を以て臨んで居る法律であります。之で処罰せんとする以上は、その犯意の確定、犯罪事実の認定は極めて厳格でなければならぬと存じます。漫然推定でやることは酷なばかりでなく、許されないことであります。私は我々が学校で学んだ法律解釈の結果とは丸で別に、事《こと》治維法に関する限り、そういうことは条理上推定されたろうとか、共産党員を匿《かくま》う以上はその者にもそう云う犯意が推定されるとか云って、シンパとして、或は目的助成行為《ママ》として倍々《ますます》処罰されて行くのを見て、痛嘆に堪えないのであります

相沢は後に「求刑理由の不当を攻撃することは、必然的に天皇制への反対を意味し、この時代には逮捕される危険を冒すことでもあったから、到底口にすることは不可能なことであった」とし、鈴木の弁論が「減刑を求める情状論」であったことに対して、「これは私達が全員偽装であったろうとは思うが転向を表明していたから、このような情状論が弁護の主題となったもの」と見ている（相沢他『日本無政府共産党』、一九七四年）。

鈴木がこの弁護を引き受けたのも、「学校で学んだ法律解釈の結果とは丸で別に」なされつつある治安維持法の拡張解釈の大勢を「痛嘆に堪えない」とする、「人権尊重の精神」からであったろう。

大竹博吉の弁護

多数のソ連関係書籍の輸入と出版で知られるナウカ社を設立・経営するほか、プロレタリア雑誌の系譜を引く雑誌『文学評論』『社会評論』を刊行し、自らも翻訳家であった大竹博吉は、一九三六年七月、治安維持法違反と軍機保護法違反で検挙、起訴された。未決三年を経ての第一審では軍機保護法違反は無罪となったが、治安維持法で懲役四年の有罪となった。四一年一一月一五日、控訴審（東京控訴院）で鈴木義男は次のような「序論」から弁論を開始する。

近時の現象には理解すべからざるものが多々あるのであります。殆んど我国近時の検察活動と云うものは縦横無礙《じゅうおうむげ》、従来の法律の約束を無視するかの如き感を呈して居りまするし、或人は法律の暗黒時代とさえ呼んで居るのであります、我国は果して従来の意味の法治国であるかどうかと云うことさえも疑わざるを得ないと云う感が致すのであります

冒頭から「法律の暗黒時代」と呼び、「法治国」であることすら疑わざるを得ないとまで言い切って、全面的に警察・検察と対決する姿勢を示した。治安維持法が戦時ゆえに際限なく拡張解釈され、「従来の法律の約束を無視するかの如き感」を呈している現状を深く憂慮し、「法律的観点からだけ事件が罪となるかどうかと云うことを検討することで、必要にして且つ充分であろうと信じます」という不動の立場から、大竹の無罪を論じていった。

四〇年前後には判事の口から「思想犯の如きものは少しでも検挙が遅れれば国家の治安を紊すと言うことが非常に大となる……現在の様な非常時局に於きましては厳罰主義を以て臨」（『思想研究資料特輯』八九）むべきという論が飛び出し、さらに「罪刑法定主義は原則として維持されねばならぬが、少くとも強き道義則の維持

と云う立場よりしては……類推を許容する限度に於て、解消しなければならぬものではないか」（安平政吉（東京控訴院判事）『道義と刑事法』、『日本法理叢書』第四輯、一九四一年）という、罪刑法定主義を否定する論が公然と叫ばれるようになった。こうした論が大勢となることに、鈴木は法律家として我慢がならなかった。それは大竹の弁論の最後で、「本件の如き事件に際会致しまして好機会でありますから、是非共従来の誤れる解釈を是正して戴き度いと云う希望に燃えるのであります」と付け加えることからも明らかである。

ここでは治安維持法違反関係のみに絞るが、大竹の罪とされる出版活動を通しての共産主義思想の啓蒙やソビエト国家・社会の擁護を目的遂行罪で処断することの誤りと危険性を痛烈に指摘する。「多少でも「プロレタリア」階級に味方し、啓蒙し、或は解放に助力するようなものを書くことは、終局的因果関係から申せば、皆共産主義の実現乃至発展に役立つ訳であります。「カント」哲学でも、仏教でも、基督教でも、大抵の哲学と宗教とは終局に於て之に貢献する所の思想であります」として、それを目的遂行罪に問うことは「我々が今日学んだ法律的概念解釈の約束からは到底出て来ない結論」であり、「最早《もはや》法律の範囲で事をしているのではない」と断言する。それが通用するならば、「我々は最早枕を高うして法治国に住んで居ると云う訳には行かないことになる」。

こうした思想的断罪が横行する要因として、鈴木は「主観主義、認識主義の極端な濫用が為され」、「犯罪行為の客観的要件の無視が殊に目立つ」点をあげる。それは「動機を罰し、思想そのものを罪する」ことにほかならず、そのため治安維持法第一条の重刑は「非常に惨酷な結果を生ずること」になる。

鈴木は裁判記録を丹念に読み込むことによって、治安維持法による断罪のからくりを的確に見抜いている。すなわち、「被告が「抽象的一般的観念的理解乃至同情」と云うが如きものを有して居ったと云うが如き趣旨を述べて居るのに対して、起訴状並予審終結決定は「共産主義に共鳴し、党活動を助成し、之が拡大強化に寄与するものなることを認識しながら発行を継続した」、斯う云う風に述べまして、之を本件犯罪行為の目的に擦《す》り変え」、それは公判の判決でも踏襲されてしまう。こうした論理のすりかえは、この段階の治安維持法公判では常套的な手法になっていた。それを鈴木は「屢々繰返されて居る過誤」と言い切り、思想の処罰という「そこに迄立ち居ることは許されないこと」（以上、「被告人大竹博吉治安維持法違反並軍機保護法違反被告事件弁護弁論要旨（控訴審）」、法政大学図書館所蔵）と言葉を強めた。

人民戦線事件・宇野弘蔵の弁護

すでに帝人事件裁判の弁護では無罪をかち取り、治安維持法違反事件公判でも「人権尊重の精神」にもとづいて実証的な弁論を展開していた鈴木義男は、人民戦線事件のうち「教授グループ」とされた大内兵衛・有沢広巳・脇村義太郎・美濃部亮吉ら、宇野弘蔵、日本無産党の鈴木茂三郎らの弁護を担当した。

美濃部亮吉『苦悶するデモクラシー』によると、一九三八年二月に検挙されてから一年半後の三九年八月に保釈されると、大内兵衛を中心に連日集まり、公判準備のために「各人の警察、検事、予審における調書を検討し」、「公判における各人の答弁が食いちがわないように努力した」。そして「われわれの主任弁護人であった鈴木義男、奥山八郎両氏にも色々と相談し、われわれの研究の結果を文書に書いて提出したりした」という。

鈴木茂三郎は「不当な弾圧に対してあくまでも無罪を主張して戦い抜く」という「真意を率直に理解し、又あたたかくとりあげて下さった」と感謝するとともに、「法廷を通じて義男氏は先ず一般論として第一に「マルクス主義とマルクス主義者の意義」、第二に「労農理論と労農派の実体について」理論的に究明され」、その学識の深さは「裁判官を驚かせた」と証言する（鈴木茂三郎「人民戦線事件」『鈴木義男』）。ただし、第一審判決は懲役五年だった。

ここでは、その「弁論要旨」を読むことができた宇野と有沢の場合をみよう。宇野の場合、かつて東北帝国大学の同僚だったことから弁護を引き受けている。宇野『資本論五十年』(一九七〇年)には「鈴木君が、ぜひ自分がやりたいとぼくに手紙をよこした」とある。その弁論は「うまかった」という。

宇野は一九三九年一〇月一六日の仙台地裁で無罪となり、検事控訴の宮城控訴院でも無罪となった。鈴木の弁論は第一審でなされたもので、「序言」では「先づこの人を検挙すると定められたのである。これを定めて置いて、何か物にするような種はないかと探されて、四個の事実を見付けて来たと云う形」と事件の構図をあきらかにして、「社会情勢に基く政治的検挙の事案」と断定した(鈴木「宇野被告治安維持法違反被告事件弁護要旨」、同志社大学人文科学研究所所蔵)。

つづいて「法律の暗黒時代」「従来の意味の法治国であるか否かを疑わざるを得ない」とあるのは、前述の大竹博吉の公判で再び用いられていく表現である。いわば使いまわしをしていることになるが、治安維持法の拡張運用は一向に変わらなかったということでもある。

ついで「本論」では「本件は宇野その者が糾弾されて居る、換言すれば宇野の思想そのものが糾弾されて居る」とみなしたうえで、四つの「犯罪事実」とされたものに反駁していく。治安維持法が目的罪を大前提にしていることに照らして、「犯意の法律的批判」では「仮りに個々の行為が結果に於て何等か共産主義に役立つとするも、被告にはその結社の為めにする目的意識なきものなれば、罪となるべきものにあらず」と展開する。「結語」では、宇野の事件が「社会情勢に基く政治的検挙の事案」である所以を次のように論じた。それは司法当局を超えて、国家に対する痛烈な批判でもあった。

学問が政権から超然として居らねばならぬように、裁判も常に政権政治的動きからは超然でなければならぬと信じます。これは一時は時流に逆行する如くにして、実は社会秩序と国運とを永久に公正に維持する唯一の途と考えるのであります。

私は政治と云うような、昨是今《さくぜこん》動揺常なき浮草に左右せられて裁判を致しまするようなことがありますならば、裁判は政治の奴婢となり、後世必ず史家の笑を買うことあるべきを慮るのであります

これを戦時下において公言することは許されず、筆禍を免れない内容であったが、非公開の法廷内という限られた場での弁論としてのみ可能となった。とはいえ、次にあげる高田富与を別にすれば、鈴木以外に「裁判は政治の奴婢」と言い切った弁論を寡聞にして知らない。宇野に対する第一審の判決では、「労農派グループの目的遂行の為にする意思を以て為されたることに付ては之を認むべき証明なし」(小田中聡樹「人民戦線事件」〔『日本政治裁判史録』昭和・後〕より重引)として、無罪を言い渡した(検事控訴の第二審も無罪)。

鈴木は弁論のなかで、「今日迄治安維持法違反で検挙された多くの被告は凡て、多かれ少なかれ、此の秘密結社と関係を有したことは疑いない事実であります。その場合、処罰の程度の適否は別として、このことを明に規定して居る治安維持法がありますす以上、処罰されましても已むを得ないのであります」と述べている。これは治安維持法自体を認めつつ、その現状の運用ぶりの悪法性は鋭く糾弾するという姿勢である。したがって、罪刑法定主義の原則を逸脱した日本無政府共産党事件や人民戦線事件、宗教事犯においては真正面から無罪を主張することになり、日本共産党関係の事件では河上肇裁判のように、目的遂行罪の適用が無理のない範囲である限り有罪はやむを得ないとし、執行猶予付の判決を求めることになる。

人民戦線事件・有沢広巳の弁護

有沢広巳に対する公判は、大内兵衛・美濃部亮吉らとともに、一九四二年五月から始まった。一人ずつ分離して進められた。鈴木義男は「同学の後輩であり、学者として密かに尊敬して居た」という有沢の弁護人として、

「徹頭徹尾本件公訴は被告にとっては冤罪であることを信ずるものでありまして、被告としては飛んだ云いがかりを衣せられたものとの感を深くする」と、「序言」から痛烈な検察批判を展開した。「本論」では「マルクス主義とは何ぞ」「マルクス主義の発展とマルクス主義の運動」「経済学者とマルクス主義」などから説き起こし、「労農理論と労農派グループの実体如何」を詳細に論じた。ついで「各個の公訴事実の検討」をおこなう。

総括ともいうべき「犯意の法律的批判」では、「徒らに労農派の結社性を独断し、被告の内心を推測し、一定の認識と目的意図の下に行動して居たものと主張せられ、それを起訴理由とされて居る」として、これは「故意に被告を網《あみ》せんとする意図があるのでなければ、事実関係、法律関係を認識解剖することを粗漏に過ぐる見解」と断じた。「先づ被告に対しましてマルキシズムに対する智識を問い、「労農派」と云う当局の見る所謂特殊共産主義党に対する認識を質し、これを以ち《ママ》まして内心共産党を支持して、その勢力の拡充強化を企図して居った」とみなして、「その趣旨に副《そ》うが如き供述を提供せしめずんば已《や》まなかった」手法は、「論理に飛躍があるばかりでなく、法律上許されない糾弾」と言い切った。その上で、先の大竹博吉の弁論の際に用いた「主観主義、認識主義の極端な濫用」「犯罪行為の客観的要件の無視」、そして「動機を罰し、思想そのものを罰するに至る」という言い回しをそのままくりかえした。さらに宇野の弁論で用いた「裁判は政治の奴婢となり、後世必ず史家の笑を買うことあるべき」という一節もくりかえした（鈴木「有沢広巳治安維持法違反被告事件弁護論要旨」、同志社大学人文科学研究所所蔵）。一向に「過誤」に気づかず、気づかない振りをして改めない裁判所や検察に対して、鈴木の痛憤は極に達しただろう。

有沢は「鈴木弁護士が四時間半にわたる大弁論をやってくれたので、ぼくはりゅういんのおりた気がした」（有沢『学問と思想と人間と』、一九五七年）と回想する。しかし、四二年九月一八日の有沢に対する第一審判決は、大内・美濃部らが無罪となったのに対して、労農派との関係が深いと見られたために懲役二年という有罪だった（第二審では労農派は「国体」変革の結社とは認められないとして、無罪となる）。

なお、仁昌寺《にしょうじ》正一「弁護士時代の鈴木義男（4）――美濃部亮吉の弁護」（『東北学院資料室』第九号、二〇一〇年）によれば、美濃部亮吉公判の弁論は「本件は如何なる観点よりするも無罪なり。被告は稀に見る俊秀なり。……この人を葬るは国家の損失なり。弁護人等全力を挙げて被告を検察権の弾劾に対して守り、再び青天白日を仰がせせしめんと欲す」と始まっているという。そして弁論の最後は、「如何なる観点より見るも被告を有罪に断ずべき根拠、一も之あることなし。速かに無罪の御判決を賜るべきものなり」と結んでいる（鈴木「美濃部亮吉治安維持法違反弁護要旨」よりの引用）。

美濃部の弁護人には父達吉が名を連ねていた。「父も、弁護士の登録をすまし、私の弁護士として、法廷で大いに政府の非を鳴らそうと張り切っていた」が、天皇機関説事件で「大問題となった父が、息子のためとはいえ、公判廷において獅子吼《ししく》するのは、却って逆効果になるのではないか」という忠告を受けて、弁論は断念したという（美濃部『苦悶するデモクラシー』）。

四二年九月、美濃部は大内兵衛らとともに、第一審で無罪となった。検察が控訴した第二審でも無罪となる。鈴木も弁護人の一人であった。なお、鈴木は朝鮮における治安維持法事件公判でも弁護を担当している。

高田富与弁護士の治安維持法観

高田富与は、戦前は弁護士として刑事裁判の弁護にあたる一方、札幌市議を務めた。戦後は札幌市長を三期務め、その後、自由民主党所属の衆議院議員を二期務めている。

生活主義教育運動事件の弁護に取り組む前に、治安維持法関係の公判を数件担当している。札幌三・一五事件裁判では六人の弁護にあたった。法廷では「警察の拷問に堪え、長期に亘る未決拘留《ママ》を意とせず、終始起訴事実を否認しきたった」九津見房子の「毅然たる」態度に感服している。控訴審では三人の無罪判決を出したが、「この無罪は私が担当した菊地米吉の予審における供述と関係被告人等の供述に甚だしい矛盾があって、起訴事実を認定すべき証拠とならない旨を指摘し、他の二名についても同様であることを力説したことに因る」という。予審調書を丹念に読み込むことによって供述の矛盾を発見し、無罪判決を導くことができたといえる。

ただし札幌四・一六事件裁判になると、「検察側が三・一五事件の経験に鑑み、ぬかりのない訊問によって証拠となるべき予審調書を動かし難いものとすべく努めた」ために、「結局弁護人としての努力が少しも報いられないまま、被告人等は容赦のない判決に服せざるを得なかった」と回想する。

高田は三・一五事件の控訴審で旭川関係を担当したが、「証拠とすべき些《ささや》かな供述でもあれば、余程有力な反証がない限り、仮借することのない裁判」となることを改めて感じたという。その後の治安維持法公判の弁護でもそれを痛感している。一九四二年、北海道農業研究会事件の裁判では喜多幸章と五十嵐久弥の弁護を担当したが、「篤農家を招くなどして、小作農家の生活の向上を図っていた」ことや「国民精神の昂揚」に努めていたことなどが犯罪事実とされ、求刑よりも判決では重い刑となった。この経験により、「起訴なり判決なりが、国に利益する何があるだろうか、私は深く疑わざるを得なかった」（以上、高田『なぎさのあしあと』、一九七〇年）。

これらはいわばリベラルな立場からの弁護であったが、治安維持法とその裁判がいかに「容赦」のないものであり、戦時体制の進行とともにその運用が理不尽・非合理的な度を増しつつあることを高田は危惧していた。高田もおそらく前述の鈴木と同様に、治安維持法の存在自体は必要と認めつつ、その罪刑法定主義から大きく逸脱した運用について、法律家として許容できなくなっていただろう。生活主義教育運動事件は、まさにその最たる事例となった。

敗戦後の司法記録処分指示に抗して

一九四〇年一一月と四一年一月、北海道各地の生活綴方関係の小学校教員ら六〇人余が治安維持法違反容疑で一斉に検挙された。釧路地裁検事局によって一二人が起訴され（一人は病死）、釧路地裁の予審、そして公判に付された。北海道綴方教育連盟事件と称される。四一年九月からは教員や師範学校生徒二六人が検挙され、一八人が起訴された生活図画教育事件がおこる。高田富与はいずれも弁護にあたっているが、ここでは「私の弁護士生活のうちで、最も力を注ぎ、最も苦心した案件」（『なぎさのあしあと』）という、綴方教育連盟事件をとりあげる。

「この事件の記録は、終戦間もなくの頃、司法省の指示であるとして、国防保安法、軍機保護法等の事件の記録とともに、焼却して貰いたいと、裁判所側から口頭で求められたけれども、今日まで保存していた」もので、高田自身の二日間におよぶ「弁論」を中心に、札幌市長時代に自費出版『綴方連盟事件』（一九五八年）として刊行された。

注目すべきは、敗戦後まもなく、司法省の指示で治安維持法・国防保安法・軍機保護法などの違反事件の司法処分に関する記録の焼却が求められたことを高田が語っていることである。内務省および軍・憲兵による特高・外事関係の書類の焼却指示は知られているが、同様に思想犯罪に関わる記録類の処分が司法省からも指示されていた。それは弁護士のところまで及んだが、「このような無駄、このような無暴、このような無反省の累積が、悲惨な敗戦という結果を齎したもの」と考えた高田は、自ら心血を注いだ生活綴方教育連盟事件の記録を保存した。高田と同様に前述の鈴木義男、後述する海野晋吉らも記録を残したが、おそらく大多数の弁護士は司法省の指示にしたがった。ほとんどの裁判所・検事局・刑務所では、この指示にしたがって思想犯罪に関わる記録を焼却処分した。のちに横浜事件の再審請求にあたって、「予審請求書」「予審終結決定書」、そして判決の残存状況の乏しさが大きな壁となったのは、この敗戦直後の意図的な記録の焼却処分が最大の理由である。

北海道綴方教育連盟事件の弁護

この弁護を高田富与が引き受けることになったのは、親友石附忠平の懇請によるものである。石附は『北海教育評論』を主宰し、被告らの文章を掲載したこともあり、自らも嫌疑を受けながらも、高田の釧路出張の費用や裁判記録の謄写費用などを負担し、事件の支援に尽力した。高田は『なぎさのあしあと』（一九七〇年）のなかで、「私は、この事件の依頼を受けてから、翌十八年五月下旬公判の審理を終るまで、殆んどこの事件にかかりきったが、その記録は物凄く浩瀚《こうかん》であり、証拠の印刷物は、裁判所の十二畳ほどの一室に、殆んどその全室に満つるほど積まれている状態であったから、十か月に近い間、殆んどこの事件の調査に没頭した」という。

事件の弁護は、他に札幌在住の斉藤熊雄・笹沼孝蔵があたった。高田との連携はなかったらしく、「その担当被告人の審理に、それぞれ一両日立ち会ったのみで、証拠調を申請するわけでもなく、弁論もそれぞれ一時間足らずの通り一遍のもので、被告人等をして弁護人頼むに足らずと落胆せしめたほどであったから、責任は私一人にかかっていると言わざるを得なかった」（『なぎさのあしあと』）と記している。これは、被告中井喜代之の獄中記録「その日の記録から」（『追悼高田富与先生』、一九七七年）の「午後弁論、S弁護士の小坂・坂本・松田に対する弁論、丁度一時間。こんな弁論は殆ど無用なり、坂本兄〝あれで六百円か〟と憤慨するも宜《むべ》なり。

次いで笹沼弁ゴ士の自分についての弁論約2時間。前のS士と全く対称的な熱弁なるも、職業的テクニックが鼻についてくるもの」（四三年五月二五日）という記載と照応する。

これに対して、高田の二日間、一二時間におよぶ弁論は被告らを感激させた。中井「その日の記録から」（五月二六日、二七日）には次のようにある。

この二日間は高田富与弁ゴ士のわれわれ全員に対するご弁論。これこそまことの弁論なり——と感嘆し感激したるは吾一人ではあるまい。前日の二氏の弁論を聞き、結局職業的弁ゴ士の弁論というものを見極めた感ありて、……この二日間の高田さんの弁論に接し、弁ゴ士とて必ずしも職業人としてのみ法廷に臨むに非ず、正義の為には——覆《おお》いつくされんとする事実、歪曲されんとする真実に直面したときは——その職業意識を乗り越えて、国法の尊厳のため、かつ弱き立場の被告のために誠意をもって尽瘁《じんすい》してくれるものである——と、昨日までの弁ゴ士観は一変したり

小坂佐久馬も「この迫力に満ちた弁論に、涙しながら聴き入った。拘禁されて二年余り、どこにもぶつけようのなかった私たちの憤りや口惜しさを、先生は痛烈果敢に代弁してくださった。この時の感激と感謝の気持ちは、終生忘れることができない」（小坂「追想・高田富与先生」『追悼高田富与先生』）と回想している。

「獄中メモ」

こうした弁論を展開しえたのは、高田富与の弁護士としての真摯な使命感、そして眼前の治安維持法の運用状況に対する激しい憤激があったからであるが、それらを生み出すものとして周到で徹底した裁判記録の検証と被告らから届けられた「獄中メモ」があった。「物凄く浩瀚」と呼ぶ「予審調書」などの裁判記録を徹底的に読み込むとともに、高田はその取調の異常さを知るために、被告らに獄中での記録の執筆と提供を求めた可

能性がある。

それに応えた被告が何人いたか不明だが、現在、松田文次郎と小坂佐久馬の記録が残されている。松田「獄中メモ」の発見とそこから新たに見えてきた北海道綴方教育連盟事件の実像は佐竹直子『獄中メモは問う――作文教育が罪にされた時代』(二〇一四年)に描き出されている。同書によれば、松田「獄中メモ」(現在は北海道立文学館所蔵)は、「仲間全員の予審が終わり(四二年六月二二日――引用者注)公判が始まる(一二月二日――引用者注)までの間に、勾留中の網走刑務所釧路支所内で、公判対策を弁護人に相談するために書かれたと推測できる」。「生活教育の要点」「取調べに関する若干の反省」の順で、三二頁にわたって書かれている。被告らに同情した看守が持ち出し、高田に届けたと推測される。

一九四二年七月か八月、高田は釧路の刑務支所で被告らと面談し、その場で「生活主義教育運動」の理念や具体的活動、さらに警察から予審に至る取調の実際について、文書の作成を求めたのではないかと思われる。松田は高田と最初にあった際の感想として、「短い時間ではあったが、問い詰められて胸苦しくなることに馴れていた心が、氷がとけるように変化していくのを覚えた」(松田「歳月は流る」『高田先生万華鏡』、一九七七年)と証言する。

もう一人の小坂佐久馬は「釧路の刑務所に収監されていた時に、担当弁護士だった高田富与先生宛に、ひそかに」レポートを書き送ったと証言する。四二年八月から九月頃で、「厳しい制限と監視の中で、粗末な、そしてわずかな仙花紙を大切にしながら書いた」。「当時に於ける全国的教育情勢の概要――「聯盟」の結成と傾向、「北方性」、「生活学校」等との関係」や綴方教育の意義、そして連盟仲間の獄中の様子などの記述は二八頁におよぶが、取調の様子は欠落している。このレポートの目的について、小坂は「如何に不当、理不尽極まるインチキな取り調べが強行されたかの実態、生活綴方の歴史的必然性や正当性と今日的意義、当時の教育情勢と綴方連盟の結成、公判に臨む心境等々を、高田先生に判ってもらいたい一心から」（以上、小坂「幽囚記」『小坂佐久馬文集――私の国語人生』、一九八六年）と記している。

高田の弁論のなかに、警察から予審まで常に「自白の強要に悩まされた被告人等も、昨年五、六月予審の終結を見て公判に付されて以来、事実の審理を受けるまでの数か月間、独房においてひとり静かに思いを致して大いに悟るところがあった」という一節がある。これは被告らが初めて理解者となる高田の弁護を受けることを知り、その励ましと示唆を受けて、「事実を事実として陳述すること」を決意し、獄中メモ・レポートを作成したことにつながるかもしれない。

これらの獄中から届いたレポートは、さらに高田を奮い立たせた。その熟読ぶりは、文中の要所に赤い傍線を引いていることからわかる。本来の生活綴方運動が目的とするものや「予審終結決定書」に記された「犯罪事実」が拷問と詐術によって作りあげられたものであることを、高田は読み取り、公判への意欲を高めたはずである。

さらに高田は不起訴となって釈放された関係者からも、警察での拷問を駆使した取調の実態を聞き取っている。弁論では「暴行の程度状況は被告人等の訴うるところよりも甚だしく、心ある者をして目を覆わしむるものがあったに相違ないと信じているのでありまして、このことは、被告人等と同様、嫌疑を受けて検挙せられた人達の言に因って、私の確信するところのもの」と述べている。

公判への周到な準備と公判立ち会いを通して、高田はこの事件の構図を正確につかんでいった。それは『綴方連盟事件』の冒頭に置いた「事件の概観」で、「検事の指揮の下に、取調べに当った警察――戦後解消せしめられた特高は、検事の指揮そのままに、被告人等を不逞の徒と信じ込んで、暴行も敢てし、譎詐《きっさ》をこととし、無理無体に被告人等を信奉者とし、彼等の教育実践を共産主義社会建設のための所為としてしまったと観てよいのではないかと思う」と集約されている。

こうした理解の下に弁護に取り組むうえで高田を駆り立てたものに、事件を仕立て上げた警察・検察とその協力者となった予審判事に対する痛烈な憤激があった。たとえば、それは戦時の危急下に「日本人である被告人等が、国体の変革という大それた意図に基く行為によって、裁断せられんとしていることに、被告人等は、深く深く反省しなければならない」という検事の論告に対する、「国家の存亡すら計り得ない重大極りない時局なればこそ、妙に勘ぐった誤解に基き、遂には事犯を捏造しなければならない破目に陥って、大事な人手と時間と国費を空費した、その計り難い大きな無駄に、大きな役割を果した者こそ、深く深く反省しなければならないが、それでこと足りるほど、その罪は軽くない」という反駁の一文によくあらわれている。この憤激は、戦時下の刑事事件運用のでたらめさに対する法律家としての怒りと抗議そのものである。

公判が進行し、証拠調の段階になると、高田は一一人の全被告について個別に「証拠調申請書」を提出している。大部分は証人および鑑定人の申請で、実数で五〇人、延べで七三人にのぼるが、裁判所が認め、喚問となったのは一二人にすぎなかった。『綴方連盟事件』には、小坂佐久馬と松田文次郎についての「証拠調申請書」が収録されている。小坂の場合（四三年三月八日）、公判においてそれまでの供述を翻したことを受けて、「被告人の自白を重視して罪を断ずるの危険」を指摘し、公判廷における「御訊問により被告人の全行動より思想如何を明かにし、又全実践より公訴事実の実践意図を明かに」するべきとする。松田の場合（三月一一日）では、被告人の警察留置の所持品中には「被告人に利益なる証拠物、即ち左翼思想抱持乃至左翼活動とは縁遠きもの存する」として、その検討などを求めた。

総計一二時間の弁論

一九四三年五月二六日、高田富与弁護士の弁論は「序言」として、「被告人等は、警察、検事廷・予審廷を通じて、不逞なる意図を自白せしめられて、動きのとれないようにされております。もっとも、この自白は条理上首肯し得ないものがありまして、信憑するに足らないものであります」と事件の本質を指摘するところから始まり、翌二七日にまたがって総計一二時間におよんだ。「総論」は「共産主義信奉等の事実の有無」「被告人等の教育実践と共産主義思想との関連の有無」「本件犯罪の成否に関する法律的考察」「被告人等の自白の価値と自由心証主義」「本件に対する思想政策的考察」の順で進んだ。「各論の一」では「生活綴方教育」「紙芝居実演」「教育科学研究会」などの「起訴事実の各個についての弁論」が、「各論の二」では各被告人個々についての弁論がなされ、最後に「結論」が置かれた（『綴方連盟事件』では「各論の二」は省略）。

高田の弁論の主眼は二つあった。一つは、「無理なでっちあげ」でできあがった事件のでたらめさをくりかえし、さまざまな角度から暴露することである。「予審調書」のなかから被告らの共産主義との関わりの度合いが「信奉、抱懐、確信」の三段階に分類されていることを読み取り、供述が「被告人等の自由な意思によるものでなく、取調べる側の意図によるものであることが明認される」として、強要による自白を「危険極まりない」と言い切る。また、「手記」についても、「調書の記載と喰い違いがあるからといって書直しをさせたのでは、その調書に記載の供述は、被告人の真意に基かない、被告人の自由意思に基かない、抑圧せられた意思に基いたものであることを証することになる」とその虚構性を指摘し、警察から予審に至る一貫した「無理なでっちあげ」について次のように明言した。

被告人達は、共産主義抱懐及び実践の左翼的意図について、警察の不法なる取調に依って金縛りにされ、これが本《もと》となって、検事・予審と取調が進められ、裁判に関する知識の著しい欠如と長い期間の自由拘束、警察の取調に対する恐怖等に基く異状《ママ》心理が重り合って、その真意を通し得ないで、心にもない自白が継続せられきたったのでありまして、その自白の価値は自ら明なのであります……到底この自白を重んずるに値しないと確信している……警察・検事・予審を通じて、前述の如く被告人の自白を極度に重視し、これに異状な努力を払っているのであります。私は、このこと自体においても、本件被告人等の自白の価値如何は自ら明かであると確信せざるを得ないのであります

そして、高田の弁論は警察・検察・予審の責任追及に至る。「思想取締の官憲が、あまりに神経過敏に過ぎて、真相の調査が疎《おろそ》かであったという誹を免れ得ない……被告人等を犯罪者たらしむるべく汲々として、遂に大局を誤るに至った」と断言するが、それは「国家の誤り」に言及するという戦時下において破天荒な弁論であった。

高田が力を込めたもう一つは、事件の虚構性を真っ当な「社会通念」で否定することである。戦時下の治安維持法公判において、大部分の弁護士がこの虚構性の前で萎縮したり、思考停止になってしまったのに対して、高田は果敢に立ち向かった。たとえば、「日本共産党の存否と本件犯罪の成否」について、「かかる結社が存在しなければ、犯罪が成立しないことは論を俟たないところ」としたうえで、「被告人等の行為のような児童に対する教育実践の方法並びに該方法を同職の教師に普及することに依って、コミンテルンの目的遂行のために役立たしめるというような遠大極まる遠い遠い先の先を、人間が一体考えて事を運ぶものでしょうか」と論じた。また、「結社の目的遂行の行為と不能犯」として、次のように述べる。

被告人等が、如何に共産党の目的遂行のために実践しましたと供述せしめられても、又は進んで供述したとしましても、その結付きに客観性がなかったならば、条理上その供述自体に信を措き難いと為さなけれ

ばならないと共に、仮にさような認識に基いて行為したとしても、犯罪は不能に帰するに過ぎないのであります。……

児童に対して、資本主義の矛盾を自覚させるとか、共産主義社会に志向するその萌芽を培うとかいうような危険性、即ち犯罪の成立を可能ならしめる危険性が、被告人等の実践行動についての具体的な事情を観て、これを基として考えた場合、社会通念に照し、一般的な性質として肯認できるでしょうか、私は断じて肯認し得ないと信じております

多くの治安維持法公判が、このような目的遂行罪の極度の拡張解釈によって無理やりに有罪に導かれたのに対して、高田は明白に「肯認し得ない」と反論し、「不能犯」ゆえに無罪以外にあり得ないと主張した。こうした弁論によって被告らの無罪を求めるだけでなく、「私は、被告人が実践した児童の生活に即する教育こそ、ほんとうの生きた教育であると確信しています。それのみならず、私は、公訴事実が指摘するような性格の涵養を教育の一目標とした被告人等の教育実践は、思想的にも健康であることに由来するものとして、もっと高度の価値を認めざるを得ないのであります」とも論じている。被告らの教育運動のよき理解者となっていたことが、高田の卓越した弁論の背景にあるというべきであろう。

「結論」では「被告人等は、公訴に言うが如き不逞な意図の下に、生活綴方教育の実践その他の所為に出でたもので断じてないということを、明かにせられんことを希《こいねが》って已《や》まない」と再論したうえで、最後は「裁判所におかれましては、国家の誤りは国家自らが正すの御勇断によって全被告人に対して無罪の判決を賜わられ、被告人等を速かにその家庭に帰されんことを」と結んだ。

六月三〇日の判決は、高田の言によれば「治安維持法の〝情を知りて結社の目的遂行の為にする行為を為した者〟に該当する行為として、起訴事実が挙げている大別して六つの事実の半ばを無罪、半ばを有罪として」

認定した結果、坂本亮ら八人が懲役二年、二人が懲役一年六月、一人が懲役一年と全員が有罪となったものの、それぞれ三年から五年の執行猶予が付いた。高田も「時世が時世であったから、全部の無罪に、大きく期待を持っていたわけではなかったけれども、万一の期待は裏切られたと言わざるを得なかった」としつつ、「この判決は、求刑の懲役三年乃至五年の実刑に比して著しく軽く、又相当慮《おもんぱか》りのあるものであったと言ってよいと思う」（以上、『なぎさのあしあと』）と、一定の評価を下している。

高田は被告らの健康状態を考慮して、「上訴などしないで、これで諦めるべき」と判断し、被告らもそれにしたがった。

なお、高田はつづいて担当した生活図画連盟教育事件公判にかかわる不愉快な出来事を証言している。旭川地裁での弁論を終えて札幌に帰る列車のなかで、特高警察官が「貴方は、前に釧路の綴方連盟事件の弁護を担当し、今度は旭川の図画連盟事件に携わっているようですが、貴方は、あの被告人達をどう思っていますか。私は、彼等を断じて許すことができない。私の日本人としての血が彼等を許すことができないのです」と話しかけてきたという。しかも、この恫喝まがいの行為は「両三回」あった（以上、『綴方連盟事件』）。公判廷で特高の拷問による供述の強要を非難し、「国家の誤り」を追及したことが招来したものであったが、高田はこうした恫喝に屈せず、弁護士としての毅然たる態度を貫いた。

海野晋吉弁護士の横浜事件弁護

戦時下の「共産主義運動」のえぐり出しに狂奔した神奈川県特高課は、『改造』に「世界史の動向と日本」を寄稿した細川嘉六を中心人物とみなして「日本共産党再建準備会事件」という虚構を仕立てあげ、さらにいくつかの別個の事件を強引に結びつけた。この総称して「横浜事件」と呼ばれる戦時下の最大の治安維持法事件は編集者や研究者約六〇人を検挙し、凄惨な拷問による自白の強要により獄死者四人を含む大きな犠牲を生むとともに、戦局悪化にともなう思想統制の厳重化をはかるために『中央公論』『改造』の廃刊と両社の「解散」に追い込んだ。

横浜事件の弁護は、飛鳥田喜一（のちの横浜市長飛鳥田一雄の父）らも弁護人に名を連ねたが、疎開などで立ち会うことはなく、海野晋吉弁護士が一手に引き受けることになった。

敗戦以前に判決が下された公判もあるが、大部分の公判では敗戦後、占領軍の容喙を避けるために右往左往しながら予審終結から判決までの司法処分が強行された。横浜地裁の石川勲蔵予審判事はポツダム宣言受諾後の一九四五年八月一五日以後、遅延していた予審終結の決定を急ぐ。二〇日過ぎに被告木村亨を呼び出した石川は「木村君、〝党再建〟のことは取り消すから、もうこのへんで妥協してくれないか」（木村『横浜事件の真相』、一九八六年）と述べて、二七日付で予審終結決定をおこなった。被告西尾忠四郎の予審終結決定は八月二二日だった。その直後の横浜地裁の八並《やつなみ》達雄裁判長とのやりとりの経緯を、海野は次のように語っている（海野『ある弁護士の歩み』、一九六八年）。

私もその点については大いに恥じるのですが、もっと堂々とやればよかったのです。裁判長が、八月二七日に早く公判をやりたいという話がありました。私は記録もなにも写していない、これではやれないじゃないか、予審終結決定が本人のところにいっているかもしらぬが、弁護人のところにきていないから、予審終結決定も見ないで裁判をやることはできないと頑強につっぱりました。すると、裁判長は「そういわないで、いいじゃないか、わかっているでしょう」としきりにいうのです。「執行猶予」をにおわせたつもりだったのでしょう

長期間の勾留による被告らの身体の衰弱を憂慮していた海野は、すぐに横浜の笹下《ささげ》刑務所の被告人らと面会

し、四人から了解を得て（細川嘉六は公判を拒否）、翌二八日から公判が始まった。数人を一グループとする五組をそれぞれ一日ずつで判決までをすべて終えてしまうという超拙速ぶりである。一方、海野は裁判所と交渉して被告らを一日も早く釈放させることに努め、八月末から九月初旬にかけて仮釈放を実現させた。

公判の様子を、海野は「検察官が起訴状を読みます。が、事実の認否について、「そんなことありません」とみんな断わってしまうと、八並達夫裁判長が、「こういう調べを受けたね」という質問をします。「受けました」と答える。「調書では認めているようだね」、「それは認めなければならないように、ぶんなぐられたり、蹴とばされたりしたから、そうしたんです」。それはそれでいいということで結審です」と語る。山根隆検事は懲役三年を求刑した。

海野は「敗戦になった状態で、連合軍から占領されたということについては、一体なにが原因か。そういうことを阻止しようとしたのは、こういう人々なんだ」（『ある弁護士の歩み』）という趣旨の弁論をしたという。被告として青山憲三は「再生日本とともに、諸君も、これからまったく新しく出発をしなければなりません。諸君の双肩にかかる責任は、きわめて重大なるものがあります」という海野の弁論を記憶している（青山『横浜事件・元「改造」編集者の手記』、一九六六年）。いずれにしても、十分に準備された弁論ではなかった。木村は「この事件に対する海野さんの戦術があれでよかったのかどうか、正しいものであったかどうか、となると、もちろん異論もあり、問題もあった」（『横浜事件の真相』）と述べている。

これらの判決は一律に懲役二年、執行猶予三年だった。敗戦の事態にも治安維持法処断の論理は不変だったため、判決の書式は見事に敗戦前の書式をコピーしたものだった。益田直彦への判決中、「「コミンテルン」が「世界プロレタリアート」の独裁による共産主義社会の実現を標榜し、世界革命の一環として我国に於ては革命手段により国体を変革し、私有財産制度を否認し、「プロレタリアート」の独裁を通して共産主義革命の実現を目的とする結社にして、日本共産党は其日本支部として各目的たる事実を実行せんとする結社なることを知悉し乍ら、孰れも之を支持し」、および最後の「以て「コミンテルン」並に日本共産党の目的遂行の為にする行為を為したるものなり」という二つの根幹部分は、現在確認しうる小森田一記と手島正毅の判決とほぼ同文である（木村らの「予審終結決定書」も同様）。

海野は「検事局ならびに判事諸公が、こんなにうろたえまわったことはなかった」（『ある弁護士の歩み』）とするが、その周章狼狽のなかで、執行猶予が付されたとはいえ、敗戦前の治安維持法判決と寸分も変わらないものになったことは、裁判所の無責任で頑迷固陋な姿勢を露わにした。

一方で、被告の獄中からの釈放を優先させて、公判の開始と判決を受け入れてしまったことに、さらに被告らを説得して上告を断念させてしまったことに、のちに海野が「大いに恥じる」のも当然であった。その恥辱と反省に立って、被告らの拷問警察官に対する告訴状には、弁護士の筆頭に海野の名前があった。

山川均の弁護

横浜事件の公判では、敗戦という緊急事態ゆえに海野晋吉の弁護は現実的な対応ではあったが、海野自身と被告らにとっても不本意なものがあったのは事実である。と同時に、十分な公判準備の時間的な余裕があれば、海野も鈴木や高田と同様な、リベラルな立場からの罪刑法定主義の原則に則った治安維持法運用への疑義と批判を展開したはずである。それは、これから述べるような事例で裏付けることができよう。

海野自身の語るところによれば、一九二八年の岡山三・一五事件裁判で、母校である第六高等学校（岡山大学の前身）の学生の弁護にあたっている。「非公開の法廷で私は、緊急勅令で治安維持法を改正したということは根本の間違いだ、むしろ違法なんだ――違法説は少し成り立たないかもしれなかったのですが、社会的に見れば違法なんだ、あるいは政治的に見ればほんとうに違法のものだということをひどく攻撃した」（山川均・吉江知養との座談会「思想取締秘話」『日本評論』、一九五〇年八月）という。ただし、海野が治安維持法公判で本領を発揮するのは、一九四〇年代の戦時下といえる。

人民戦線事件関係者のうち、海野が弁護を担当したのは労農派マルクス主義の代表的理論家である山川均、そして黒田寿男、荒畑寒村である。一九四一年七月二一日、山川のためにおこなった弁論は、次のような構成となっている（『日本政治裁判史録』昭和・後）。

第一、予審終結決定書自体による無罪論
第二、被告山川の思想より観たる無罪論
第三、被告山川の雑誌「労農」其の他の雑誌に発表したる論文と「労農」理論の普及浸透に付て
第四、労農派「グループ」は結社に非ず
第五、雑誌「労農」及「前進」の発行継続と違法認識の欠如
第六、結語

海野も「予審終結決定書」や山川の「上申書」などの裁判記録を熟読し、丹念に検討した。まず、山川の思想・行動が日本共産党の主流だった「福本イズム」と「全然対立相容れざるもの」という趣旨を「予審終結決定書」から引き出し、そうであれば、雑誌『労農』発刊とそのための組織に対して、これまで共産党を処断してきた「国体」変革と「私有財産制度」否認の論理は適用されないとした。

ついで、山川の思想を「上申書」から抽出し、「被告山川均等が労農派「グループ」を組織するも、治安維持法に所謂国体変革を目的とする結社を組織したるものに非ざること、論なき処」とするとともに、山川の思想が「何等危険を包蔵するものに非ざること」も明らかとする。「結語」では次のように論じて、無罪を主張

した。

日支事変の勃発後、客観状勢の変化に迫られ、所謂人民戦線派の検挙に名を藉り、強いて雑誌「労農」同人を目して国体変革、私有財産制度否認の結社と為し、被告等を検挙したるは洵に遺憾千万の次第であります。本件被告等が従来左翼的傾向を有したるものとするも、其の後の国際状勢の変化に因り方向転換を要すべきことを自覚するものなることは、被告等作成に係る手記に於て充分認め得らるる処であります。従て被告等の言動が我国の客観状勢に反するものに非ざることも明らかであるのに拘らず、斯る検挙を為すに至ったことは真に痛恨に堪えない次第であります

山川らが「方向転換」＝「転向」して、「国体」変革や「私有財産制度」否認の意思をもたないことを強調するという論理によって、治安維持法違反としての処罰に「洵に遺憾千万」「真に痛恨に堪えない」と批判を加えた。前述の鈴木の人民戦線事件弁論に比べて、穏やかな言葉遣いながら治安維持法の罪刑法定主義の原則を超えた拡張解釈の誤りの本質を突いているといえよう。もっとも、海野の場合も、治安維持法そのものの必要性は認めていたと思われる。

「教授グループ」の第一審判決では多くが無罪となったのに対して、山川は鈴木茂三郎とともに懲役五年という重い判決となった（求刑は懲役七年）。山川の控訴審でも海野は弁護を担当した。鈴木義男も加わっている。海野は「もし山川君たちの戦線統一論がコミュニズムのためにならないものであるならば、共産主義者の団体のために理論を展開したという原審の判決には矛盾がある」という弁論を展開したという（『ある弁護士の歩み』）。四四年九月二五日の判決は、懲役三年となった。なお、四五年一一月七日の上告審判決は、治安維持法の廃止により免訴となった。

小倉指郎の弁護

第七日基督再臨団《セブンスデー・アドバンチスト》本部総理で、天沼教会牧師の小倉指郎に対する一九四四年一二月二七日の東京刑事地裁判決は、「国体を否定すべき事項を流布することを目的とする結社の指導者たる任務に従事したる所為は、治安維持法第七条前段に該当」するものの、「犯罪の情状憫諒《びんりょう》すべきものある」として、懲役二年、執行猶予三年となった。海野晋吉が第一審の弁護を担当したかどうかは不明である。

これに対して、理由は不明だが四五年八月二日になって、東京刑事地裁検事局検事正は「刑の量定甚しく不当」として大審院に上告した。「戦局急迫」のなか、「一億国民の結集と戦意の昂揚とを計るの要諦は、国体観念を愈々《いよいよ》明瞭ならしむるに在る、仍て国民の国体観念を晦迷《かいめい》ならしむるが如き犯罪は徹底的に之が検挙処罰を断行し、以て国民思想の浄化統一を期せざるべからず」という理由である。

一方、海野は八月七日、大審院に「上告趣意書」を提出した。論点は二つで、まず原判決には重大な事実誤認があると指摘する。教団の教理が「国体」に反するという認識を小倉が有することになったのは、少なくとも四一年一二月の対米英開戦以降のことであり、「右目的以前に於ては被告人所属の右教団の教理が我が国体を否認するものとの認識、毫末も之《これ》無かりしこと明らか」として、判決が四一年五月一五日の新治安維持法の施行以降にその認識があったと認定するのは、「審理不尽の譏《そし》りを免れざるなり」とする。

もう一つは、「原判決は法律の根本観念を誤り、罪とならざる事実に対し有罪の判決を為したる違法ありと信ず」という本格的な治安維持法批判だった。第一審判決が、天皇の統治は「イエス・キリストの空中降臨により壊滅するに至るべき」と認定し、「国体」否定の新治安維持法第七条を適用したのは誤りだとする。本来「神霊界」に属する問題を「現象界」の問題としてしまったからである。具体的に「調査審判」「空中再臨」「千年王国、地上再臨」「新天新地」について「孰れも吾人の思惟の世界に於ては現象界に属する事象にあらずして、全部神霊界に属する事項たること」と解釈したうえで、次のような結論に導いた（以上、「海野晋吉関係文書」、国立国会図書館憲政資料室所蔵）。

吾人の行為中、全然現象界に関せず、従て其の行為の結果が現象界に影響を与うることなく、単に神霊界にのみ止まるときは、法律の対象とならざること当然なり。本件の如く各国の統治組織が壊滅に帰するものなりと説くと雖も、其の内容自体が現象界の事象として之を取扱いたるものにあらずして、純粋なる神霊界の事象として之を説きたりとせんか、憲法上の統治権に触れたるものと云うを得ざるべし、従て治安維持法第七条の所謂国体を否定するものにあらざるなり、以上の理由なるを以て、本件行為は罪とならざるものと信ず

これは、前述した四五年六月、無教会派キリスト者の浅見仙作に対して大審院の三宅正太郎裁判長が下した判決――「縦《よ》し「キリスト」が現実に此の世に出現すとするも、信仰者の意中其の「キリスト」を地上の権力者の如き活動を為すものとし、之との優劣を品隲するの念慮ありと為すべき筋合に非ずと謂わざるべからず」（『治安維持法』『現代史資料』四五）――、および前述した鈴木義男の「霊界の主権と俗界の主権とはそれぞれの領域を別」とするという立場の弁論と同じ論理といえる。

藤川卓郎弁護士のホーリネス教会弾圧事件弁護

ホーリネス教会弾圧事件の東京刑事地裁の公判では、被告車田秋次から「満点とも言えるほどに理路整然」と高く評価された鈴木義男とともに、日本基督教団の顧問弁護士藤川卓郎も弁護にあたった。主任弁護人の藤川は、被告から「保釈のことから連合裁判にして貰うことにも、公判の前の打合せなど法廷における注意に至

るまで細大漏らさず骨折って下さった」（安倍豊造「われらを試みにあわせず悪より救い出し給え」山崎鷲夫編『戦時下ホーリネスの受難』、一九九〇年）と感謝されている。

藤川の弁論は、獄死などの「多くの悲劇」に言及し、その理由として「第一、本件の検挙には非常な無理があり、第二に、被告等に法律的知識が無かったばかりでなく、あまりにお人よしであったこと、第三に、取調べ官の宗教、特にキリスト教に対する理解が不充分であった」ことを挙げ、「予審の建築は警察や検事局の基礎工事の上に建てられている」などと指摘しながらも、焦点は戦時下においてホーリネス教会が国家や社会についていかに危険性がないかを強調することにあった。たとえば、神社参拝問題についても「非国民的な考えを持っていない」とし、宮城遥拝や伊勢神宮参拝なども「一般国民としての誠意を欠いている者はおりませぬ」という。「要するに被告等はホーリネス時代の過失を悔い改めまして、次第に、その信仰を日本国情に適するように改めた」と論じた。国家に忠実で、戦争遂行にも協力しているとして、被告らの今後については「日本基督教団において責任をもって錬成いたすということ」を誓約するとし、「無罪等との御判決を賜りまするよう懇願」（藤川「車田秋次外十二名治安維持法違反被告事件弁論要旨」、車田秋次「日記」『車田秋次全集』第七巻所収）する。

また、長戸路政司弁護士は、「時は一億蹶起《けっき》の大東亜戦争下である。この人々が日本を初めとして大東亜圏のキリスト教的民族のために負うべきところは、けだし大である」（安倍豊造「われらを試みにあわせず悪より救い出し給え」）と弁論した。これらは司法当局から期待された「国家的な見地」に立った弁論というべきもので、鈴木義男の弁論とは対極的な位置にある。

四四年一二月二七日の判決では、車田秋次と米田豊が懲役二年、安倍豊造が懲役二年、執行猶予四年となった。求刑はそれぞれ懲役七年と六年であったから、かなり軽くなったものの、車田と米田は実刑を科せられた。車田らは大審院に上告した（治安維持法廃止により、四五年一一月一三日、免訴）。

V

行刑
保護観察
予防拘禁

外から見た予防拘禁所

一……行刑

多喜二の小説「独房」を通じて

大沼渉は豊多摩刑務所の歴史を語るなかで、「歴史家も法廷までは取り上げるが、その後の拘置、服役の段階は省略しがちです。たたかいは継続しているのだし、隔離され孤立している期間であるだけに、救援運動に敬意を表するとともに、民主主義に対する後あとまでの鍵と手錠にもっと照明を当て、理解を深めるべきでしょう」（大沼「市谷から豊多摩へ」『獄中の昭和史　豊多摩刑務所』、一九八六年）と指摘する。「保護観察」や「予防拘禁」については治安維持法体制の特質を示すものとして論及されるが、「行刑」そのものについては実態も含め見過ごされがちだった。

治安維持法公判で有罪の実刑判決が下されると、被告は刑務所に収容され、受刑者となる。この「行刑」は「保護観察」や「予防拘禁」が追加されるまでは司法処理の最終の段階だったが、そこでは単なる身柄の拘束にとどまらず、「教化」＝「転向」への誘導をめぐって行刑当局の積極的な働きかけがなされていく。なお、ここでは予審・公判段階で被疑者が収容される「拘置所」も含めている。一般的に刑務所の一隅に拘置所が併設されており、管理は刑務所長がおこなっていた。

小説ながら、自らの体験を踏まえた小林多喜二の「独房」（『中央公論』、一九三一年七月）には、警察の留置場における拷問——「二三度調べに出て、竹刀で殴ぐられたり、靴のままで蹴られたり、締めこみをされたりして、三日も横になったきりでいたこともある」——を経て、豊多摩刑務所に送られる場面が描かれる。「監獄のコンクリートの壁は、側へ行くと、思ったよりも見上げる程に高く、その下を歩いている人は小さかった。入ると、後《うしろ》で重い扉がギーと音をたてて閉じた」。そして「警察から来ると、此処は何んと静かなところだろう。長い廊下の両側には、錠の下りた幾十という独房がズラリと並んでいた」。

ことに思想犯に対しては拷問が荒れ狂う警察の留置場と比べて、独房を強いられる刑務所ではそうした無法状態から解放されたわけだが、獄中の仲間どうしの伝達である「レポ」などを見つけられた場合などは看守たちによって「ヤキ」=暴行が加えられた。看守たちのたまり場に連れていかれた八幡三郎は、「私のからだの上を怒号と鉄拳と土足が荒れくるいました。痛い目に合わせていることが独房の同志たちに判るように盛大にやるわけです」(「トヨタマ——私の大学」『獄中の昭和史』)と証言する。また、三・一五事件で投獄されていた五十嵐元三郎によれば、治安維持法「改正」で最高刑が死刑に引き上げられて以降、「看守らは僕らの抗議や要求の言動に対し強圧的となり、「お前らなんぞ殺したって好いんだ」とすごみを利かすようになった」(「豊多摩刑務所で」、同前)という。

多喜二は豊多摩生活を「アパアト住い」「長い欧州航路」と呼ぶほか、「ドンな場合でも決して屈することのないプロレタリアの剛毅さからくる朗かさ」を込めて「別荘行」ともいう。そこでは「出て行く迄に新しい精気と強い身体を作っておかなければならない」と決意を固める。多喜二が「のん気に鼻唄さえうたっている」ことを心がけていたのは、拘禁し、あらゆる機会をねらって運動や思想の離脱のためのワナを仕掛けてくる刑務所当局に対して、やせ我慢ではあっても、拘禁の強要など何ら意に介しないという態度を示しつづけようとしたからである。発信する獄中書簡には、検閲への配慮もあるが、あえて「のん気」なことを書きつづけた。

獄中の多喜二に宛てられた母の手紙は、「晩飯が済んで、薄暗がりが独房の四隅によどんで来、何時《いつ》ものその時のように、きまって変に落付けなくなる時を選んで渡される」（村山寿子《かずこ》宛書簡、一九三〇年一〇月七日、『小林多喜二の手紙』）。こうした当局の仕打ちに対して、多喜二は刑務所内で「購求」する飴玉について、その大小や数の不足について刑務所長に面会要求と抗議をくりかえすという「闘争」で抵抗するというエピソードを書く（「飴玉闘争」『三・一五、四・一六公判闘争のために』、『小林多喜二全集』第三巻）。こうした意気軒高ぶりにもかかわらず、拘禁と冬の厳寒は創作が不可能になった多喜二を苦しめた。

懲役五年の刑を科された河上肇は、三三年一〇月、未決監の市谷刑務所から小菅《こすげ》刑務所に移送された。出獄後に執筆した『自叙伝』において、河上は「繞《めぐ》らすに高い高いコンクリートの分厚な土塀を以てした小菅刑務所。――これが向う五ヶ年間私を社会的に圧殺しておくために、真黒に塗った鉄門を開いて今私を呑み込んだ軍部的警察的半封建的日本帝国主義の牢獄である」と記した（『河上肇全集』続6）。

司法官赤化事件で懲役三年の判決を受けた滝内礼作は、「受刑者は、刑務所内で生存しているけれども、そこには生活というものがない。かれらは刑務所の外のことを「社会」と呼ぶけれども、まことに刑務所は「社会」でない。自由を失った人間は動物園に入れられた動物と同様である」と述べる（滝内「被告人」『法学セミナー』、一九五七年九月）。

思想犯の「戒護」開始

刑務所長会同で法相らがはじめて思想問題に言及するのは、一九二四年四月の会同である。すでに二三年六月、第一次日本共産党事件の一斉検挙があり、治安警察法違反として予審終結決定がなされ、東京地裁での裁判が始まった段階である。鈴木喜三郎法相は「筆舌若くは直接運動」による巧妙な宣伝が「到る所に其の害毒を流して已《や》まず」として、「思想的主義者の収容せらるる場合に在りては、最心《もっとも》を其の戒護に留め、宣伝の途を杜絶する」ことなどを訓示した。林頼三郎司法次官は注意事項の第一で、「収容者の思想善導は主として教化の力に依る」とする。具体的には「我立国の基礎たる国体の尊重、敬神崇祖の観念、忠孝節義、報恩等に関する伝統的精神の由来等」の丁寧な説明によってなされるという守旧的なものだった。

二七年一〇月の刑務所長会同で、小原直司法次官は「詭激《きげき》思想を懐抱する者」の処遇に際し、刑務担当者の理解不足から「無用の誤解、若は反感を買い、延《ひい》ては意外なる事態」惹起の事例があったとして、「温情を以て処遇」すべきと注意を喚起した。受刑者に対する懲罰的な、あるいは侮蔑的な対応があったのだろう。ただし、その際の「詭激思想」懐抱者についての認識は、「生来身体病弱なるか、又は家庭、環境に制せられて、性情奇矯に偏する」ため、社会的に不平をもつ者が多いという、的はずれのものであった。三・一五事件における被疑者・被告らに対する見方もこのままである。なお、同会同で松井和義行刑局長は「此の種収容者に対する処遇は煩労多きが為、其の担当の任に当るを避くるの嫌あり」（以上、上田茂登治編『刑務所長会同席上に於ける訓示演述注意事項集』、一九三三年）とする。まだ、思想犯の処遇に慣れず、敬遠されがちであったことがわかる。

三・一五事件の大検挙後、司法処理が進んで予審段階となり、刑務所に被告として「収容さるるもの、日に多きを加るに至」った二八年四月、行刑局長は各刑務所長宛の通牒「特種収容者拘禁の件」で、「此の種収容者の行動は時に隠約の間に行われ、動もすれば之に乗ぜらるるの虞なしとせず」として、戒護の任にあたるもの の「細密なる注意」を指示した。担当や護送に従事する者には「思想堅実」で思想問題に理解のある「優秀なるもの」をあてること、「隔離を厳にし（事情の許す限り居房を隣接せしめず）、衣服の捜検、運動、入浴、接見、信書、差入等には特に注意を為し、物品携出、密書伝達等の事故発生の防止に努むること」などである。

ところが、まもなく「戒護取締の弛緩と処遇上に於ける用意周到を欠け」たための「失態」が生じた。ある刑務所の印刷工場に就業中の無政府主義運動の受刑者三人が、「思想の点に関する刑務所の不知に乗じ、何れも行状善良を装い、戒護担当者の信用を獲得して交談の機会を作為する」とともに、交代時間を利用して「不穏文書」の印刷・頒布を計画し、実行したのである。この要因に検事局と刑務所の協調連絡不足があったとして、行刑局長と刑事局長はそれぞれ通牒を発し、資料の相互通報を励行するように指示した（以上、司法省刑事局『思想事務に関する訓令通牒集』、『思想研究資料特輯』二一）。

各地で三・一五事件の予審・公判が進捗した二九年七月の刑務所長会同では、小原次官は「審理中の者に対しては特に戒護の周密を期して審理の迅速と正確に資すべき」こと、判決確定者には「宜《よろ》しく厳正公平にして適切なる処遇を施し、其の思想を穏健中正に復せしむる」ことを指示する。松井行刑局長は「単に行状良なりとの一点のみを以て改悛の情ありと軽信し、処遇を緩和するが如きことありては計らざる失態を惹起する虞ある」として、本人の性質や経歴などを十分に調査し、「本人の個性に適応する処遇を為す」ことを求めた。いぜんとして、思想犯への「適切なる処遇」に確乎たる方針が定まっていない状況がつづいている（『刑務所長会同席上に於ける訓示演述注意事項集』、一九三三年、矯正図書館所蔵）。

「行刑教化時代」への突入

思想犯処遇をめぐる状況は一九三一年になって転換した。池田克は後述する思想犯保護観察法の施行を控えた三六年一一月の「思想犯人教化の経験批判」（『警察研究』第七巻第一一号）において、「今や共産党運動者に対する検挙時代、行刑教化時代を越えて、保護観察時代に推移している」と記した。「検挙時代」は二八年の三・一五事件以来、三五年頃までつづくが、三一年頃からは「行刑教化時代」が並行して始まったと位置づけている。

三一年四月の地方長官会議で、渡辺千冬法相は「受刑者の教化」に触れ、「思想犯人は例えば病人の如きものでありまして、これを刑務所に留置するのは病人を病院に置くのと同じでありますから、これを放置せずして適当なる思想上の薬物と滋養物とを投ずる必要があるのであります」（司法大臣官房秘書課『司法大臣訓示演説集』、一九三二年）と訓示した。ついで、六月の刑務所長会同で渡辺法相は思想犯の受刑者に「冷静に自省する機会を与うるに於ては、之をして其の本然に立ち帰らしむることは決して不可能ではない」として、「釈放前に改善の実を挙げるよう最大の努力を致されんこと」と訓示した。塩野季彦行刑局長は「思想犯罪による収容者の処遇に付ては特に困難を感じて居られることと思いますが、彼等と雖《いえど》も決して改善不能だと断言することは出来ません」と述べて、教化による思想「改善」＝「転向」に努めるように指示している。八月一四日付の刑事局長・行刑局長連名の通牒「治安維持法違反受刑者の行刑上参考資料通知方の件」では、あらためて検察・刑務所間で緊密な連絡態勢をとることが求められた。

これに先立ち、五月に司法省は訓令で「仮釈放審査規定」を定めた（刑務協会編『刑政』、一九三一年六月）。思想犯だけに限ったものではないが、「身上関係」「犯罪関係」「保護関係」の三つから審査をおこなう。第九条では「犯罪の動機、道義上、又は公益上非難すべき身上に基きたる場合に於ては、特に思想の推移に注意し、其の確信を抛棄したるや否やを審査すべし」とあり、「確信」の抛棄という「転向」の有無が「仮釈放」の条件の一つとなった。

こうした司法省の「行刑教化」の意気込みは、一〇月の教務主任会同の五年ぶりの開催によくあらわれる。思想犯受刑者と日常的に接する教務主任（教戒師）に対して、渡辺法相は「静に省みて祖先の思想生活を解し、我が国民本来の魂に目覚め、以て社会生活の実情に処するの途を発見すべき機縁を作らしむるよう最善の努力を払われんことを切望する」と訓示する。塩野行刑局長によれば、「教化の主眼は彼等の思想を中正穏健なる方面に転換せしむること」にあるとされた（以上、『刑務所長会同席上に於ける訓示演述注意事項集』）。

教務主任会同では「思想犯人に対する教化対策如何」という諮問に、市谷刑務所教務主任の藤井恵照を中心に答申を提出した。思想犯人は「転向不能者」ではないこと、「社会的正義を求むる心」や主義に徹する「純情」への理解を前提として、次のような「教化の方針」を掲げる。

思想犯人に対する教化は、彼等をして共産党より合法的思想に、左傾より反動に転向せしむる横的転向は転向の一過程たるべきも、而《し》かも徹底的にあらず。竪《たて》に相対界を突破して、絶対の世界に覚醒せしめざるべからず。絶対の世界とは宗教的信仰なり、されど絶対と云い、信仰と云うは強《あなが》ち現実界を隔絶したる縹《ひょう》渺《びょう》たる観念的憧憬にあらず、相対即絶対にして個人的には親子骨肉の家庭愛、社会的には同胞主義の心境に即して絶対の風光に接し、現実を単に相対的事象とせずして、其処に絶対的大道の露現を味得するは信仰の趣致なり。此《この》根柢に立脚して、政治経済等社会改善に発動すべきものなり

刑務所の選定においては、「転向困難者」の場合は「自然孤零寂寞の感深く、潜思静慮して其懐抱を検討精覆すると共に、里親の至情切々たるに至らん」と予想して、「其郷里及大都市に近接せざる」ところにすべきとする。「転向可能者」は、できるだけ郷里に近い刑務所に収容するとする。この答申を貫くのは、「教化の終局は自己完成、社会浄化の基調は、即ち宗教の信念にあることを覚《さと》らしむるに在り」という考え方である（以上、『刑政』、一九三一年一一月）。教務主任の思想的背景は浄土真宗にあるが、それがそのまま出現したことになる。

これは、「教化の主眼は彼等の思想を中正穏健なる方面に転換せしむること」という塩野行刑局長の指示にそったものとは言い難かった。また、司法書記官であった池田克は「あまりにも教務主任の主観的個人主義的理想主義に偏向しているのではないか」と批判し、「思想犯人教化の目標は、一般的に云えば、十分社会的な理想主義の立場より彼等の理性を晴朗にし、其の有する批判力を健全ならしむる所に置くべきであり、且それ

を以て足るのではないか」(「思想犯人教化問題の考察」『警察研究』、一九三二年三月)と論じた。教務主任らの答申は司法省の公式の政策になることはなかったが、その会同の開催が教化改善への本格的取組を示す号砲となった。思想問題の第一人者ともいうべき池田が、三二年一月から「思想犯人教化問題の考察」の連載(『警察研究』)を始めるところにも、思想犯教化の重要性と緊急性があらわれている。「行刑教化時代」に突入したといえる。

「転向」への誘導

すでに司法省では一九三一年後半には「転向」状況の調査をおこなっていた。一〇月末時点で、思想犯二五六人の受刑者中、「方向転換したる者」は二四・六%、「方向転換を期待し得る者」は三七・九%であった(池田「思想犯人教化問題の考察」)。一〇月の教務主任会議で塩野季彦行刑局長が「幸に御努力の結果、思想犯収容者にして其の思想を抛棄したるものも相当の数に達し、其の中には共産党事件の巨頭と思惟されるものが包含されて居る」(『刑務所長会同席上に於ける訓示演述注意事項集』)と述べるのには、これらの数値が踏まえられている。

三二年八月の調査では受刑者だけでなく、仮出獄者・満期出獄者まで対象を広げている。全体では「方向転換したるもの」二八・五%、「方向転換を期待し得る者」三六・五%となっており(「最近に於ける日本共産党の活動情勢とその司法処分概況」『警察研究』、一九三三年一月)、前年調査と大きな変化はない。これらの数値にもとづき塩野行刑局長は七月の刑務所長会同で「各位の御努力の結果、幸にその成績良好であ」るとして、「転向」が認められて「仮釈放の恩典」に浴したものが六〇人におよぶと述べる(『刑務所長会同席上に於ける訓示演述注意事項集』)。

そして、三三年六月一〇日、党の指導者佐野学と鍋山貞親の「転向」を引き出した。これは思想検事の平田勲・戸沢重雄による誘導が実を結んだものだが、大々的に社会に公表するとともに、獄中の受刑者に積極的に働きかけ、「転向」の雪崩現象を生み出すことに成功した。『赤旗』印刷局員として検挙され、有罪となった林田茂雄は、豊多摩刑務所で六月一三日、思想検事市原分から佐野らの「転向」声明や新聞記事を見せられている。そこには「「どうだね……」、勝ちほこったような検事の顔があった」。さらに看守長からは感想文の提出を求められた。林田によれば、こうした攻勢は「獄内の被告人に対しては威力を発揮した。以前からの動揺分子を転向にふみ切らせるバネ板」になった（「転向ブーム」『獄中の昭和史』）。

一挙に「転向」に傾いていく状況を正確に把握し、促進するために、行刑局では各刑務所長宛に六月に「治安維持法違反未決拘禁者に関する調査方の件」を、一二月に「治安維持法違反受刑者に関する件」を通牒し、次のように六段階に区分した「改悛」の状態を半年ごとに報告するよう指示した。

（一）転向者（転向者とは国体変革は素より、現存社会制度を非合法手段を以て変革せんとする革命思想を抛棄したる者を云う）

い　革命思想を抛棄し、一切の社会運動より離脱せんことを誓いたる者　（略号い）

ろ　革命思想を抛棄し、将来合法的社会運動に進出せんとする者　（略号ろ）

は　革命思想を抛棄したるも、合法的社会運動に対する態度未定の者　（略号は）

（二）準転向者

に　懐抱する革命思想に動揺を来し、将来之を抛棄する見込ある者　（略号に）

ほ　革命思想は抛棄せざるも、将来一切の社会運動より離脱せんことを誓いたる者　（略号ほ）

（三）非転向者　（略号へ）

さらに「転向（準転向を含む）の動機分類」では「1　信仰上（略号1）」「2　近親愛、其の他家庭関係（略号2）」「3　共産主義理論の清算（略号3）」「4　国民的自覚（略号4）」「5　性格、健康等身上関係（略号5）」

「6　拘禁に因る後悔（略号6）」「7　其の他（略号7）」とする。これらを組み合わせて、たとえば「国民的自覚を動機として革命思想を拋棄し、将来一切の社会運動より離脱せんことを誓いたる者」の場合には、「い4」となる（以上、『思想事務に関する訓令通牒集』）。

三三年一一月末の最初の調査結果は、受刑者でみると「転向者」三一・五%、「準転向者」三六・〇%となった。三五年一月末では、「転向者」四七・六%（「い」三八・一%、「ろ」四・三%、「は」五・二%）、「準転向者」三一・五%（「に」二五・二%、「ほ」六・三%）、「非転向」二〇・九%となった。

期待通りの「転向」現象が起きつつあることを踏まえて、三三年一一月の刑務所長会同における訓示で、小山松吉法相は「金甌無欠、万古不易の我国体を真に理解せしめ、而して我国民性が他の民族性と全く異って居ることを十分に認識せしむるに於ては、如何《いか》なる固き信念を抱持する者と雖、之を翻然転向せしむること、決して不能ではない」と豪語する。塩野行刑局長も「最近に於ては、彼の確固たる信念に基いて居るといわれる詭激思想受刑者をして思想の動揺を来さしめ、我国家観念に付再考を払わしめる様になって居るのは、少くとも教化上の取扱方が影響したもの」と称賛する。「転向」誘導の成績のよい刑務所では「教誨師がよく人情の機微を捕えてあらゆる機会を利用し、又頻繁に独居訪問をして」いるが、刑務所関係者がほとんど受刑者と面会しないようなところでは、「教化の場所が反《かえっ》て怨嗟の場所」となっているという（以上、「刑務所長会同席上に於ける訓示演述集」、一九三三年一一月、矯正図書館所蔵）。

この「転向」促進策の一つとして利用されたのが、三三年一〇月、司法省令として制定され、三四年一月から施行された「行刑累進処遇令」である（『刑政』、一九三三年一一月）。その目的は第一条に「受刑者の改悛を促し、其の発奮努力の程度に従いて処遇を緩和し、受刑者をして漸次社会生活に適応せしむる」と規定された。第二条で該当しない受刑者を列挙するなかには、「詭激なる思想の抱懐者にして、其の思想を拋棄するに至らざる者」、つまり「非転向者」が含まれていた。「累進」は「拘禁及戒護」から「接見及信書」「給養」などの広範囲におよぶため、「転向」の意思を表明しない限り、思想犯の場合は「厳正独居」やきびしい「接見及信書」などの制限がつづくことになった。なお、三四年五月末で治安維持法違反受刑者は六二五人を数えるが、そのうち九六%は種々の作業に従事していた。「莫大小工《メリヤス》」が約三分の一を占め、「麻工」や「紙細工」とつづく（司法省「治安維持法に関する立法経過参考資料」『治安維持法関係資料集』第三巻）。

三五年一一月の刑務所長会同になると、小山法相は「思想犯人に対する教化改善は其の後益々良好なる成績を挙げ」と満足の意を示す。共産主義運動が「近時漸次衰退を来《きた》」すにともない、「行刑の対象も亦《また》受刑者に集中」することになったとして、「各位は従来の経験を利用して、受刑者全部を善導して転向せしめなければならない」とハッパをかけた（「刑務所長会同席上に於ける訓示演述集」、一九三五年一一月、矯正図書館所蔵）。

獄内闘争と偽装転向

この「行刑教化時代」には刑務当局と思想犯未決拘禁者・受刑者との対抗がつづけられていた。

一つは獄内闘争である。すでに「隔離を厳にし……密書伝達等の事故発生の防止に努むること」という方針にもとづいて戒護と教化改善が図られていたにもかかわらず、受刑者たちは獄内でのたたかいを模索し、実行した。

再び多喜二の小説「独房」によれば、「俺だちはお互に起床のときと、就寝のときと、飛行機が来たときと、元気なときと、クシャンとしたときと、そして「われわれの旗日」のときに壁を打ち合った」。さらに「雑役が話してきかせたのだが、俺だちの仲間のあるものは、書信室や運動場の一定の場所をしめし合わせ、雑役を使って他の独房の同志と「レポ」を交換したり、「獄内中央委員会」というものさえ作っている、そして例えば、外部の「モップル」と連絡をとって、実際の運動と結びつこうとしたり、内では全部が結束して「獄内待遇改善」の要求を提出しようとしているそうだ」とも書きつけている。

多喜二のいう「われわれの旗日」とは、メーデーやロシア革命記念日などであった。四・一六事件で市谷刑務所に拘置されていた西田信春は、「この一日のメーデーに多少騒いだため、幾多の滑稽《こっけい》な光景を演出した」という。そのため、「僕は十五日間の図書看読禁止を食っている」（中野重治宛書簡、一九三一年五月一五日、『西田信春書簡・回想』）という懲罰を受けた。

こうした獄内闘争に対して、三一年六月の刑務所長会同で渡辺千冬法相は「此の種の受刑者は往々にして相通謀し、時に刑務所の秩序紊乱を謀り、又は他の受刑者に思想の伝播を試むること」に言及し、「是等の陰険にして執拗なる行動を戒《いま》しめて、思想の伝播を防圧せらるる様」、訓示した。塩野季彦行刑局長は「時に行刑規律を紊す目的を以て、或はハンガーストライキを為し、或は放歌高吟を為す場合すらある」として、それらに対しては「法律の定むるところに従って之を制圧せられ、よく恩威併行の措置」をとるよう求めた。この「制圧」には、前述のような看守による暴行も含まれた。また、行刑局長の「注意事項」の一つには、「思想犯人と外部との連絡通謀の防遏」があった。すでに何度も注意がくりかえされていたが、あらためて徹底が求められた。

もう一つのたたかいは、「転向」をめぐってである。「行刑教化時代」に突入するにおよんで、未決拘禁者・受刑者のなかにはいわゆる「偽装転向」を図り、保釈や仮釈放などをかち取る者もいた。これに対する対策は、早くも三二年七月の皆川治広司法次官の「注意事項」にあらわれた。「思想犯人中には動もすれば刑務所当局の意図を逆用して、真に思想を転向せざるにかかわらず、転向したるが如く装い、之を信書の上に表示し、或は口頭によってあらわし、よって刑務官吏の同情により保釈又は仮釈放に浴さんとするが如き手段に出づることが憂慮さるるに至った由」と述べた皆川は、その「識別」に努めよとした（以上、『刑務所長会同席上に於ける訓示演述注意事項集』）。

三三年一一月の刑務所長会同では皆川司法次官が「真に改悟せざるに拘らず、恰かも思想転向したるかの如く装うて、仮釈放を僥倖《ぎょうこう》せんとするものあり」として、「此の種の者の仮釈放に付ては、単に刑務所内の行状のみで決せられるものではないのでありますから、今後は出来る丈け係《かかり》判検事（取調を担当した思想検事・予審判事のこと――引用者注）と協議し、其の意見を徴せられて、万全を期する様」、注意を喚起している（「刑務所長会同席上に於ける訓示演述集」、一九三三年一一月）。

三五年一一月の刑務所長会同では、岩松玄十行刑局長は次のような「注意事項」を与えている（「刑務所長会同席上に於ける訓示演述集」、一九三五年一一月）。

思想犯の仮釈放上申に際してはなるべく判検事と協議を為し、慎重を期すべく、本人の転向其の他心身状態如何を重要視すべきは勿論なるが、思想犯に付ては共犯者との関係、其の他社会運動情勢をも顧慮し、本人が出所することに因り社会運動情勢其の他一般社会に与うる影響、他の者が本人に対し再び働きかけ、之を運動に引入るる虞なきや、生活の保証ありや否や等の点を特に厳密に考慮し、時宜に依りては此の点に関し判検事の意見を求むる等、万遺算なきを期せられたし

「仮釈放」の見極めについて司法省では刑務所と判事・検事との協議を求めているが、この点で主導権を握る思想検事の側からみても「転向」問題への対応は急務だった。すでに三一年七月の思想事務打合会では、「思想犯人の改善方法」の一つとして、受刑者に対して「刑務所職員と協力して其の改善の方策を講じ、検事自ら受刑者に面接して其の教化に努む可く、仮出獄に付ても進で意見を開陳するを可とす」（『思想事務に関する訓令通牒集』）という方向が打ち出された。これは刑事局長通牒として各検事局に指示された。さらに三四年五月の思想検事会同では「転向」施策推進にあたり、各検事局から行刑関係に限っても、「刑の執行猶予又は仮釈放」

の有効活用や「仮釈放適否審査の常設委員会設置」などの提言が出された（『思想研究資料特輯』一六）。

河上肇の「仮釈放の夢」

一九三三年一月に検挙された河上肇は、市谷刑務所の拘置所在監中、「転向」声明となる「獄中独語」の執筆を余儀なくされた。さらに公判中には検事の懲役七年という求刑を受けて、さらに一歩後退した「上申書」を提出することで、執行猶予の望みを持ちつづけようとした。しかし、懲役五年の判決を受けると、「私の空想がゴム球のように破裂した瞬間、間髪を容れず、私はひらりと心の持方を建て直すことが出来た。「よろしい、では五年の懲役に服そう」」と覚悟を固めた。周囲の勧めでおこなった控訴も取り下げ、九月一五日、河上は「長途の旅」に立った。

この「長途の旅」は平坦ではなかった。『自叙伝』の章題だけとっても、「特赦の夢」「仮釈放の夢」「仮釈放の噂」とつづき、出獄への思いが揺れつづけたことがわかる。三四年二月の紀元節には、皇太子生誕による大赦により刑期の四分の一が軽減された。運動からの離脱という「退却の第一線」だけでなく、マルクス主義研究の放棄という「退却の第二線」まで決断し、「特赦」を空想した。「何にしても出られるものなら一日も早く出たくて仕方がなかった。どんな事があっても裏切者になろうとは思わなかったが、廃兵になる分ならどんな廃兵になっても可いと、ただ一図《いちず》にそう思われた」のである。

そうした河上を、刑務所長は「仮釈放」を匂わせて揺さぶる。減刑にはなったが、「特赦の夢」が消えた後をねらって、所長は「あなたの行状の方は申分ない。さすがに学者だけあって全く模範的だと感心してる所です。それに刑期は三分の一を過ぎると仮釈放を許し得る規定になっている。私の方でも色々考えてる事もあるんだから、まあ落ち付いて遣《や》って下さい」と誘いをかける。この「仮釈放の暗示」は河上を喜ばせ、期待を膨らませた。さらに、所長は「転向」したばかりの佐野学との面談の機会を設けて攻勢に出るほか、「マルクス主義が間違ってるとは云えぬとしても、日本の国体と相容れないものとは思うでしょう。たとい学理上はどうあろうとも、日本人として、日本人という立場に立って考えると、マルクス主義を信奉したと云うことは、どうも大変な間違であったと、こういう結論に来て貰えんものですかね」という、「転向」を認める際の下限の基準を提示する。

これに対して河上は「仮釈放の餌で散々釣っておいて、いざという時に問題を出し、人の弱みに附け込もうとしてるんだちゅうこたあ、よう分かっとるが、弱い人間ぢゃから、どうしても振り切るだけの決心が付かん。……こうしてると出たくて出たくて仕方がないもんなんだ」という最後の一線まで追いつめられる。それを踏みとどまらせたのが、面会に来た妻秀子の言葉――「お辛いことは重々お察し致しますが、それかって無理をしてお出になると、折角早く出ていらしても、あとできっと後悔なさるに決ってます。そうだと結局その方がお辛い事になろうと、私それを一番心配いたしますの」――だった。これで河上は「ようッし、頑張ってやるぞ！」と覚悟を固める。三四年一二月のことだった。河上にとって、マルクス主義の誤謬を認めるという、いわば「退却の第三線」を考えることはありえなかった。

そして、すぐに「所長への逆襲」を試み、「獄中での最大限の自由を享受」することに成功し、「至極呑気な獄中生活を送ることが出来た」という（以上、『自叙伝』『河上肇全集』続6）。刑期の三分の一を終えると、前述の「行刑累進処遇令」によりマルクス主義研究の放棄という「退却の第二線」までを評価されて、まもなく「厳正独居を解かれて、昼間は図書室に出て、受刑者看読用の図書の出し入れなどを手伝うことが出来るよう」になった（「朽ちゆく天才」『河上肇全集』21）。

それでも、その後も河上はしばしば受刑者仲間から聞かされる「仮釈放の噂」に一喜一憂している。見かねた妻秀子は「早くお出なさると、世間の人というものは、もう出て来たのかと云うようになりますから、お出になりたいでしょうが、どうぞ御辛抱していて下さいませ」と忠言し、河上を「退却の第二線」まで踏みとどまらせた（『自叙伝』）。

司法省は「仮釈放」を匂わせて河上自身を揺さぶるだけでなく、社会に対して河上のいっそうの「没落」を印象づけようとした。三四年三月二六日の『社会運動通信』の「仮出獄近き　転向の河上博士」、三五年一月一五日の同紙の「河上博士……出獄を予想される人々」という記事は、司法省筋から流された情報によるものだろう。

三五年四月の天長節に向けて、刑務所長から司法省に「仮釈放」が上申されたものの、「検事の異議のためにそれは許可にならなかった」と河上は『自叙伝』に記した。その検事とは河上の取調や裁判を担当した戸沢重雄だったが、六月に面会に来て、次のように完全な「転向」、すなわち「退却の第三線」までの「転向」を迫った。

きょうび治安維持法の違反者で転向した者はもう六万人にも上っているが、此等の人達の中にはなかなか優秀な者が居りましてね、使いようによっては立派に国家のため役立つんです。それを善導して適材を適所に置くことが肝要なんだが、幸いきょうびはこうした人達を保護善導して更生の実を挙げさすための会が出来てるんで。……私の希望ぢゃ、あなたも出られた暁《あかつき》は贖罪のため吾々と手を握って、ひとつこういう方面の仕事に尽力して貰いたいもので。どうですね。ひとつよく考えて見て下さい

「贖罪」という言葉に不快を強く感じた河上は、「検事と手を握れなどと、随分人を馬鹿にしたことを言い居る」と思って、この誘導を拒絶した（以上、『自叙伝』）。

三六年一一月、戸沢に代わって河上を担当する東京控訴院検事局の吉村武夫から呼び出された。明治節を期

した「仮釈放」から漏れた直後で、「当人が落胆しているだろう所を見込んで、その心境を打診して見る」のである。吉村は「マルクス主義の再検討というような事をやって見ましたか？」「マルクス主義は仮に正しいとしても、それを日本に応用する段になると、日本の特殊性を顧慮しなければなるまいと考えられるが、その点についてはどうお考えですか？」などを質問するが、「出所されたら、一つ受刑者出獄後の保護事業に尽力して見ませんか？」が面談の目的だった。河上は「一時考えて見たこともありますが、どうしても反動的な仕事になるように思えるので、駄目だと決心しております」と答えた。満期出獄を決意した河上を「教化改善」し、完全「転向」に誘導することは徒労に終わった。

さらに三七年一月末から二月初めにかけて、「何遍となく教務主任に呼び出されて、転向を促された」。河上には「満期釈放が次第に近づいて来るにつれ、相手が段々焦ってくること」を感じとれるほど、余裕が生まれていた。四月一日、かつて市谷刑務所の未決監時代に教誨師だった藤井恵照（この時は東京保護観察所保護司）は河上を呼び出して、「転向しないで出獄するのは甚だ面白くないとか、二日でも三日でもよいから仮釈放の色を附けて貰って「改悛の情あり」と認められた形式にしないと、出てから先き不為《ふため》であろうとか、仮釈放にならずに満期で出獄するような事になれば、保護観察法の規定によって、事によると出獄後居所を限定されるようになるかも知れないとか、そういう類のことばかりを口にした」。非常に後味の悪さを残したが、河上は動じなかった。

それでも、河上は満期出獄を半年後にしてなお、「今となっては仮釈放などにならぬ方が望ましいと考えて居りながら、他方では、案外間近に釈放されるかも知れないという考を、この頃になってもまだ棄て切れずに居た」ことを書きつけている（以上、『自叙伝』『河上肇全集』続7）。

出獄の約三カ月前に、河上は「獄中贅語《ぜいご》（刑期満了前に於ける私の心境）」を執筆している。第二章「マルクス主義について」では、次のように記している（『河上肇全集』21）。

私には徹頭徹尾、思想上の転向ということは問題にならなかった。……私にとっては当時全く未知の世界であった刑務所というものが、何だか知らぬが魔力を有する怪物のように思われ、――人は長く牢獄に繋《つな》がれていると、致命の毒酒をでも呑まされたように、理性も何も麻痺させられてしまうのかも知れないと、聊《いささ》か怖れをなしたものだが、幸にして私の刑期が短かった為めか、その後私の思想は遂に微動だもせず、正直に云えば、数年に亘る刑務所生活は寧ろただ私の学問的信念を益々固くするに役立つばかりであった。

そして、「今日の刑務所」について、「人をしてマルクス主義（共産主義）を誤謬と思うに至らしめるような、可能な限りの、あらゆる設備の場所である。そこでは人をマルクス主義に牽《ひ》き付けるような事情は出来るだけ取除かれて居り、少くとも思想犯人に関する限り、彼をばマルクス主義から離れしめる為めの一切の設備、一切の措置が、意識的に講じられて居るべき筈である」と記した。

河上は一九三七年六月一五日、三年九カ月を過ごした小菅刑務所から出獄した。

「トーチカ頭への大爆撃」

一九三三年九月から三七年六月までの約三年九カ月の刑期の間、刑務所当局や思想検事らは河上肇に対して、手を変え品を変え「転向」への誘導を試み、動揺させながらも、最終的には「教化改善」には失敗した。依然として「行刑教化時代」はつづいているが、この間の刑務所長会同の法相訓示や議事録などをみる限り、思想犯処遇や「転向」問題についての言及は少なくなった。

二つの要因が考えられる。一つは、「行刑教化時代」がつづくなか、「教化改善」は行刑当局の日常的な業務となり、三五年前後の数年間においては思想犯の処遇においても新たな事象は見られなくなったことである。

三六年六月の刑務所長会同で岩松玄十行刑局長がおこなった注意は、治安維持法受刑者の「転向」促進を求めるものだった。受刑者の家庭関係などを考慮して適当な刑務所に移送したにもかかわらず、近親との接見を長期間にわたって「漫然之を顧みざるやの」状況を叱責し、保護関係者と緊密な連絡をとって「力《つと》めて屢々《しばしば》近親の接見を求め、此等と相協力し、転向を促進することに万全の努力」を払うように指示した。もう一つは、後述する思想犯保護観察法の公布・施行により、「保護観察」の運用に司法・行刑当局の関心が集まったことである。

大審院検事の池田克は、三六年一〇月の『警察研究』に発表した「思想犯人教化の経験批判」において、「行刑教化時代」から「保護観察時代」に推移するなかで「思想犯人教化」を過ぎ去った問題とすることを批判した。「共産主義の根本の誤謬は、未だ必ずしも清算されたとは云えない。現に未決・既決を通じ、相当数の非転向者をみるのである」と、なお「今日の問題性」を有していると論じた。

ところが、三八年五月の刑務所長会同では様相が変わった。協議事項の一つに「時局に鑑み、詭激思想懐抱者の処遇に関し考慮すべき事項」があがった。これは行刑局からの提案で、説明に立った日沖憲郎第三課長は日中戦争の全面化という「時局」、さらに「「コミンテルン」の方向転換に依る所謂人民戦線派の動き」を注目すべきこととして、「犯罪の鎮圧に当る行刑官と致しましては、此の動きに対して真に眼を逸してはならない」とする。そして、「詭激思想懐抱者の処遇」という古いテーマながら、「新しき情勢の下に此の時局と関連して、特に此の点を御協議願いたい」と述べる。なお、この問題に関しては司法省でも新施策を検討中とする。これに対する各刑務所間の協議は焦点が絞れないまま、現状の紹介にとどまる部分もあるが、おおよその方向性は函館の佐藤備太郎所長の次のような発言にうかがえる。

非転向者、殊に私の所に居りますような者の状況を見ますのに、中に居る行状と云うようなものを見ますと、一般の収容者よりも遥かに勝って立派であります、併し其の思想の点に於きましては依然として変らない……是は何かもう一度処遇のことを考え直して見る必要があるのぢゃないか、大体日本精神に目醒めしむると云うことは分り切ったことでありまするが、併し頑強に転向しようとは思わないと云うような者には、何等かそこに緒を与えてやれば、又此の転向の方に向うと云う可能性は全然無いと見てしまうのは、甚だ早計だと思うのであります……何か「トーチカ」のような頭に大爆撃を加える必要があると思うのであります

「非転向者」を行状面から「立派」としつつ、その非転向ぶりをコンクリート製の小型要塞である「トーチカ」のような頭にたとえ、それに「大爆撃」を加えて、何とか「転向」に導くべきとする。具体策としては、刑務所ごとの「分禁」ではなく、適当な刑務所に「集禁」し、「其の道の「エキスパート」」を揃えて、もっと大規模にもう一度やって見る」ことをあげる。三月末現在で治安維持法違反受刑者は全体で二一四人、「非転向者」は七一人だった（以上、『刑務所長会同議事速記録』、一九三八年五月）。この「集禁」、そして「大爆撃」の行きつくところは「予防拘禁」である。

その約二週間後、七年ぶりに全国刑務所教務課長会同が開催されたこと自体が戦時下の行刑施策の新段階を象徴する。「時局に鑑み行刑教化に就き考慮すべき点如何」という諮問に対する教務課長らの答申では、「近時社会の風潮として、独《ひと》り思想、政治の領域のみに止らず、経済的方面、社会的習俗、精神文化等等の凡ゆる部門に亙る自由主義的、個人主義的弊害の瀰漫《びまん》せる結果、収容者に於ても、自主振作の精神を誤認し、唯利己的にのみ有用なる働きをなす人間たらんとするの弊害を生じ」などとする。「詭激思想懐抱者の教化に関する件」は、次のような内容である（『刑政』、一九三八年七月）。

詭激思想懐抱者の教化に就ては常に細心の注意を要する処なるが、拘禁制度に付ては現在の分禁を原則と

し、殊に今次の事変の有する思想的政治的経済的意義の重大なるに鑑み、左の二点に留意すること
(一)左翼的思想詭激懐抱者の教化に就ては単に思想的政治的転向を以て足れりとせず、全人的転向を期し、親ソ感情は固より、人民戦線賛成、反戦的意識、広義マルクス主義的思想の一切を抛棄せしめ、現下帝国の国策に対し絶対的に支持せしむる様教化すること
(二)右翼思想懐抱者に対しては、真正なる日本精神に基く公明正大なる政治活動に覚醒せしむること

治安維持法違反受刑者の完全な「転向」は「全人的転向」が求められ、「現下帝国の国策」に対する「絶対的に支持」という水準まで引き上げられた。その基準は、森山武市郎『思想犯保護観察法解説』(一九三七年)の「第五段階」の「日本精神を体得して、実践躬行《きゅうこう》の域に到達せる者」にほぼ等しい。これが「非転向者」に対する教化改善として、具体的にどのようになされたかは不明である。

行刑政策に深くかかわった正木亮(広島控訴院検事局検事)は四〇年五月の思想実務家会同で、「日本の思想犯人と云うものは、少くとも数千年来の皇国の精神と云うものが血液の中に流れて居る」として、「如何に理論の上には強硬に見えましても、又実践の上に闘いましても、一旦《いったん》事がありまして、日本が滅亡すると云うような場合に於きましては、其の血は湧いて矢張り日本人に還って来る場合が総てである」と断言する。その上で、「日本の思想犯人」を「矯《なお》すことの出来ないのは是は法律が悪いのではなく、又取扱が悪いのではなくして、日本人たるの琴線に触れることがないから矯らないだけの話」(『思想研究資料特輯』七九)とするのである。この背景には、日本人であればいつの日か「転向」して真の「日本人」になりうるという確信がある。

総計三〇〇〇人の受刑者

一九二九年から四〇年三月末までの国内の「治安維持法違反受刑者釈放成績調」(司法省)によると、「仮釈放」

と「満期釈放」を合わせた総数一五三七人のうち、「転向者」は全体の六五％を占め、「準転向者」は一八％、「非転向者」は一七％となる。各年別では「転向者」は三六年が八一％ともっとも高く、ついで三五年の七四％となる（『治安維持法関係資料集』第二巻）。

三六年から四四年八月一日までの国内の「治安維持法違反収容者及釈放者」（司法省）では、各年末時点での収容者（受刑者）は三六年が三八四人と最大で、四〇年前後で減少するが、四三年には二三四人と増加する。四四年はまだ八月一日時点ながら、すでに二五六人に達している。「仮釈放」の数値をみると、三六年には一七一人であったが、以後は急減し、四二年以降は一桁になっている（『治安維持法関係資料集』第四巻）。これは、戦時下の治安確保の要請にともなって「仮釈放」の認定が非常にきびしくなったことを示そう。

二八年から四〇年四月末までの「治安維持法違反事件科刑表」（司法省）によれば、有罪の実刑判決を受けて受刑者となった人数は一七七九人（執行猶予が二六九二人）となる。各年別でみると三三年が三九〇人と最多で、三二年が二九〇人、二八年が二四五人とつづく（『治安維持法関係資料集』第二巻）。また、三六年一一月から四四年六月までの「保護観察事件処理状況」表（『治安維持法関係資料集』第三巻）の「満期釈放者」と「仮釈放者」の合計は二一二六人となっている。これらから四五年までの治安維持法受刑者の総計を推定すると、おおよそ三〇〇〇人を越える人数となるだろう。

戦時下の行刑

日中戦争期の刑務所長会同で、「軍需作業の施行は、銃後に於ける行刑の一大責務」であり、「収容者の教化善導に裨益するところ決して尠くない」（一九三八年五月の会同における塩野法相の訓示）などが強調され、受刑者の戦時協力への駆り立てが求められている。

注目すべきは、一九四〇年五月の刑務所長会同で武子喜久治宇都宮刑務所長から提出された「新東亜建設に伴い、日本行刑の対処すべき事項如何」という協議事項である。「東亜新秩序」のスローガンが叫ばれるなか、行刑の部門においても「新東亜建設」に対応する関係法規の整備を急ぐべきこと、「新東亜建設」に対する「精細なる認識、正確なる認識」を獲得するために「一年に七、八人、或は一〇人位、満洲、支那に視察旅行」実施の希望、「満洲、支那、新東亜のこと」に関する刑務所長会同の開催の希望という内容である。さらに、「新東亜建設と日本行刑、少くとも保護の部面に於《マ》ま《マ》して、新東亜の舞台を我々の鍛え直した釈放者の更生する地にしたらどうか」という提案も加える。やや先走った提案だったためか、会同では賛否の意見は出なかった。

とはいえ、「新東亜建設」＝「東亜新秩序」をめぐって「日本行刑」の確立が急務であるという発想は、戦時立法・戦時司法行政の急展開にともなう「日本法理」という司法理念の出現に対応している。それは「大東亜法秩序」の構想に発展していくが、いわばその「行刑」の領域における先駆的な発言といえる。また、「新東亜の舞台を我々の鍛え直した釈放者の更生する地」とする提案は、すでに三八年以降に実施されていた「思想転向者」の「満洲国」や中国への進出（慰問や「宣撫班」参加）と同じ発想であり、四四年以降に実施されていく思想犯前歴者の「島流し」政策をも連想させる。

戦時下の豊多摩刑務所について、受刑者の証言をみよう。赤木健介（唯物論研究会常任幹事。一九四四年下獄、四五年一〇月出獄）は「看守が続々と軍隊にとられて、雑役といわれる囚人の古参が、ほとんど看守の代用をつとめていた。思想犯でも雑役になった人は多かった」と語る（「戦争末期の獄中生活」『獄中の昭和史』）。「戦争の進行につれてツキ飯は加速度的に小さくなり、麦飯から高粱飯《こうりゃんめし》に、ついで大半が大豆粒のものに変った」と回想する杉本博は、「私たちは所内の工場労働に駆り出された。軍用機の鋲《びょう》打ちである。扱うものはすべて金属である。ここは東京であるとはいえ、火の気一つない工場内で厳冬には全身が凍った。栄養失調や凍傷で「受刑者」たちは次々とたおれた」という（「土方与志とともに」、同前）。

南巌《いわお》（全協刷新同盟を結成。一九四一年、共産主義グループとして検挙。四五年四月出獄）は懲役三年の刑を科され、四二年一〇月から在監したが、再起する日のために健康維持を決意し、「その第一歩の闘いとして官弁の四等食を三等食に格上げさせる闘争を展開」して実現させたほか、「監禁拘束を受けながらも権力に対して常に抵抗し闘ってゆく姿勢を崩さないことも健康維持とその増進にプラスになることとして、一日二回の点呼の際猛獣が吠えるように大声を張り上げて応答して憂さ晴らし」をした。それは「卑屈になっている仲間に勇気を出せと鞭撻《べんたつ》の役目を果たすこと」も意図されていた。そして、「一九四五年一月を過ぎる頃から私たち治維法違反の仲間の間で、日本帝国主義の敗戦が間近い感じがするとして、敗北の時期」などの討議もおこなったという（「豊多摩刑務所の思い出」、同前）。

二……保護観察

「思想犯保護観察」の仕組み

一九三四年と三五年の二度の治安維持法「改正」案は廃案となったものの、それらに盛り込まれていた「保護観察」は、思想犯保護観察法としてよみがえった。同法は三六年五月二九日に公布され、一一月二〇日から施行された。思想犯「処理」は、検挙・取調、検察、予審、公判、行刑という五つの段階に加えて、「保護観察」という新たな段階を加えることになった。

一般的な釈放者保護事業への関心の高まりと、思想犯の保護に関する論議が本格化する三三年頃から、「保護観察」は司法省の刑事政策の一つとして構想されるようになった。その推進の中心となったのは森山武市郎である。森山は東京控訴院検事局の思想検事として佐野・鍋山らの「転向」後の第二審公判で論告をおこなった際にも、「犯罪後の情状、所謂転向問題」に重点を置いていた。

森山は三五年の治安維持法「改正」案が頓挫した直後に司法省保護課長に就任し（四〇年一一月の保護局拡充後は局長となる）、「思想犯保護の中央機関」たる「昭徳会」の設立に力を注ぐが、その三六年六月の趣意書には「今や思想犯対策の重点は之に対する保護観察の時代に入れりと謂うことを得べく、而も現時の社会情勢は思想犯人の保護善導を最も効果的に為し得るの時期と認むべき」（『昭徳会報』、一九三六年八月）とあった。

「保護観察」の対象となるのは、行刑後の満期釈放者・仮釈放者以外に、起訴猶予者および執行猶予者である。運用をおこなうのは保護観察所で、全国の二二カ所に設置された。所長は思想検事の兼任か、転官者が就任し、その下に保護司（定員三三人）が配置された。東京府・埼玉・千葉・山梨県を管轄する東京保護観察所の所長には、思想検事のエースであった平田勲が就いた。東京では当初、保護司に警視庁特高第二課長だった毛利基も加わり、「検挙時代」から「保護観察時代」への転換を象徴するといわれた。

日本プロレタリア作家同盟における活動や『働く婦人』の編集活動などが共産党の目的遂行罪に問われて、三六年三月に懲役二年、執行猶予四年の判決を受けた宮本百合子は、三六年七月、まだ法の施行前ながら、「保護観察」に付された。宮本は自筆「年譜」に「はじめて保護観察所によばれたとき、この毛利が鉈豆煙管《なたまめギセル》をさげて出てきて、「どうだね、悪いことをしたと思うかね。」と言った。そのときの感情は生涯忘れないだろう」

と書きつけている（『宮本百合子全集』第一八巻）。

司法省訓令「保護観察所保護司執務規範」（一九三六年一一月二〇日、『治安維持法関係資料集』第三巻）には、「保護司は我が国体に関する明徴なる観念を把持すると共に、常に社会状勢の推移、人心の趨向に留意し、之に関する適正なる認識を有することに努むべし」とされた。「観察」においては、「本人の思想を善導し、生活の安定を図り、其の社会復帰を速かならしむることを旨とし」とされたが、「非転向及準転向者に対しては、特に其の交友関係、通信の状況及条件遵守の状況を観察すべし」とあり、実質的に「監察」の機能が盛り込まれていた。

施行から四四年六月までの統計によれば、裁判所や刑務所などから保護観察所が受理した八七一〇人のうち、保護観察審査会（委員は思想検事・判事・刑務所長ら）に審査を求めた者が五三五三人に上るが、そこで「保護観察」不要とみなされた者はわずかに一六人にとどまる。「保護観察」に付された者の九割以上が保護司の観察下に置かれた。「保護観察」の期間は二年だが、更新が認められており、「非転向」と判断されると更新がくりかえされた。

四一年三月までの数値だが、「保護観察」人員を観察所別でみると、東京が最多で全体の二八％を占めた。「個別輔導状況」（四〇年末まで）では、就職斡旋・就学斡旋・生業補助・生活扶助などの「慈母」的とされた「生活の確立」に関わるものが全体の一六％であるのに対して、「思想の指導」という「厳父」的とされた保護司による「出張、観察」は四七％にのぼった（司法省保護局「保護観察所官制中改正に関する資料」『治安維持法関係資料集』第三巻）。

「保護」から「思想の指導」の重視へ

約九年間にわたる思想犯保護観察法の運用は、一九四〇年前後を境に二分することができる。保護局第三課長の平野利は「其の初期に於ける保護に重点を置いた華やかな積極的活動から、漸次観察に重点を置いた質実な内省的方向へと移行して行った」(平野「戦時下に於ける思想犯保護観察制度の一考察」『昭徳』、一九四二年一〇月)と記している。運用の前半期は、三七年の日中戦争全面化を区切りとして二つに分けることができる。

全国の保護観察所のモデルとなった東京保護観察所では平田勲所長を中心に、まず次のような「基本的運営方針」を確立している(東京保護観察所『事務成績報告書』一九三七年、『治安維持法関係資料集』第三巻)。

保護観察所の任務は、被保護者を輔導するに在りて、之が指導をなすべきに非ず。従って被保護者自身の自発的自力的進路を掩護《えんご》助成し、常に熱意を以て之に当り、人間的結合を通して人格的信頼を得、具体的実践的事実を以て懇切丁寧に之が輔導を為すを以て保護観察の方針と為したり。即ち、

(一)個人の個性才能を察知し、之が助長訓練のため輔導斡旋し、社会的活動を為さしむ。

被保護者の実践的社会的活動を通して、身を以て所属集団を教化指導し、能率を挙げしむるを得るよう、絶えず誘掖輔導に専心す

(二)斯《か》くて都市に農村に工場に官庁に会社に商店に銀行に政治に其の凡ゆる職場に於て、将又《はたまた》家庭内に於て、従って国家生活の凡ゆる重要なる地位に於て優秀なる材として、新日本の指導者たらしむるを目標として保護観察の根本的方針となす

平田の下で輔導官を務めていた中村義郎(思想検事)も「仁愛の精神に基く無権力保護の徹底」(中村「新法施行の意義に就て」『保護時報』、一九三七年二月)と述べていた。「生活の確立」を「思想の指導」よりも優先する「保

護」重視の方針は、この新制度に対する社会の強い批判に配慮したものだった。

ところが、施行後半年を過ぎる頃、内部から「保護」偏重に陥っているという批判が生まれ、「日本精神の体得」という「思想の指導」にも力を注ぐべきという声が高まった。先の中村は「真の日本的自覚に基いて、彼等の望む所の国家社会の革新向上のために之を輔導する」（中村「半歳の実践を顧みて」『昭徳会報』、一九三七年五月）という提言をするに至る。そもそも「思想の指導」は、制度発足時から「国体」観念の明徴＝「日本人としての正道に復帰せしめ、または正道を確保せしむること」（司法省「思想犯保護観察制度の実施」『治安維持法関係資料集』第三巻）と説明されていた。

「転向」誘導の積極化

この「思想の指導」の方向を加速させたのが、日中戦争の全面化である。各地の保護観察所は時局対応座談会、国防献金運動、遺家族訪問などの「対象者の活動」を活発化させた。森山武市郎は「思想犯保護観察制度施行一年を顧みて」（『昭徳会報』、一九三七年一一月）において、「転向の醇化は、今次事変によって触発せられた謂《いわ》ゆる「転向者の愛国運動」にその最高の表現を見出した」と述べている。

一九三八年五月に開催された第三回保護観察所長会同で、塩野季彦法相は「思想の指導」の強化を訓示し、「政府の提唱せる国民精神総動員運動に積極的に参加せしめ、又は国策の線に沿うて大陸に進出せしむる」ことなどを具体的に求めた（『第三回保護観察所長会同議事録』『治安維持法関係資料集』第三巻）。

これはすぐに八月の時局対応全国委員会の設立となり、早くも三八年末には一四六人の「思想転向者」を「満洲国」や中国に送り出した（『保護観察所二年間に於ける活動実績』、同前）。その実践報告は全日本司法保護事業連盟『興亜の礎石（転向者の大陸進出記録）』として刊行されるが、「序に代えて」のなかで森山は「この秋に際会して、嘗《かつ》ての思想事件の転向者が大陸に進出し、或は戦火の下を潜《くぐ》って宣撫班に参加し、或は国策の推進力となっていることは取りも直さず国家に忠誠を誓う所以であり、更生道場としてのかれ等の大陸進出は最も当を得たものであろう」と記した。

こうした戦争遂行体制への関与は、就職斡旋や人事相談などの個別の「保護」から、講演会やピクニックなどの「集団輔導」への重点の移動となった。それにともなって「思想の指導」の目標が「転向」の第四段階の「完全に日本精神を理解せりと認めらるるに至りたる者」から、「第五段階」の「日本精神を体得して、実践躬行の域に到達せる者」に引き上げられた。大阪保護観察所長の安達勝清（思想検事）は、三八年三月の時点で「観察所は第五段階に達することに依って初めて転向者は保護を要せざる者と解し、其の目的に向って傾注している」（司法省刑事局『大阪に於ける司法警察官吏訓練概況』）と述べる。

三八年に内務省警保局の意向で執筆不可能となった宮本百合子は、「私の監視者である保護観察所の所長に会って、執筆禁止の不当なことと、生活権を奪ったことについての異議を申したてた」。保護観察所では文筆関係者と警保局検閲課の役人を集めて懇談会を開くが、直接の当事者以外は押し黙ったままだったという。「何か一言云えばそれを「観察」されて、思想的点をつけられるからみんな馬鹿のようになって、互の顔ばかりみている」ありさまだった（宮本「年譜」『宮本百合子全集』第一八巻）。

制度が軌道に乗りつつある三八年には、新たな問題が浮上している。一つは、母法たる治安維持法が反・非国体的とみなした自由主義や民主主義の思想運動を標的にしていくのと歩調を合わせて、思想犯保護観察法の運用もそうした方向に拡大していくべきという議論が登場したことである。五月の第三回保護観察所長会同において、平田東京保護観察所長は人民戦線事件検挙を踏まえて、「自由主義、功利主義、個人主義の思想迄清算させなければならぬぢゃないか」と発言する。また、福岡保護観察所から提出された協議事項には、「優秀転向者は比較的少数にして、未だ個人主義、功利主義、自由主義、民主々義の領域に低迷せる転向者の数は決して鮮《すくな》しとせず」という現状認識があった。なお、こうした議論に対しては外部だけでなく、内部からも批判や戸惑いがあがった。

もう一つは、「保護観察」では対応しきれない「非転向者」に対する処遇があらためて認識されてきたことである。第三回保護観察所長会同で大阪保護観察所の安達所長は「保護事業の権道《ごんどう》」としつつ、「非転向者」に対する保護観察所自身による「特高的な視察」の必要性を論じた。この一歩先には「予防拘禁」があり、実際にそうした要求も出されるようになった。

特高警察との競合と反目

軌道修正を試みつつも、なお一九三九年段階までは「保護」と「思想の指導」を運用の基軸としていたが、外部からは思想犯保護観察制度への風当たりが強まっていた。三八年四月の地方別警察部長会議で青森県から「保護観察所は所謂転向者偏重に傾き種々の弊害あり、相当考究せられたし」という要望がなされたが、これはおそらく氷山の一角である（『資料日本現代史』「日中戦争期の国民動員」1）。「特別要視察人」などとして監視を加えている特高警察の立場からは、保護観察所の「保護」と「思想の指導」は「転向者」を優遇しすぎているという批判や不満が絶えなかった。

これに対応するものが、三八年九月の長崎控訴院管内思想実務家会同における「転向状態に就きての裁判所、検事局、刑務所の観察と吾々の観察との間には差したる相違はありませんでした。只《ただ》警察官の観察と吾々のそれとの間には可成りの開きがある様に考えられます。一般に警察官の採って居る転向状態の測定基準が厳であり、思想保護司のそれが寛である様に思われる」という吉岡幸三福岡保護観察所長の発言である。さらに、吉岡は「思想転向者の警察官憲、就中《なかんずく》視察係に対する反感の強いこと」にも言及している（『思想研究資料特輯』四八）。

ほとんどの「保護観察」対象者については特高警察による監視もなされており、二重の監視の目が光ることになった（その後、「思想憲兵」による監視も加わる）。そこに特高警察と保護観察所の競合が生じ、反目も生まれた。保護観察所の活動自体が、その「保護」と「思想の指導」を受ける被保護観察者から敬遠され、批判されていたことは、四〇年五月の思想実務家会同における大阪地裁検事局の松本武祐検事の次のような発言から推測できる（『思想研究資料特輯』七九）。

管内に在住致しまする思想犯罪関係者は約千二百名ございます。其の中で一部の完全転向者を除きまして、大部分の者は其の態度が頗る曖昧でありまして、常に保護観察所の活動を白眼視しまして、密かに個人的な連絡を保ち、又は無産者団体、文化団体等に所属しまして、合法的階級運動の強化に努めんとする者もございます。殊に最近の著しき傾向と致しましては、転向者の自治的組織に依りまする政治的進出を企図せんとする動きであります。彼等は保護観察所の活動が徒《いたず》らに精神的訓練主義の偏重である、従って現在の諸情勢に照し、斯《か》かる無用の長物は廃止すべきであると迄極論しまして、密かに策動して居る模様であります

松本自身も「保護観察所の活動が徒らに精神的訓練主義の偏重である」ことに不満を抱き、後述するような「観察」＝「監察」機能を重視する方向を望ましいと考えている。

河上肇の「保護観察」

一九三七年六月一五日、小菅刑務所を出獄し、自宅に戻った河上肇のもとに、早くも二四日に東京保護観察

所の保護司藤井恵照が訪問している。一〇月の再訪は「三、四人の会合に出席を勧める調子の話」だったが、河上は「成るべく辞退したき意向を漏して」、断った（「晩年の日記」一九三七年一〇月一一日、『河上肇全集』23、以下、年月日のみ）。おそらく転向者の集まりに参加させ、「獄中独語」で「転向」した河上をさらに活用しようという意図だったと思われる。

三八年一月一三日の藤井の来訪は「保護観察所の所長平田氏が会いたい」との用件で、河上は翌一四日に保護観察所に「出頭」し、平田勲所長と面談する。平田は「獄中独語」について個人的には「転向の実を示されたもの」とみているが、「一般の人々と同様の眼を以て見るならば、書かれたものに転向の甚だ不充分なるもの」があるとし、それが仮釈放できなかった理由だと釈明する。この面会について「法規の定むる所もあり、審査委員諸氏に代って一応の面会を遂げ、自分よりお話の次第を委員諸氏に伝える積なり」と説明する。

刑務所から仮釈放や満期出獄の通知を受けると、保護観察所は「直ちに本人の経歴、境遇、性向、心身の状況、思想の推移、其の他必要なる事項」の調査をおこなう。その際、「特に本人の心境変化の有無、若し心境変化あるときは其の動機、程度及社会運動に従うの意思の存否につき留意する」。平田が河上と面談したのは、この「心境変化の有無」、つまり現在の「転向」状況の確認にあったといえる。この調査結果で保護観察に付すべきと判断すると、保護観察審査会に審査を請求し、審査会では審議を経て、決議をなすという手順で進んだ（以上、司法省「思想犯保護観察制度の実施」）。

東京保護観察所が三六年一一月から三七年六月までに受理した五三五件（満期釈放は九一件）のうち、生活の補助などを理由とする仮処分が八五件、審査不請求とされたものが九三件あり、三二九件が「調査事件総数」となり、藤井や毛利基らが分担して担当する。この期間の東京保護観察審査会の審査件数は一四八件で、否決は二件だった。「保護観察」処分とする理由のうち、「思想上」でみると、一二一人中、「転向確保」が五六人、「転向昂揚」が三一人、そして「転向促進」（「非転向」あるいは「転向」状態が不定とみなされた者）が三四人だった（東京保護観察所『事務成績報告書』）。この時点で河上は保護観察所に受理されていた可能性はあるが、まだ保護観察審査会の審査には入っていない。

平田との面談で今後について聞かれると、河上は「一切何もせぬつもりなり」と答えた。平田の印象は「和かにして、不快を感ずることなし」だった（三八年一月一四日）。二年を経過して、四〇年二月二〇日、河上は「保護観察処分」の通知を受ける。二三日の「日記」にその文面を記している。

保護観察処分通知書

貴殿に対し東京保護観察審査会の審議を経て、昭和十五年二月二十日、思想犯保護観察法第三条に依り左記の通り決定相成候に付き、同法施行法第十四条に依り此段及通知候也

記

谷内庄太郎之委托に付す

なぜ平田との面会から二年も経過しての決定なのか、理由は不明である。委托者となる谷内は東京拘置所長であり、直前の一七日に面会してこの決定を河上に伝えていた。出獄後から二年半以上が経過しての正式決定であるが、この間にも保護司の藤井は来訪している。『自叙伝』には、「出獄後もこの藤井に面会せざるを得ない機会を幾度か有ったが、この時以来彼は、この糞坊主の顔を見ると其の日一日中胸を悪くしていた」と記している（『河上肇全集』続7、「この時」とは出獄直前の面会を指す）。また、警視庁の特高警察官も訪問していた（一九四〇年五月七日）。

「日記」には、保護観察所との二つのやり取りが記されている。一つは、四一年六月下旬の次のような記載である。

保護観察所よりの通知にもとづき、謂わゆる左翼文献に関する内外の図書雑誌類約六百四十冊を納入す。マルクスの著作、エンゲルスの著作、レーニン全集等、種々書き入をしたるものなどあり、手離すに当って涙ぐむ感じありき。……図書と共に秀《ひで》（妻——引用者注）トラックに乗り、千駄ヶ谷の観察所まで納めに行く。

保護観察所が左翼文献の提出の根拠をどのように示したのか、「日記」には何も書かれていないが、おそらく強引な指示で河上は従わざるをえなかったのだろう。「手離すに当って涙ぐむ感じありき」と記すところに、河上の無念さや悲嘆ぶりがうかがえる。

もう一つは、京都への転居をめぐってである。思想犯保護観察法の第四条には「住居、交友又は通信の制限」などの遵守を命令することができるとあり、転居にあたって保護観察所の了解を得る必要があった。四一年一一月二八日、河上は東京保護観察所に「出頭」し、「所長長谷川瀏氏に面会、午後一時半より四時近くまで縷々《るる》陳情、京都移転に就て便宜を与えられんことを嘆願」した。その後、「出頭通知」により一二月八日、保護観察所に出かけ、「幸にして京都への移転差支なしとの許可を得、厚く礼を述べて帰る」（以上、「日記」）。慌ただしく二〇日に東京を発つが、この間には東京保護観察所に「挨拶」に行き、京都着の翌々日には京都保護観察所に「挨拶」に出かけている。「縷々陳情」「嘆願」「挨拶」と記すように、生殺与奪の権を握る保護観察所に対して河上は従順な姿勢を見せねばならなかった。

四二年に「更新」がなされた「保護観察」は、四四年二月一九日、解除となった。「貴殿に対する保護観察処分は来る二月十九日を以て解除に決定しました」という通知を二月二八日の「日記」に書き写すとともに、その感慨を「けふはしも「保護観察」は解かれたり獄を出でしより七年の後」と詠んでいる。

しかし、その後も特高警察は河上への監視を緩めていない。四五年八月の敗戦前後の「日記」には特高警察官の来訪を記している。

北海道生活主義教育運動事件で有罪となり、執行猶予となった坂本亮は札幌保護観察所の「保護観察」下に置かれた。敗戦後、その解除の通知が届いたことを、次のように回想している（坂本亮『季節点描』1）。

当時なお執行猶予だった私たちを、時々保護司というのがたずねてきて、「今どんな本を読んでいるか」とか、「この戦局はどうなると思うか」など質問しては帰ってゆく。もともと共産主義を信じた事もない私だったから、転向などというようなことがあるはずもないのに、その保護司の前に改心の様子をとりつくろうのは、なんとしてもばかばかしいことであった。ひどい食糧不足の時だったから、私は保身の意味で、保護司のよろこぶ麦粉やでんぷんを持たせた。

観察＝慈母から監察＝厳父へ

一九四〇年五月の第五回保護観察所長会同は、「保護観察」のあり方が「保護」から「観察」に転換していく前兆となった。森山武市郎保護課長は指示事項の伝達のなかで、「今後戦時体制の進展に伴い、各種の思想的社会的運動が活発となり、経済関係の推移に伴い、一般的社会不安が蘊醸《うんじょう》せられ、思想事件関係者の生活の基礎も亦動揺を感ずるに於ては、是等の者の社会的関心は再び熾烈となり、誤れる方向に逸脱するの虞なきを保し難い」と述べた。また、「危険性濃厚なる」思想犯の釈放が予想されること、「類似宗教」関係者への「保護観察」の要など、新たな事態が生じつつあることにも言及した（『昭徳』、一九四〇年七月）。

一一月には、初めて保護観察所の保護司の会同が開かれた。さらに司法省保護課の保護局への昇格とともに、保護観察所の機構が拡充される。それらを促したのは、「銃後に於ける思想犯の防遏を図り、国内治安の完璧を期するの肝要」（「公文類聚」、国立公文書館所蔵）からであった。こうした認識から治安維持法「改正」が具体的日程にのぼり、「予防拘禁」の導入も確定的となる。

四一年五月の第六回保護観察所長会同では、はっきりと「観察」=「監察」の方向が打ち出された。林隆行広島保護観察所長の「従来は専ら慈母の態度を以て接して居った、観察所は対象者に対して睨《にら》みが利《き》かぬと云う点に於て厳父の威厳を欠いて居た」という発言は、会同の空気を象徴する。司法保護の実績を向上させるための方策を問う諮問に対して、「一人の異心あるを許し得ず、一人の落後者も許されない」という観点から答申がなされた。その第一として、思想犯保護観察法第四条の「住居、交友又は通信の制限」などの遵守命令の活用、「非転向者、偽装転向者と目せらるる者に対する調査の為め、強制力の行使を認むる法規の制定」などを提案する。第二は、「類似宗教関係者に対する輔導対策」である。

この方針転換に関連して、四一年九月一二日、保護局長は各保護観察所長に宛て新たな「転向」基準を通牒し、「保護観察」中の対象者の再調査を指示した(結果は不明)。「予防拘禁」制の実施を前に、司法省刑事局・行刑局・保護局で協議した新基準は、「転向」を「過去の思想を清算し、日常生活裡に臣民道を躬行し居るもの」と一括りする一方、「非転向」は五つの小分類に、「準転向者」は三つの小分類とした。「非転向」のうち、「1　思想及言動に於て何等反省なきもの」「2　客観情勢に対し日和見《ひよりみ》的態度を持し、実践行動に出でざるも、過去の思想を抛棄せざるもの」と判断された場合には、「即刻予防拘禁の申立」の準備をしておくことが指示された。河上肇の場合は、「非転向」の「3　家庭の事情、其の他一身上の事由に因り実践行動に出でざるも、過去の思想を抛棄せざるもの」に相当しよう。

四二年六月の第七回保護観察所長会同の答申では、「対象者指導目標」を「特に皇国民としての没我帰一の精神に徹底せしめ、国民一体化を図らねばならぬ」と設定している(以上、『治安維持法関係資料集』第三巻)。

この転換は、第一線の保護観察所の自認するところであった。新潟保護観察所が四二年六月に広報用に作成した『保護観察のしおり』では、「新潟保護観察所は反国家思想の防止絶滅を目的とする官庁である」として、次のように解説している。

光輝ある神国を瀆《けが》したものは欧州第一次大戦を契機として世界を風靡した自由主義、個人主義の思想、就中、之等の思想を温床とする社会主義、共産主義の思想である。……大いに日本精神を昂揚し、皇国臣民たるの光栄の一大自覚運動を展開し、嘗て思想犯の罪に問われた者（思想前歴者）を中心に、危険思想の懐抱者を、危険行動に出ずる遥か以前に於て、思想的、行動的に転向せしめて、これを忠良なる皇国臣民に還元せしむることに依って、広く社会一般的に思想国防の徹底を図らんとするものである

これを実行するために、「思想前歴者」に対する「就職、職業助成等に依って安定を得せしめ」ることもあげられているが、より重視されているのは「個人的に、例えば之を観察所に招致し、又は其の家庭を訪問し、或は通信、文書に依り思想上並生活上の指導を為し、更に又思想前歴者を集団的に一定の場所に集合せしめ、座談会又は講演会等の形式に依る方法を以て思想上の指導を為し、反国家思想の清算から進んで日本精神への復帰に努」めることである（「布施辰治資料」、明治大学図書館所蔵）。しかも、「思想前歴者」に対する「監察」と「思想の指導」の強化にとどまらず、社会全般に対する「思想国防の徹底」までも保護観察所の責務と考えている。

「反国家思想の防止絶滅」へ

「反国家思想の防止絶滅」をめざす活動は、思想犯前歴者を「大東亜共栄圏建設の聖業」に駆り立てていく。まだ予防拘禁所に送り込んでいない「非転向者」で、「再犯の虞顕著ならざるもの、又は準転向者中、其の儘国内に居住せしむるを不適当と認むるもの」（陸軍「思想犯経歴者南方に収容する件」一九四二年八月一四日、『資料日

本現代史』13「太平洋戦争下の国民生活」）を、南方諸島に「島流し」する計画を立て、実際に一九四四年七月にはボルネオ島に三〇人の「図南奉公義勇団」を送り込んだ。保護観察所の職員が随行し、管理にあたっている。戦局の悪化とともに、「図南奉公義勇団」員はボルネオ島で現地召集され、半数近くが戦死・戦病死した。第二次派遣団は輸送船が攻撃を受けて沈没、第三次は募集段階で中止された。

戦局悪化にともなう全般的な行政機構の整理によって、思想犯保護観察の機構も縮小された。保護局は行刑局とともに廃止されて刑政局となり、保護観察所の定員も減った。

しかし、制度自体の運用は拡大が模索された。対象者を治安維持法違反に限定せず、「詭激思想懐抱者」の犯した犯罪に拡大すべきという論が提案されるほか、四四年一一月に刑政局は「思想事件関係者勤労動員計画」を立案する。これは思想事件関係者の「輔導を強化する為、之を直接戦力増強に寄与すべき業務に動員し、勤労を通じ皇国民としての再起、奉公を実践せしむると共に、銃後思想治安の確保を図らんとす」という一石二鳥の目標を掲げる。「一事不再理の原則を放棄し、保護観察終了者にして保護観察の要ある者を速に立件すること」ということも考えられていた（司法省「思想事件関係者勤労動員関係綴」『資料日本現代史』13）。このなりふりかまわず強権を行使しようとする計画は実施には至らなかったと推測されるが、各観察所では思想保護団体などを通じて、「錬成」を名とする「勤労輔導」が進められた。たとえば、札幌の尚和会の四四年度活動方針には「特設錬成道場に於て強制的錬成実施の実現を図ること」（司法省「思想保護団体報告綴」同前）があがっている。

四四年六月末現在の「保護観察」人員は二四三五人にのぼる。このうち「成績」が「良」とされるのは一一五二人（四七・三％）、「稍良《やや》」が一二六五人（五一・九％）で、「不良」、すなわち「非転向者」はわずかに一七人（〇・七％）である（『治安維持法関係資料集』第三巻）。在監中の者を除き、ほとんどの「非転向者」は予防拘禁所に入れられていた。「成績」が「良」とされれば、保護観察期間の満了とともに「保護観察」処分の解除がなされていく。

四五年一〇月、GHQの「人権指令」によって治安維持法などとともに思想犯保護観察法が廃止される段階で、二〇二六人が「保護観察」を受けていた（終戦連絡中央事務局第一部『執務報告』第一号、一九四五年一一月一五日）。一般に「人権指令」によって政治犯の三〇〇〇人が釈放されたといわれるが、それは不正確な理解で、大部分を占めるのはこの思想犯としての「保護観察」処分の解除であった。先の北海道生活主義教育運動事件の坂本亮もその一人である。

三 予防拘禁

「予防拘禁」の仕組み

一九三四年の治安維持法「改正」案に盛り込まれたものの、反対論が根強く時期尚早とみなされていた「予防拘禁」が、四一年三月一〇日公布の新治安維持法によって実現する。罪刑法定主義から大きく逸脱する「予防拘禁」制の導入に対して、「若しいつもの場合でありましたら、在野法曹から非常に大きな反対をかったのだろうと思いますが、在野法曹の反対はそれ程でもありませんでした」（四月の臨時思想実務家会同における三宅正太郎司法次官の挨拶、『思想研究資料特輯』八八）という状況だった。

新治安維持法はその第三章で「予防拘禁」を詳細に規定した。対象となるのは治安維持法違反の満期釈放者、執行猶予となり思想犯「保護観察」に付されている者で、再び治安維持法違反の「罪を犯すの虞顕著なる」（第三九条）とみなされた場合に、予防拘禁所に収容し、「改悛せしむる為、必要なる処置」（第五三条）が加えられることになった。期間は二年で、継続が必要と判断されれば「更新」された。

四一年五月一五日の新治安維持法の施行とともに、予防拘禁所が設置された。収容定員を一三〇人とする新施設の建設が計画（小金井町）されたが、資材不足などもあり、豊多摩刑務所の拘置施設を改造し、四一年一二月二八日に開所となった（四五年五月の空襲被害により、六月に府中刑務所内に移転）。職員は教導官二人、教導官補と書記各二人で、刑務所の看守に相当する教導が一八人いた。

「予防拘禁」の手続きは、まず刑務所長および保護観察所長が該当者を地裁検事局の検事に申立をする。検事はその申立が妥当と判断すると、予防拘禁審査会の意見を聞いたうえで裁判所に請求し、裁判所が本人の陳述を聴いて「決定」する、と規定されていた。裁判所の審判手続は、非公開・弁護人抜きでおこなう。

徳田球一らの出獄期日（一二月二〇日）が迫った九月二八日、刑事局長から各地裁検事正に「予防拘禁制度活用に関する件」が通牒された。「国際状勢の頓《とみ》に緊迫し、何時《いつ》非常緊急事態の発生を見るや予測を許さざる現時臨戦的国情下」という対米英開戦が必至となった時点において、「治安を確保する為、詭激思想に基く反法行為を防遏するの要、愈《いよいよ》緊切なるものある」として、「現時局下に於ては単に非転向者も亦予防拘禁の対象となり得べきこと」などと指示された。「保護観察」のところでみた「転向」の新基準のうち、「準転向者」の「1　過去の思想に懐疑的又は無関心となり、思想的低徊の状態に在るもの」と「2　過去の思想を抛棄したりと表明するも、其の日常の言動、思考、態度の上に過去の残滓を留むるもの」は、「非常緊急事態切迫」の場合には「予防拘禁」が必要とされた。この通牒を受けて、各検事局からの「予防拘禁」請求が活発となる。三・一五や四・一六事件の共産党指導者で、刑期満了が近く、「予防拘禁」が想定されている徳田球一や福本和夫らは、九月頃までに千葉刑務所や小菅刑務所に移送された。まず、「非転向」者の収容が急がれた。

徳田球一の「予防拘禁」

一九四一年一〇月三一日、小菅刑務所長岡部常は東京地裁検事局検事正金沢次郎に徳田球一の「予防拘禁申立書」を送付した。その理由は次のようなものである。

本名は入所以来八年に及ぶ年月を経過し、沈思反省の好機会を与えられたるに拘らず、其間何等の思想的発展の跡を認むること能わず、僅かに将来の生活態度に付て共産主義運動に適せざる社会状勢の出現、長期に亘る受刑生活に依る肉体の衰弱と気力の消耗及び運動実践に対する熱意の冷却等を理由として、一切の政治社会運動より離脱せんことを表明せるも、其の思想内容（国体観、社会観、経済観、戦争観、宗教観等）に於ては第一審、第二審当時公判廷に於ける陳述と聊かも変るところなく、依然として共産主義思想の正当性を確信し、且最近治安維持法改正に伴う予防拘禁制度の実施に対し、却って対立反感を増長し今日に及べるものにして、釈放後に於て更に治安維持法に掲ぐる罪を犯すの虞なしとせざるによる

この「申立書」には、一〇月一七日付の徳田の所見が付されている。「将来の生活態度」として、「実際の所、社会運動や政治運動に関心を有するよりも、指《さ》し詰《づめ》、保健上の欠陥を幾分なりとも取り返して、「めし」を食う方法を発見しなければならぬ」とする一方で、満期釈放直前になって治安維持法「改悪」による「予防拘禁」を導入することは、「全く自己の人民への約束を裏切るもの」であり、「どう見ても戦争に没頭した結果、極度の神経過敏症又昂奮症に侵されたものと断ずる以外には言いようがない」ときびしく批判する。実はすでに千

葉刑務所に服役中だった徳田は六月一五日の時点で、「この法律は労働者、農民、勤務者、兵士、其他被抑圧人民層の奴隷化政策の最後の保障だ」などの反対意見書を書いていた。

また、一〇月一五日付の小菅刑務所長「行刑成績表及心境手記に関する件」によれば、徳田は「心境手記に関し種々慫慂したるも、何れも之に応ぜず」という状況であり、「行刑成績概評」は「行状稍良なるも、未だ転向の意志なく」とされていた。「累進処遇令不適用者」であった。一一月一三日、東京刑事地裁検事局検事山内繁雄の「聴取」に際し、徳田は「現在に於ても共産主義に対する信念は、嘗て其の運動に従事して居りました時と何ら相違ありません、併し若し刑期満了の際釈放されたとしましても、現下の情勢及私個人の健康並に生活問題等の為め再び共産主義運動に乗出すことも出来ませんし、又其の積りは全然ありません、すなわち再犯の虞はないのであります」と答えた。共産主義に対する確信は少しも動揺することがないとして、「それ故、私を予防拘禁所に廻すことは無意味」と述べた。

一一月二四日、東京刑事地裁検事局の山内検事から東京予防拘禁委員会に「予防拘禁請求意見書」が送付され、翌二五日には委員会での審議のうえ、「予防拘禁の請求は之を為すべきものなりと認む」という「意見書」が決定された。この手続を経て、一二月四日、山内検事から徳田の「予防拘禁請求」が東京刑事地裁宛になされた。「本年十二月二十日刑期満了すべきものなるところ、現在に於ても尚共産主義を正当なりと確信し、毫《ごう》も反省の色なく、激烈なる反国家的感情を露骨に表明し居り、今後更に同種の罪を犯すの虞あること顕著なるものあり」という理由である。一九日、「本人取調」が東京刑事地裁裁判長飯塚敏夫によって実施された。徳田は「実際監獄の遣り方は死頸《しにくび》を絞めるのと同じことを遣って居る、夫れ以上のことを予防拘禁で遣ろうとする、然かも夫れが司法大臣の勝手に出来る省令で決めるというので、私は予防拘禁に対し、あなた方の遣ることに対し絶対反対で何処迄も反抗する、一切の力を用い、一切の智慧を総動員して之に反抗す」と陳述する。

このような手続きを経て、一二月二七日、飯塚裁判長は「此の如き境に在る本人を今直に釈放せんか、再び共産主義運動に身を投じ、重ねて治安維持法第一章所定の罪を犯すに至るの虞顕著なること、固より論勿《な》き」として、「徳田球一を予防拘禁に付す」という「決定」を下した。徳田は二九日に東京控訴院に「即時抗告」を申立てるが、四二年一月二九日、「棄却」の決定が下る。

手続きは踏まえられながらも、初めから「予防拘禁ありき」の「出来レース」にほかならなかった（以上、司法省『思想資料パンフレット（特輯）』第三七号、『昭和思想統制史資料』「共産主義・無政府主義篇」3）。

「予防拘禁」の諸相

早い段階で「予防拘禁」の決定を受け、予防拘禁所の最初の収容者となったのが松本一三（一九三三年共産党入党。共産青年同盟中央部の活動で検挙。三八年に再検挙）である。懲役四年の刑が満了する前日の一九四一年一〇月二四日、静岡地裁で「依然共産主義思想を抛棄せず、該思想は正当なりと確信し居り、而も共産主義者なる以上今後に於ても闘争を抛棄すべきものに非ずと言明し居り」と認定された（『思想月報』第八八号、一九四一年一〇月）。

対米英開戦直後の非常措置で多くの思想犯が一斉検挙された。そのうち、具体的な治安維持法違反の「犯罪」が認定される場合は起訴・予審へと進むが、再犯者で「罪を犯すに至るの虞顕著なる」と判断される場合には「予防拘禁」の手続きへと進んだ。

一二月二七日に「予防拘禁」請求された牧瀬恒二（日本共産青年同盟員。一九三三年、滝川事件で検挙、懲役二年一〇月）は、「目下検事に対しては一応過去の思想を抛棄したるが如く表明するも、未だ共産主義に対する完全なる理論的克服を経て思想の清算を遂げたるものとは認め難く、長期間に亘り鞏固なる共産主義意識を堅持して今日に至れる従来の経歴に徴する時は、現下緊迫せる客観状勢に鑑み、保護観察に依るも同種の罪を犯すの危険を防止すること困難にして、更に之を犯すの虞顕著なるものあり」（東京刑事地裁検事局「予防拘禁請求理由通報」第一回、一九四二年一月一二日、「太田耐造関係文書」）とされた。

名古屋の角野真一に対する「予防拘禁」決定（年月日不明）は、その「転向」の判断基準のきびしさを物語る。対米英開戦時で一斉検挙された角野は、「再び独坐沈思の機会を得、爾来反復省察漸くにして共産主義の誤謬なることを悟るに至りたり」と陳述した。これを裁判所は「当審に於ける其の態度に徴するも、亦概《おおむ》ね信ずべきに庶幾《ちか》し」と認めつつも、「若し夫れ局面変転して人心の動揺を来し、従て治安の間隙を生ずることあらんか、本人の思想的炉火、誰か再燃して往時の威を逞《たくましゅ》うせずと断じ得ん」と判断し、「転向の萌芽を明認し、今暫く旧同志との交際、実社会との接触より本人を離隔しつつ、与うるに厳重なる紀律と沈思反省の機会を以てし、適当に錬磨教導するに於ては、必ずや右萌芽年余にして美事生育完成を見るべく」とみなして、「予防拘禁」を決定した（笠松義資『予防拘禁制度に就て』『思想研究資料特輯』九九）。

大阪地裁判事の笠松義資が「思想特別研究員」として「予防拘禁制度に就て」調査した報告書によれば、「大東亜戦争勃発当初は国を挙げて一大興奮に包まれ、所謂非常緊急の事態に直面し、民間の一部より思想犯人を厳重隔離せよとの声」があがり、それに呼応して裁判所は新治安維持法第三九条の「罪を犯すの虞あること顕著なるとき」という「主観的要件の解釈を最大限に拡張して其の請求の大部分を容れ、予防拘禁に付すべき旨の決定を為した」という。「民間」からの「隔離」せよとの声は不明だが、一九四二年を通じて三九人が収容されている。

国内における「予防拘禁」対象者は仮に三〇〇人と想定されていたが、四五年五月末までに実際の検事局への申立（受理）があったのは七四人で、検事の段階で「不請求」が八件あり、裁判所への請求は六六人に止まった（四三年六月二三日までに五八人）。それでも六人のみが「予防拘禁」に付せずという決定だった（『治安維持

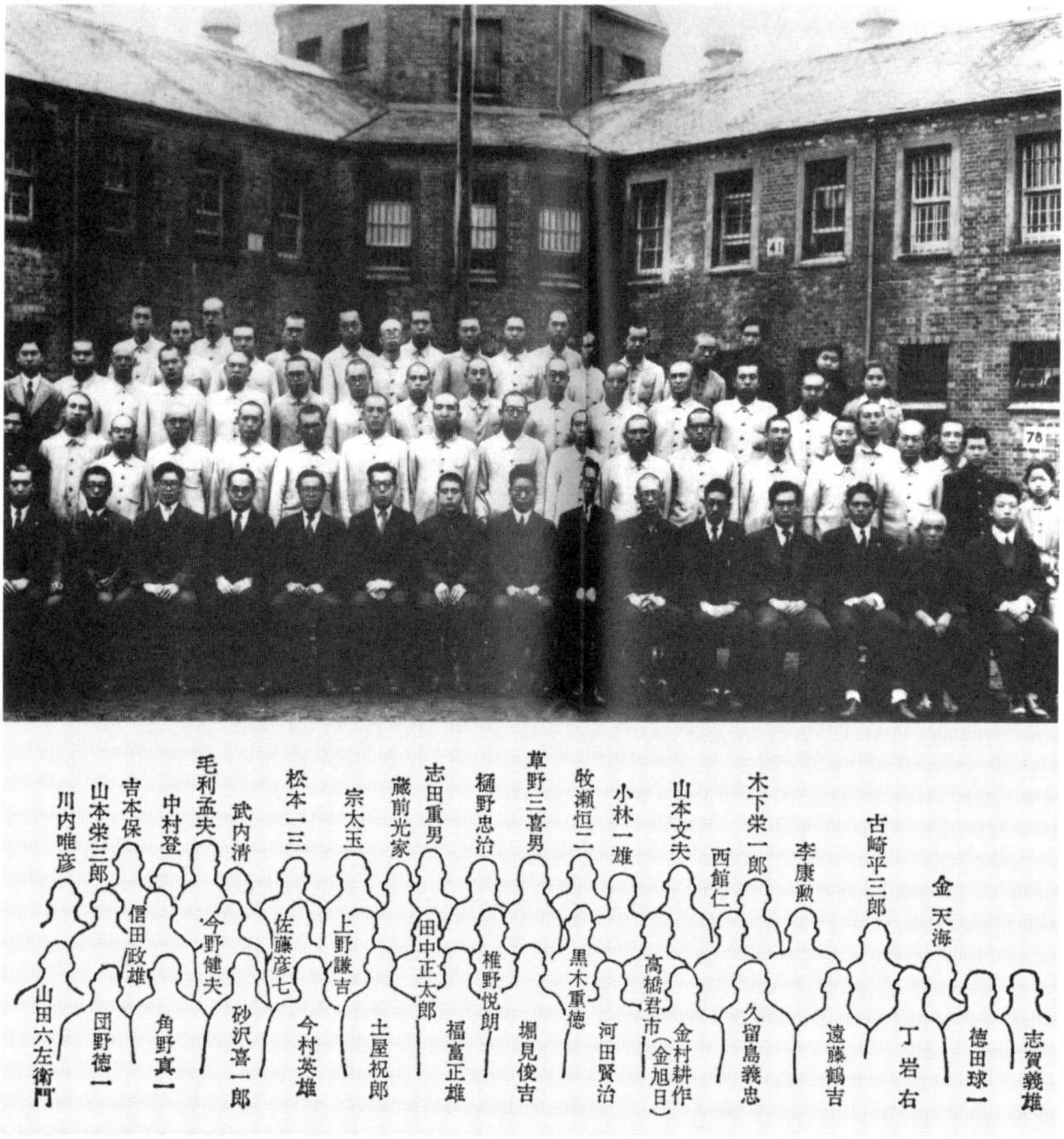

川内唯彦
山本栄三郎
吉本保
中村登
毛利孟夫
武内清
松本一三
宗太玉
蔵前光家
志田重男
樋野忠治
草野三喜男
牧瀬恒二
小林一雄
山本文夫
西館仁
木下栄一郎
李康勲
古崎平三郎
金 天海
信田政雄
今野健夫
佐藤彦七
上野謙吉
田中正太郎
椎野悦朗
黒木重徳
高橋君市
金村耕作（金旭日）
久留島義忠
遠藤鶴吉
丁 岩右
徳田球一
志賀義雄
山田六左衛門
団野徳一
角野真一
砂沢喜一郎
今村英雄
土屋祝郎
福富正雄
堀見俊吉
河田賢治

予防拘禁所の収容者と職員　1943年夏

法関係資料集』第四巻)。「予防拘禁」に付すとされた大部分は広義の共産主義運動で、ほかに朝鮮の民族独立運動関係一人と天理本道・灯台社関係五人がいた。刑期満了とともにそのまま刑務所から収容となったのが二一人、「保護観察」処分下にあって一般社会からの収容が四四人あった。

四二年七月、熊本地裁の李康勳《イ・カンフン》に対する決定は「現在尚民族主義的思想を堅持し、朝鮮をして独立の国家たらしめんとする願望を抱懐」するという判断である。李は検事による「聴取書」のなかで、運動にはもう従事しないが、文化的・教育的な「朝鮮民族の精神運動を為し、独立の気運を作ることが必要である」(『思想月報』第九七号)と述べていた。

天理本道の高橋君市に対する静岡地裁の決定では、「転向」を表明するも「完全なる清算」とはいえないとして、「其の信仰経歴且家族親族等に天理本道の信徒多き事実、及現下緊迫せる社会情勢等に照考するとき」、再犯の「虞あること、洵《まこと》に顕著」(『思想月報』第九三号)と断定していた。

罪刑法定主義から逸脱する「予防拘禁」制度だけに、その決定の手続きには予防拘禁委員会の意見を求めるなど、ある程度の厳密性を担保する仕組みをつくったが、実際の運用ではこの形式的な手続きさえ無視するケースが多くあったようである。

四一年五月、「非転向」のまま懲役三年の刑を終えて釧路刑務所から出所していた土屋祝郎は五カ月後、札幌拘置所での思想検事の取調を経て、予防拘禁所に収容される。予防拘禁委員会の意見や裁判所での聴取もなされず、形式的に裁判所が「予防拘禁」の決定をおこなっただけだった。土屋は「つぎつぎに収監されてくる人びとはろくな取調べも受けず、正式な決定の言渡しも受けずに連れてこられるものが少なくなかった。しかもその人びとは予防拘禁にあたいする行動をとっていないばかりか、完全に転向している人びともふくまれていた」「井口〔清札幌地裁検事局思想検事――引用者注〕の手で送られてきたものを拘禁所では、特に「北海道組」

と称して、本来、くるだけの資格をもっていないにもかかわらず、遮二《しゃに》無二《むに》拘禁処分されたものの別称にするようになった」と回想する（土屋『予防拘禁所』、一九八八年）。

松本も制度の運用には地域的に「大きなアンバランスがあった」とし、「予防拘禁」に付された人数は大阪一〇人、北海道九人、東京六人と集中していることを指摘している（松本「東京予防拘禁所の回想」『獄中の昭和史』）。初代の予防拘禁所長中村義郎は、収容者の地域差があることについて、山辺健太郎の質問に「それは地方の検事の審査の基準の異なる所から起るのです。大阪、北海道が多かった」と答えている（『現代史資料月報』第三六回、一九七三年八月）。前述の通牒「予防拘禁制度活用に関する件」にそって「予防拘禁」を請求するかどうかは、各検事局・思想検事の判断にまかされたため、対応に差が大きかった。

おそらくもっとも遅い段階の入所者と推測されるのが、灯台社の女性薬《よう》フミイである。四二年五月に新潟県で検挙され、四三年七月に新潟地裁で懲役二年六月（未決勾留三〇〇日通算）の刑を受け、宇都宮刑務所で服役、四五年四月に刑期満了となるが、依然として「全く我国体の観念を欠如し、我国の滅亡を確信し、激烈なる反国家感情を露骨に表明し居」るとして、四月一〇日、「予防拘禁」に付す決定がなされた（内務省警保局「特高月報」原稿、明石博隆・松浦総三『昭和特高弾圧史』4）。

「予防拘禁」決定にならない事例

裁判所が「予防拘禁」に付せざると決定した一人が福本和夫である。福本に対する小菅刑務所長の「予防拘禁中立書」は、一九四一年一〇月三〇日、東京刑事地裁検事局検事正金沢次郎に送付された。「一見過去の共産主義思想を抛棄清算せるにあらずやとの印象を与うるも、尚之に代うる新しき思想内容に付て明確に之を表明せず、之が判定に困難なり、之に依って見るに入所以来思想推移極めて順調なるも、未だ完全転向の域に到達せるものとは言い難く、出所後再犯の虞なしとせざる」となっている。

この「予防拘禁」決定をめぐる手続中、福本は予防拘禁所に仮収容されていた。東京刑事地裁による福本の陳述は他の人と異なって三回あり、飯塚敏夫裁判長宛の「上申書」の提出も三回におよんだ。四二年一月六日の「上申書」は「我が日本の国は神聖なる　天皇親政の下に、天皇を中心としてのみ繁栄し発展して来た国であり、いつまでも弥《い》や発展し行く可き尊い国である」に始まり、「吾等は大東亜戦争の必勝を期せん」と結ばれる。

二月六日、裁判長は「福本和夫を予防拘禁に付せず」という決定を下した。「畢竟《ひっきょう》其の心境に関する限り、本人に再犯の虞顕著なりと謂うことを得ず」と判断し、「若し万一を慮ると謂わば、宜しく思想犯保護観察の制に遵《じゅん》じて予め査察を厳にし、他日心境再転して為に再犯の虞顕著なるを致さば、始めて用うるに予防拘禁の事を以てすべし」としたのである。その際、「夙《はや》く已に再犯の虞顕著なりと称し、濫に予防拘禁の事を行わんとするは権変竟《けんぺんつい》に其の可なる所以を見ず」と、検察側の前のめりの姿勢を批判している。

これに対して、東京刑事地裁検事局は東京控訴院に抗告する。三月二三日付の検事局の「意見書」では、福本の「転向」は「多少反省するところありとするも、其の期間は短かく、又其の態度及内容に於て未だ大いに欠くるものあり」とするとともに、次のような「左翼思想運動情勢」の危険性を強調する。

> 現下左翼思想運動に関し検察当局の最も心しつつあるは、実に所謂左翼思想運動前歴者の再犯なり、思想犯保護観察の制度実施せられて以来、保護観察所は其の機構未だ必ずしも整わざるに、制度の趣旨に則り献身的努力を傾倒し来りしに拘わらず、近時所謂前歴者の再犯に出る者激増し、就中転向者と称せられたる者頗る多く、其の再犯に到れるは共産主義思想の清算徹底せざりしに基因し、且つ現在左翼思想運動の形態及内容の変化に因るものと断定せらる

四月二三日、東京控訴院の佐藤竜馬裁判長は検察の抗告を棄却した。「本人の陳述は現在に於ける真実の心境を吐露したるものと認むるを相当とすべく」という判断である（以上、司法省『思想資料パンフレット（特輯）』第三七号、『昭和思想統制史資料』「共産主義・無政府主義篇」3）。先の「転向」分類によると、福本の場合は「準転向者」の「3　過去の思想の残滓《ざんし》を留むるも、之が清算への積極的努力を為し居るもの」に相当するとされたのだろう。徳田は別としても、前述の松本・牧瀬・角野と福本の「決定」の違いは、裁判長の判断に左右されたものといってよく、相対的なものであった。

なお、福本は自伝的文章『革命運動裸像』（一九六二年）のなかで、「予防拘禁」に「ひっかかって、かれらの思う壺にはまるのは、愚の極である」として、出獄して自らに「課された使命」の実践こそ「緊急の急務」と考えたとする。そのために「敵を煙に巻いたりするのも、やむをえない」として、先の「上申書」を提出し、陳述では完全「転向」を偽装したという。この作戦が功を奏し、「いろいろ反対があったらしいにも拘らず」、裁判長は福本の釈放を決定した。ただし、「出獄後といえども、保護観察官《ママ》と憲兵と県警察官とに、入れかわり立ちかわり、しつこく監視され、私はガンジガラメの束縛であった」という。

もう一人、「予防拘禁」に付せざると決定された長江甚成（時計修繕業）の場合をみよう。長江は三四年五月の共産党統一公判で懲役九年を科せられ、四一年三月に刑を終えた後、「保護観察」に付されていたが、一二月の開戦時の一斉検挙で拘禁されていた。四二年七月七日、東京刑事地裁検事局の上田次郎検事より獄中の徳田球一に現金などを差入れしたことなどを理由に、「一応転向を表明すると雖も、未だ完全なる思想的清算を遂げたりとは認め難く」として「予防拘禁請求」がなされた（東京刑事地裁検事局「予防拘禁請求理由通報」第四回、一九四二年七月三一日、「太田耐造関係文書」）。しかし、東京刑事地裁は次のように「転向」を認めて、「予防拘禁」に付さないという決定をした（年月日不明、笠松義資『予防拘禁制度に就て』）。

最近の心境を検すれば、本人は検挙以来大東亜戦争の成跡に接して其の甚しく共産主義者の予想に反せるに駭《おどろ》くと同時に、漸く成心を去りて祖国本然の面目を諦視するの必要を痛感し、斯くて思索を重ね読書研鑽甚《はなは》だ努めたる結果、竟に唯物的マルクス主義思想の非を覚《さと》りて共産主義を捨て、我が肇国の本義に徹して臣民の本分に終始せんと考うるに至りたること明確にして……再び共産主義の旧轍に逆転するが如きは其の甚だ少しと謂うの外なく、結局本人には保護観察に依りて其の危険を防止すること困難なる底《てい》の顕著なる再犯の虞ありとは認め難し

笠松判事はもう一人、安西一郎に対する大阪控訴院の「予防拘禁」に付さない決定をあげている。

「精神入替所」と「隔離所」

「予防拘禁」に期待されていた役割は、社会からの「隔離」と「転向」の促進であった。「予防拘禁」を所管する行刑局長となる直前に、正木亮は「予防拘禁所は被拘禁者を日本人として更生せしむるに足る修養場に、そして反抗をつづける者に対しては厳然たる隔離所として、且反抗を拋棄する人人に対してはむしろ心よい場所として設備する必要がある」(「予防拘禁所経営論」『刑政』、一九四一年七月、『治安維持法関係資料集』第四巻)と述べていた。この「修養場」を正木は「精神入替所」とも呼ぶ。その正木は行刑局長として予防拘禁所を視察した際、「司法当局として申しあげるが、治安維持法の罪を犯す惧《おそ》れ顕著なるものとして、当予防拘禁所に収容されている諸君に対しては、その首をチョン切ってもよいことになっている」と脅《おど》しつけたという(土屋祝郎『予防拘禁所』)。

笠松義資『予防拘禁制度に就て』によれば、一九四一年一二月からの実際の入所開始当時は対米英開戦という緊張もあって「隔離」的な性格が強かったが、多くが「準転向」者で「逃走の虞尠くなりたる結果」、「隔離

対策より被収容者の教化改善に移行し」、「予期以上の改善的効果を挙げ得るに至った」と評価された。収容者の思想状態を見ると、「非転向」は入所時には一三人であったが、四三年二月一日現在では六人に、「準転向」は三〇人が一七人に減る一方、「転向」は二〇人に増えている。そこで、笠松は実施後二年を経過した時点で、「予防拘禁制度は其の本質上、隔離処分なる強制手段を伴う一種の保護処分」と位置づけた。

未知の制度であったため、実際の運用はある程度、予防拘禁所の所長の裁量に任された。初代の所長となったのは名古屋地裁検事局の思想検事中村義郎（かつて東京保護観察所の輔導官）で、その意向を反映した「予防拘禁処遇細則」は第一条で「当所は被拘禁者をして国体の本義を自覚し、忠良なる日本臣民たらしむる為、之を指導錬成するを以て目的とす」とうたった。「昭和十八年度第一期計画」として「訓育」では、所長の「思想訓育」や職員による「国体の本義と臣民の道」などの講話が予定されていたが（笠松『予防拘禁制度に就て』）、実際の処遇方針としては「彼等に対しては転向を強要し、又求めようともしない」「唯じっと見て居る、見て居る内に彼等が過去の考え方を続けるようなことは断乎として絶対に是は許さない、そうでない観点から出て来るようなことは段々之を助長して行く」（一九四三年七月の東京控訴院管内思想実務家会同における中村所長の発言、『現代史資料』「治安維持法」）というものだった。

松本一三によれば、「収容者の訓育として、外部からは哲学者、仏教者、保護観察所長、司法次官、思想検事、その他さまざまの講師が招かれてやってきた。ところが、私が聞いた範囲では、どの講師も共産主義＝科学的社会主義や日本共産党の綱領、政策については一言もふれなかった。そうかといって、積極的に天皇制を礼讃する講話もなかった」。ただし、西ヶ谷徹と推測される思想検事は、ナチス・ドイツの強制収容所の視察談のなかで、数万のドイツ共産党員が軍需作業を課され、規律にそむく者には残忍なテロがおこなわれていることを話したという（「東京予防拘禁所の回想」）。

四五年六月の思想実務家会同で、船津宏刑事局長が「予防拘禁制度は其の制定当時予想せられたる所に比べ、必ずしも活発に運営せられ居るとは申し難い」（『季刊　現代史』第三号、『治安維持法関係資料集』第四巻）と述べるが、その主な理由は新治安維持法第三九条の再犯の「虞あること顕著」の判断の難しさにあった。この点は、四二年二月の臨時思想実務家会同で東京刑事地裁検事局からの「実際やって見ますと、裁判所の決定書には恰も判決書に於ける証拠説明と同程度の決定理由を記載されて居るのであります。随って実際上の運用に於て裁判所をして積極的なる決定を為さしめんが為には、相当明瞭なる積極的資料を必要とするような感を与えましたのであります」として、「予防拘禁の活用と云うことが、言うことは易くして、其の行うことが非常に困難」という発言にうかがえよう。

この会同では、思想検事が保護観察所長を兼ねる際の「予防拘禁」申立の困難さも指摘された。「保護観察」されている者が「予防拘禁」に付されることは、保護観察所による「教化善導」がうまくいっていないことを示すことになった（『思想研究資料特輯』九二）。

四五年六月の臨時思想実務家会同における船津刑事局長のおこなった「今後に於ける情勢の推移は、既に一旦予防拘禁に付するの要なしと認められたる者の中にも、更《あらた》めて其の要あるに至る者の無きを保し難く、予防拘禁対象者の増大が予想されるのでありますから、今後対象者の発見に付、一段の努力を致すと共に、常に情勢の変化に留意し、戦時下に於て本制度の効果を最大限に発揮する様努力せられ度い」という指示は、「予防拘禁」における「隔離所」の役割が再び重大視されたということである。

戦局の悪化は、さらに予防拘禁所収容者を「勤労動員」に駆り立てようとした。四四年一一月の司法省「思想犯勤労輔導対策要綱（案）」には、「予防拘禁所の処遇を改善し、作業による思想指導を重視し、作業の内容は直接戦力増強に寄与するものとすること」（『資料日本現代史』「太平洋戦争下の国民生活」）が含まれている。これに関連してか、第二代の林隆行所長は砲弾の薬莢磨《やっきょうみが》き工場を作ろうとしたが、軍需作業に反対する収容者によって撤回に追い込まれた。

予防拘禁所からの退所

先の「北海道組」の一人、向曉《あきら》（全協小樽地区産別委員会で活動中、一九三一年に検挙、懲役二年執行猶予四年）は「保護観察」下においても左翼運動前歴者と交流し、左翼文献を読み、「転向の意欲」がないとして、一九四二年二月二三日に「予防拘禁」が確定し、三月七日に入所しているが、二年の更新を待たずに退所する。予防拘禁所はその「理由」を、次のように説明する（ほかに「仏道」への帰依）。

常に当所の訓育訓練に随順し、国体の本義を究明するに努めたる結果、己《おの》が分を尽す一々の善が其の儘鴻業を翼賛し奉り一に帰する所以なる万善同帰の理得、国体の本義に透徹する縁を見出し、今日に於ては小我を捨てて大我に生き、以て大東亜戦を戦い続け、最後の勝利に邁進し、以て国体の顕現に微力を致し度しとの熱意を披瀝し、出所後は堅実なる家庭生活を通じて応分の奉公の誠を尽す所存なりと述べ、日々の修練に精励し、思想言動共に醇化せられ、共産主義的色彩を認めざるに至れり

「在所中の成績」では、「（一）訓育訓練中に全幅の信頼感を以て臨み、内省修養に努む　成績良」、「（二）労作　内務雑役に従事し精励す　成績良」とあり（以上、笠松『予防拘禁制度に就て』）、「転向」が完全となり、予防拘禁所の「修養場」としての役割が果たせたという判断から向の退所を認めたということになる。しかし、土屋祝郎によれば「これはいわゆる北海道組に対する特別の措置」、すなわち本来収容されるはずのなかった者への「誤った法的措置」の是正だった。そして、四三年一一月、土屋自身も釈放されるが、予防拘禁所の門を出ても「解放感は全然なかった」（以上、『予防拘禁所』）。その後はいずれも思想犯「保護観察」に移行する。

もう一人李白春《イ・ベクチュン》の「退所」理由は、訓育訓練の結果、「如何なる困難欠乏にも皇国臣民の一員として黙々努力し、自己の本分を尽し奉るべし」という段階まで至ったことに加えて、「祖国日本の理想たる八紘一宇《はっこういちう》の精神の下に朝鮮を愛することが祖先に報ずる所以にして、真に朝鮮を愛する者は真の皇国臣民たらざるべからずと結論に到達」したと判断されたからであった。「在所中の成績」では「訓育訓練に対し忠実なる誠意を示し、衆に範たり　成績優」、「行状」でも「民族的反感、嫉視《しっし》の片鱗なし」と高く評価されていた（笠松『予防拘禁制度に就て』）。

　これらの「釈放」について、松本一三は「こういう措置は一方では天皇の「御仁愛の精神」のほどを示すとともに、他方では残った収容者たちの「改悛」を促進する手段と見るべきであろう」としつつ、初代所長の持論であった「武士の情」を発露させたものでもあったろうと推測する。「これら六人の人びとは、あまりにも残酷な予防拘禁制度の犠牲者であったからである」（「東京予防拘禁所の回想」）。それは土屋の観測と照応する。山辺健太郎も「けっこう退所をどんどんさせていますね」と語っている（山辺「治安維持法の体験と考察」『季刊現代史』第七号）。

　六人以外にも二年の拘禁期間が終わり、完全「転向」し「再犯の虞」がないと判断されると、順次、退所となった。まず事前に予防拘禁所長は帰住地の検事と保護観察所長の了解を得た後、予防拘禁委員会と地裁検事局の検事の意見を求め、ついで司法大臣に許可を稟申し、許可となれば退所となるという手続きを踏む。退所式では全収容者を二階会議室に集合させ、所長が「退所を命ずべき旨を記載せる所謂卒業証書と賞品として国体の本義一冊を授与し」、退所者は答辞を述べた後、明治神宮・靖国神社を参拝し、「宮城を遥拝して帰住地に帰る」（笠松『予防拘禁制度に就て』）。

　二年の拘禁にもかかわらず依然として「再犯の虞あること顕著」な場合、検事の申立から裁判所の決定という手続きを経て「予防拘禁」が「更新」される。松本の場合、裁判所に呼び出され、「いってみると、そこは狭い事務室だった。私の前には洋服を着た裁判長、彼の両側には陪席判事が二人いた。弁護士はいない」。裁判長は「君は改悛していないんだな。それさえわかればいいのだ」と述べて、松本は抗議したものの、これで審査手続きは終わりとなった。その後、「更新」の「決定」を受ける（「東京予防拘禁所の回想」）。

天理本道の団野徳一（洋服仕立職人）は、「更新」の審査に際して、「並みいる裁判官を見据えながら」、「天皇が何が神様だ。人間ではないか。神様というものは天理本道の甘露台様（本道の創立者大西愛治郎の尊称）のほかにはない」と言い切ったという（今村英雄「忘れ得ぬ人々」『獄中の昭和史』）。

徳田・志賀・松本・山辺、団野、葉らを含め、最後まで予防拘禁所に収容されていた者は一七人であった。

Ⅵ

治安維持法体制の終焉

出獄し歓迎人の歓呼に応える、志賀義雄、黒木重徳、金天海、徳田球一（右から）
1945年10月

敗戦と治安維持法の継続

一九四五年八月一五日の敗戦を前に、特高警察は「非常措置要綱」にもとづき、視察内偵中の思想容疑者の一斉検挙を準備していたが、実際には発動に至らなかった。しかし、敗戦という事態に、内務省は「社会運動に対しては国家存立の根本たる我が国体に相反するが如きものにつき、之を取締るものとす」(「終戦前後措置」『治安維持法関係資料集』第四巻)という方針にそって治安維持法体制の存続を図った。新治安維持法の運用をそのまま継続し、わずかに宗教結社・集団と「私有財産制度」否認の結社については治安維持法の適用を止めるほか、新たな「予防拘禁」手続きを控えるという見直しをおこなうにとどまった。司法省とも協議がなされていたはずである。政府は九月二五日の閣議で「戦時法令の整理に関する件」を決定し、各省に報告を求めたが、一〇月一日付の司法省回答には「直に廃止すべきもの」として国防保安法などはあったが、治安維持法はどこにもなかった(「公文雑纂」、一九四五年、国立公文書館所蔵)。

特高警察による特別要視察人に対する視察内偵はより活発になされていたものの、新たな治安維持法違反事件は見出されていない。敗戦前には完全に封殺していた社会運動が再び動き出すことをもはや押し止めることはできなくなった。それは特高警察の機能不全が始まったことを意味する。もはや治安維持法違反を理由とする検挙・検束は、実質的に不可能になりつつあったといえるのではないか。

そのことは四五年八月末から九月にかけて、特高自体が報告する特別要視察人の「特異言動」にうかがえる。敗戦前には考えられなかった治安維持法廃止論が、各地で語られるようになった。八月二七日、佐賀県の藤原権太郎は「今後の政治はポツダム宣言に基き総てを為さねばならぬ。民主々義の擡頭に依り、現在の治安維持法は撤廃されねばならぬ」と、九月一日、秋田県の三浦雷太郎(旅館業)は「日本の特高警察は「ソ連のゲペウ」

と同質なるを以て、今後米軍の進駐と共に、日本の国体擁護の為の特高警察は今後全面的に解消なるとの事だ」と、さらに九月一八日、愛知県の畔柳《くろやなぎ》治之雄（左翼前歴者）は「社会党を地盤として議会に進出し、更に自由主義諸党と提携して議会の大多数を制し、治維法其他の無産階級弾圧諸法令の撤廃、広汎な社会政策の実施を要求するに至る」（『資料日本現代史』「敗戦直後の政治と社会②」）と語ったと報告されている。治安維持法の威力が急速に薄れ始めた。

後述するＧＨＱ「人権指令」による政治犯釈放では、一〇月上旬の時点で警視庁管下の警察署と福岡警察署の留置場に治安維持法違反の被疑者五人がまだ残っていた。おそらく敗戦後に釈放された者も多かったと思われる（司法省「昭和二十年十月四日付連合軍司令部発日本帝国政府宛覚書に基く司法省の措置に関する追加報告書」、一九四五年一〇月二二日、「太田耐造関係文書」）。

警察段階における新たな検挙は抑制されたものの、敗戦前から継続中の治安維持法違反の司法処理は一〇月四日の「人権指令」までつづけられた。司法処理という閉じられたプロセスのなかでは、まだ治安維持法は生きていた。

四五年八月一日に懲役一五年を求刑されていた神山茂夫は、六日から一七日にかけて最終弁論を展開するが、三一日の判決は懲役一〇年だった（神山『革命家』、一九五六年）。「中国共産党諜報団事件」として検挙されていた中西功の場合は、八月一五日に裁判が開始され、九月一一日に検事は死刑を求刑し、二八日に無期懲役の判決が下る（中西『死の壁の中から』、一九七一年）。

「はじめに」冒頭で取りあげた弁護士の能勢克男は、治安維持法は「すでにポツダム宣言によって、それを受諾した、その年の八月一五日いらい廃止されたはずなのに、ニッポンの官憲は、法律としての廃止の手続があるまでは、やっぱり生きて、法律としての効力をそなえているものとして取りあつかった。治安維持法によって、刑務所または、未決拘置所に収容していた者を、しゃく放しようとしなかった。それだけでなく、トウキョウ、オーサカなどの裁判所においては、新たに治安維持法によって、裁判をすすめ、二年三年の懲役刑の宣告を、平気でやっていた」(『人民の法律　現代史のながれの中で』)と指摘している。

大審院検事局・東京控訴院検事局・東京刑事地裁検事局・司法省刑事局の四者による連絡会議は戦時中から定期的に開催されていたが、八月一四日の後、しばらくおいて三〇日・三一日に開催された(刑事局思想課「連絡会議事録」、米軍没収資料マイクロ・フィルムOJ16)。三一日には地検から東京刑事地裁における神山に対する懲役一〇年の判決が報告されるほか、控検からは「長野地検捜査中の華人労務者徐強外四名に係る治安維持法事件の起訴稟請」に対して「起訴指令を為すべき意向」が示され、大審院検事局と刑事局の「同意」があった。この長野県の強制連行・強制労働の中国人の事件は五月に大審院検事局の井本台吉が出張して指揮していたもので、「八路軍の利益を図る意図を以て、日発発電設備の破壊及情報蒐集等を敢行し居りたるもの」とする。そこでは「中国共産党」を「国体」変革結社とみなして、控検では「懲役十五年より五年の範囲」の求刑を指示した。これらで見る限り、敗戦後も治安維持法違反事件に対する思想検察の厳罰姿勢は一貫している。

そして、横浜事件の予審や第一審の判決が大慌てで強行されたことは、前章の海野晋吉弁護士について述べるなかで触れたとおりである。また、未決勾留や予審が異常に長期間にわたった企画院事件でも東京刑事地裁の判決が急遽なされ、ほとんど無罪となったことも前述した。いずれも占領軍の容喙のないうちに司法処理を済ませてしまおうという、姑息な裁判の終え方だった。

敗戦後の治安維持を治安維持法体制の存続で図ろうとする司法省の方針下、治安維持法違反者に対する行刑や未決勾留も変わらなかった。それゆえに、九月二六日、豊多摩拘置所において三木清は獄死を余儀なくされた。三木の死が社会的な反響を呼んだことを受けてだろう、刑政局では一〇月一日付で各刑務所長に「治安維持法違反受刑者に関する件」を照会する。なお、東京拘置所では、後述するアメリカ人記者の求めに応じて、二日付で上告中の神山茂夫（懲役一〇年）や中西功（無期懲役）ら一八人の名簿を作成している。そのなかでロシア文学者の除村《よけむら》吉太郎と八木善二は三日に「勾留不必要」として釈放された（「治安維持法違反受刑者に関する綴」、「返還文書」、国立公文書館所蔵）。

治安維持法体制崩壊の予感

一九四五年八月一五日の豊多摩刑務所の様子を、内山弘正は「天皇の放送は五舎にも流され、独房できいた。その日から看守の態度が少し変り、話しかけてくるようになる」と回想する（「敗戦時の豊多摩刑務所」『獄中の昭和史』）。思想犯は独房生活を強いられていたため、八月一五日を境に劇的に状況が変化することはなかったと思われる。神山茂夫も「その頃、獄中の模様だけみていると、たいした変化はなさそうにみえた」という（『革命家』）。

一方、府中刑務所内に移っていた予防拘禁所の場合は、八月一五日で「様子はがらっと変る」。すでに非転向者を中心に予防拘禁所内に獄内組織を作ってさえいたが、山辺健太郎によれば、戦局悪化とともに「われわれの側が精神的な優位性を保っていた」。敗戦を機に拘禁されている側が主導権を握った。山辺は「まず、カギをはずしました。……敗戦になれば政治犯は釈放に決ってるんだ、自由にしてくれ、しないと責任になるぞ、将来は保証しないと、おどかしてやった」。外部からの面会も自由になり、「最初に来たのは朝鮮人だった。政治犯釈放の運動をやったのは、朝鮮人ですよ。日本人は怖がって、治安維持法でやられた連中でも怖がってなかなか来ないんです」という（以上、山辺「社会主義者の八・一五――予防拘禁所の中で」『季刊　現代史』第三号）。これが、一〇月三日の朝鮮人政治犯釈放委員会の金成功《キム・ソンコン》・金排録《キム・ベロク》の訪問を指すのかもしれない。その時、彼らは朝鮮人民共和国の樹立を告げ、一同で万歳をした（竹前栄治『占領戦後史』）。

志賀義雄も「この日以来所内の空気はガラリと変りました。わたしたちが収容所の自主的運営・管理をやったからです」と証言する（志賀「出獄前後のこと」『日本占領軍その光と影』上巻）。松本一三は「無条件即時釈放を要求する闘争」を開始し、九月一二日には岩田宙造法相に要求をつきつけるが、正式な回答はなかったという（松本「東京予防拘禁所の回想」）。

一方で、こうした時期に司法省側は金天海《キム・チョンへ》に対する「予防拘禁」の更新をおこなうために、思想検事を派遣するという挙に出ている（松本「東京予防拘禁所の回想」）。「予防拘禁」制度を廃止する意思は毛頭なかった。その治安維持法体制の存続を自明のこととする姿勢は、一〇月三日、山崎巌内相がロイター通信特派員に対して、「天皇制廃止を主張するものはすべて共産主義と考え、治安維持法によって逮捕される」と言明したことに通じる。岩田宙造法相も中国中央通信記者の「治安維持法即時撤廃論に対する所見」を問われて、「撤廃は考慮していないが、改正を加える必要はあると考え、既に具体的に考慮している」とするほか、「予防拘禁」収容者の釈放は考えていないと答えていた（以上、『朝日新聞』一九四五年一〇月五日）。

しかし、敗戦とポツダム宣言の受諾により、早晩治安維持法体制の改変や廃止がなされることを治安当局が予感していたことも事実である。なによりも横浜事件公判や企画院事件公判の拙速の収束自体がそれを物語る。一〇月四日の「人権指令」以前から、内務省や各府県警察部の庭先で特高関係の書類が大量に焼却処分されたほか、裁判所や検事局でも同様だった。海野晋吉弁護士は、八月下旬、横浜地裁検事局で書類を焼いているところを自身で目撃している。また、高田富与弁護士は裁判所側から思想裁判関係書類の処分を求めてきたと語っている。

「人権指令」発令と治安維持法の廃止

自らも軽井沢での五カ月半の軟禁生活を強いられたAFP記者でフランス人のロベール・ギランは、敗戦とともに東京に戻り、ジャーナリストとしての活動を再開するが、まもなく「ふしぎなこと」に気づく。東久邇内閣になって「いまや刑務所の扉は大きく開け放たれ、長期にわたってぶち込まれていた反戦・左翼の人びとが釈放される姿が見られた」一方で、そのなかに「共産党員はただのひとりも見つからなった」ことである。ギランのいう「あらゆる色あいの危険思想家がどっと吐き出された」という事実は、たとえば、横浜事件の周章狼狽した予審や公判の終結により、九月半ば頃までに被告たちが釈放されたことを指すのだろうか。ギランはまだ獄中に閉じ込められている共産党員の行方を探し出す。「共産党員はどこの刑務所にいるのか、人数はどれくらいいか。情報はほとんどなきにひとしかった」。

なんとか手がかりを求めて府中刑務所にいることを突き止めると、「参謀本部から派遣されていた将校というふれ込みで、軍服を着込み、米軍の司令部専乗用車で乗りつけて、まっすぐに所長に会いに行った」。所長は否認した。ギランらは施設内を探索し、「監房の列の果て、巨大な錠前がおろされた、一段と大きい扉」を開けさせ、「柿色の囚人服を着た男たち」を発見する。徳田球一は「われわれはコミュニストです！ 共産党のメンバーです！」と叫び、「わたしにつかまって踊り出した」。その後、一時間を超す「記者会見」をおこなった。このニュースはすぐに世界に発信された。フランスの新聞は「二人のフランス人記者、日本の内閣を倒す」という見出しで報じた（以上、ロベール・ギラン『アジア特電　過激なる極東』、一九八七年）。

一〇月三日、吉積浦四郎東京拘置所長は清原邦一司法省刑政局長に「米国人及新聞記者来庁の件」を報告している。二日午前、「所内の参観並に治安維持法違反収容者の数、及び其の身分関係の一切を明記したる調書の提出、並に収容者への個人的面会を要求」して来所したシカゴ・トリビューン社のクローミィー記者に対して、吉積は司法省の許可がないとして拒絶し、刑政局に電話で報告した。午後になって刑政局が許可を出したため、記者はGHQ報道部付下士官を同道して来所、拘置所側では収容者名簿を作成して提供するほか、四人の収容者と面会をしていったという内容である。面会者には中西功もいた（「治安維持法違反受刑者に関する綴」）。神山茂夫によれば、「彼らが帰った直後には、近日中に「解放宣言」があるという話があったこともつたわってきた」（『革命家』）。

すでにCIC（対敵諜報部）では警視庁特高部を臨検するほか、警視庁や内務省警保局幹部を訊問していた。三木清の獄死を契機に、特高警察廃止や政治犯釈放の声が内外で高まりつつあった。そうしたタイミングで、日本政府の治安維持法体制の存続方針に業を煮やしたGHQ／SCAPは、一〇月四日夕方、いわゆる「人権指令」を発した。

ポツダム宣言に加えて、九月二二日の「降伏後に於ける米国の初期の対日方針」により「民主化」の障害となる「秘密警察」や治安法令の撤廃という明確なメッセージを発していたにもかかわらず、日本政府は上述のような戦前と変わらぬ治安維持法を基軸とする抑圧取締方針を堅持していたため、GHQ自らが「民主化」の第一弾を放つことになったのである。情報教育部長ダイク大佐は翌五日の背景説明で、「今回の命令は日本政府が自らの発意に基いて同様な改革を行う意思がないことが明白になって初めて発せられたものである」（『毎日新聞』、一九四五年一〇月六日）と語った。

ある程度は予測しながらも、「人権指令」はその内容の広範さと徹底度において日本政府にとって衝撃的であり、東久邇内閣は倒壊を余儀なくされた。もはや大枠では履行せざるをえないが、その過程でさまざまなサボタージュをおこない、抜け道を探し出し、来るべき治安体制再生と復活に備えたことについてはかつて指摘した（拙著『特高警察』『思想検事』など参照）。

「人権指令」の骨抜きや緩和を画策しつつ、内務省では一〇月五日夜、各府県に特高警察機能の停止を通牒し、翌六日には各警察部の特高課・外事課の停止を指示した。同日には勾留・検束中の被疑者について「暴行虐待行為を絶対に禁止」（「千葉県特高関係書類」『資料日本現代史』2）し、七日にはそれら被疑者の即時釈放について検事局と協議せよと指示した。司法省では五日に刑事局長から検事総長・検事長・検事正宛に「政治犯の身柄釈放に関する件」を通牒し、八日には法相から「治安維持法、国防保安法其の他の思想関係法規の廃止に伴う思想関係の通牒及思想事務廃止の件」が訓令され、思想関係事務は廃止された。一五日、刑事局思想課と刑政局第四課（「保護観察」と「予防拘禁」を担当）は廃止となった（法務大臣官房『続司法沿革史』）。

治安維持法の廃止は、一三日に閣議決定後、天皇の裁可があり、一五日に公布・即時施行となる。同時に思想犯保護観察法なども廃止となるが、これらは勅令による廃止であった。

特高関係者では内相・警保局長以下、広義の特高警察のほぼ半分程度に相当する四九九〇人が罷免された。九日付の『毎日新聞』は「成可く転用を」という内務省警保局保安課長岡崎英城の談を載せているが、さまざまなかたちで潜在的な勢力の温存が図られた。

ともあれ特高は「解体」されたが、治安維持法体制を両翼として支えた思想検事については、GHQ側の理解不足もあり、罷免対象とならなかった。わずかに予防拘禁所長と保護観察所長を兼務したものだけが、「予防拘禁」制度と思想犯保護観察制度運用の責任をとって罷免となっただけであった。しばらくして、ゾルゲ事件などの主要な思想事件に関わった思想検事が公職追放となるが（能勢克男は「公職追放された思想検事を弁護士にすることは人権擁護という弁護士の使命から反対だ」と主張したという〔守屋典郎「留置場など」『回想の能勢克男』、一九八一年〕）、戦前の社会運動・思想の抑圧取締に対する司法の責任について、司法全体は頰かむりしてしまった。

社会もそれを問題視することはなかった。

「政治犯」の釈放

一〇月四日の「人権指令」を受けて、司法省・内務省は一〇日までに「政治犯」の釈放を実施しなければならなくなった。六日付の『朝日新聞』は「政治犯人三千名」という見出しで、その内訳を次のように報じる。

釈放される人々は受刑者中では岡邦雄氏以下約百五十名、裁判中の者では公判中三十四名、予審中十二名、逃亡中六名、捜査中の者では未決収容者二十三名、警察署拘置中五名、拘留《ママ》中止十三名、裁判中、捜査中を通じ保釈或は保釈責付により釈放されている者相当数あり、その他予防拘禁所収容者徳田球一氏以下二十名と、既に出所し、正常な生活を続けながら当局の適当な保護を受けつつある所謂保護観察中の者佐野学氏以下二千数百名を加えれば大体三千名に達する

同日付の『読売新聞』には「〝自由の灯〟に浴す　晴れて世に出る思想犯数千」とあり、九日付の『毎日新聞』では「思想犯で予防拘禁請求中の者を含み、不拘束中の者も入れれば数千名になろう」とある。後述するように「三千名」はかなり近い数字だが、「数千名」は不正確である。また、治安維持法違反の受刑者を「約百五十名」とするのは司法省からの情報提供のはずだが、やはり不正確である。この段階で司法省（行刑局）自身が正確な情報を持っていなかった可能性がある。

司法省は一〇月一五日に「人権指令」に対する司法省措置の報告を、さらに二二日にはその「追加報告」をGHQに提出している。ここでは後者によって「政治犯人の釈放並保護観察処分の解除」状況を見よう。治安維持法違反関係の釈放は二七二人で、未決勾留が五一人、既決が二二一人である。刑務所および警察署（未決勾留）別の一覧表が付されている。多い順に大阪刑務所の五一人、札幌刑務所三六人、宮城刑務所三〇人（い

ずれも既決）、東京拘置所二〇人（未決勾留）となる。網走刑務所は六人である。ほかに国防保安法違反などの外諜犯罪関係が七七人、言論等犯罪が九〇人の合計四三九人となっている（一〇月一五日時点の報告では三者の合計は三五三人）。

次に「人権指令」発令前の「連合国人及欧米中立国人の外諜及言論犯罪関係者」の釈放人員は三九人とされた（一〇月一五日時点の報告では二七人）。これとどこまで重なるのか不明だが、司法省「治安維持法受刑者に関する綴」によれば、七月一日現在調の「外国人被疑者一覧」「外国人被疑者一覧（支那人及満洲人）」「外国人受刑者一覧」「外国人受刑者一覧（支那人及満洲人）」があり、それぞれ三〇人、六八人（長崎県浦上支所の六人については「空襲に因り死亡の筈」〔原爆投下〕とある）、二〇人、一七人の名前や違反法令などを記載する。多くは国防保安法や軍機保護法違反だが、なかには治安維持法違反もある。なかでも、「外国人被疑者一覧（支那人及満洲人）」では四九人が治安維持法違反関連である。ゾルゲ事件で無期刑を受けたマックス・クラウゼンは、秋田刑務所に移送されていた。

四つの一覧に関連すると推測されるが、「此等非該当者に対しては連合軍最高司令部より引続き拘束するも差支えなき旨の指令有之候《これありそうろう》」とされている。とすれば、これらの日本人以外の「政治犯人」（合計一三五人）は、「人権指令」の「非該当者」＝対象外として存在しているのかもしれない。その後、どのように釈放されたのか不明である。

これらとは別に、軍法会議判決による治安維持法違反受刑者が海軍から二八人、陸軍から一人釈放されている（日本政府発連国軍総司令部宛覚書、一九四五年一〇月二三日、『治安維持法関係資料集』第四巻）。

司法省の一〇月二二日「追加報告」に戻ると、「保護観察」処分の解除人員は二〇二六人にのぼる（一〇月一五日時点の報告では一八九六人）。保護観察所別では東京の四五四人で最多で、大阪の二一〇人、名古屋の一四七人とつづく。

予防拘禁所からの釈放は一〇月一五日付の報告でなされており、一七人だった。徳田・志賀・金天海らの共産主義者一一人、三田村四郎、朝鮮独立運動の李康勲、天理本道二人と天理本道別派一人、それに灯台社信者の葉フミイである（新聞報道では葉を除く一六人）。

これらを総計すると、おおよそ二六〇〇人前後となる。これが「政治犯」釈放の実数に近いだろう。

一一五日付の報告では、「廃止機関に於ける一切の記録其の他の資料の安全保管」の措置が記されている。刑事局思想課では「思想関係の各種の通牒、事件簿、事件報告等一切の書類及図書」について詳細な目録を作成し、「厳重保管」しているという。一〇月六日には刑事局長の通牒で全国の裁判所・検事局に対して「思想関係の現存する事件記録、判決原本、資料、報告書等の一切の書類、図書及証拠物件」についての詳細な目録作成と、「厳重保管」を指示したとする。ただし、前述のように、おそらくこれ以前にそれらの多くはすでに焼却処分されており、思想犯罪処理の証拠隠滅が組織的に図られたと思われる。

治安維持法受刑者・被疑者の釈放と公判中被告の「免訴」

各地の刑務所や拘置所から一〇月一〇日までに治安維持法受刑者・被疑者は出獄した。横浜刑務所からは六日に一二人が釈放となった。千葉刑務所からも六日に一人が釈放となる（「治安維持法違反受刑者一覧表」、「返還文書」）。そして、七日の札幌刑務所からの釈放の様子を翌日の『北海道新聞』が、「鉄鎖から解放された人々帝国主義の鉄鎖」の見出しで、次のように報じた。

治安維持法の撤廃に伴い各地で政治犯人が続々釈放されているが、札幌刑務所からも七日午後三時一斉に釈放された、対米英開戦と同時に投獄された思想関係の山名正実氏（倶知安）ら十七名、宗教関係の伊藤馨牧師ら四名、朝鮮独立関係の柳江隆《リュ・カンリュン》氏ら十七名が政治犯人救援会代表森田氏および家族に迎えられ、いまこそ獲得した政治的自由に対する万歳を叫んで出所、道庁前の宿舎南部屋に入った、なお午後三時半には軍機保護法関係十八名も釈放された

豊多摩刑務所内の拘置所に勾留されていた内山弘正は、一〇月八日昼、神山茂夫を中心に「治維法関係者二十名ほどが集まって」、釈放が一〇日となるという所長に対して、「それなら、吾々はもう自由の身だ。すぐに各独房の施錠をはずせ」と要求し、「舎内の行き来が自由」になったと回想する。個別に九日午後から解放が始まり、翌一〇日朝に「もう一度拘置所に集まり、皆そろって門を出、解放を祝う」こととし、実行する（内山「敗戦時の豊多摩刑務所」『獄中の昭和史』）。

「人権指令」後も継続されていた治安維持法公判の被告は、治安維持法の廃止を理由に形式的に「免訴」の判決となる。横浜事件の細川嘉六は一一月の横浜地裁の判決において、人民戦線事件で上告中の山川均・鈴木茂三郎・加藤勘十は一一月の大審院の判決において「免訴」となった。また、前述の第七日基督再臨団《セブンスデー・アドベンチスト》事件の小倉指郎も、一〇月二七日、大審院で「免訴」判決を受けている。

法務省『第72刑事統計年報（裁判事件）』をみると、「罪名別　各審確定裁判（昭和21年）」の表中に「治安維持法」があり、第一審で「免訴」確定が一人、上告審（大審院）で「免訴」確定が一九人となっている。これは一九四六年におよんでなお形式的ではあるが、治安維持法公判がつづいており、合計二〇人が「免訴」判決を受けたことを意味する。大審院の場合は、「人権指令」発令前に被告側が治安維持法違反を不当・冤罪として上告していたはずであるが、それが無罪判決ではなく、裁判の打ち切りに等しい「免訴」判決で終わってしまうことは、多分に釈然としないものを残す。

あとがき

一九九六年に『治安維持法関係資料集』全四巻（新日本出版社）を編集し、第四巻にその解説として「治安維持法成立・「改正」史」を執筆してからすでに四半世紀が経過した。そこでは治安維持法の立案から成立、複数の「改正」の経緯についてはかなり明らかにしえたものの、運用の実態については十分な史料収集と考察ができていないという宿題が残された。

その後、思想検察への注目、特高警察による治安維持法の行政警察的運用への再考察、日本国外での治安維持法運用を担った外務省警察への注目、治安維持法廃止から破壊活動防止法成立に至る戦後治安体制の再興・確立過程への注目、そして治安維持法体制の犠牲の象徴といえる拷問死した小林多喜二を通して見えてきた抑圧取締の具体相への理解などは、治安維持法の全体像を明らかにするための手がかりや状況を整えてくれたように思われる。

二一世紀に入って、新たな治安体制の構築をめざす動きが活発となった。とくに「戦後レジームからの脱却」を掲げた安倍晋三政権によって、教育基本法「改正」、特定秘密保護法、安保関連法制、そして共謀罪法が立てつづけに成立し、施行に至った。それらは「現代の治安維持法」の機能をもつものであったがゆえに、そのつど、治安維持法の悪法ぶりの解明が不可欠という認識を深めることになった。

こうした現状の「よみがえりつつある戦時体制」のすぐ先には、治安維持法の成立百年の節目となる二〇二五年が迫ってくる。この状況に『治安維持法関係資料集』以来の宿題に取り組まなければという思いを強めていたとき、二〇一八年八月放送のＮＨＫのＥＴＶ特集「自由はこうして奪われた――治安維持法一〇万人の記録」の制作に協力を求められたことが、本書へと進む大きな後押しとなった。この放送の内容は、番組取材班の手によって『証言　治安維持法　「検挙者一〇万人の記録」が明かす真実』（ＮＨＫ出版新書、二〇一九年）として刊行された。治安維持法の二〇年の歴史全般を対象としたこと、治安維持法違反事件の諸統計を活用して運用の実態に迫ったこと、植民地朝鮮における運用を取りあげたこと、さらに現代と通底する治安法令という問題意識の下に制作されたことなどにおいて画期的だった。この番組制作の進捗状況を垣間見るなかで、あらためて治安維持法の全体像および細部の具体的実態について実は私も十分にわかっていないことを痛感した。

そこで、まずは日本国内における治安維持法違反事件の被疑者・被告人・受刑者らがどのような司法処分過程をたどって断罪されていったのかを最初の課題に設定した。警察、検察、予審の各取調において、さらに公判における審理を通じて、有罪確定後の行刑や保護観察・予防拘禁において何がなされていたのか、そもそもそれぞれの「現場」とはどういうものであったのかに焦点をあてた結果が本書となった。『資料集』の前掲解説のなかで「悪法の悪法たる由縁は、やはりその実態に即して明らかにしなければならない」と記したが、その思いは本書に引き継いだつもりである。

取り組み始めてすぐに感じたのは、判決文の読みづらさである。治安維持法違反事件に限らず、戦前の判決文全般にいえることだと思うが、段落なし句読点なしの長文に加えて、独特の法律用語・概念を駆使して法の厳密性を尊ぶ緻密さや堅牢さを誇って立ちはだかっているようだった。それらが現代人に難解であることは別としても、当事者の被告人、あるいは社会全般に理解させようという配慮をいっさい欠いていたといっても過言ではない。おそらく判決文が難解であれば難解であるほど、司法の権威が高まるという感さえあったのではないか。治安維持法の判決ではなおさらに空中楼閣を過剰なほどに組みあげて被告人の犯罪性の悪質ぶりを競うように、修飾過多の物々しい語句が並べられた。

悪文の典型のような判決文であったが、辛抱強く読み進めるなかで、それらが定型的な内容にもとづいていることが徐々にわかってきた。共産党についての定義が確立し、共産党やコミンテルンについての認識さえあれば目的遂行罪によってからめとることのできる論理が開発されると、そもそも「国体」変革および「私有財産制度」否認がなぜ処罰されなければいけないのかということは議論の余地がなくなった。この根源の問題に、もはや被疑者や被告人が取調の各段階や公判の審理において異議をとなえることはできなくなった。「国体」変革および「私有財産制度」否認に該当する「犯罪」であると特高警察や思想検事、判事が認定すれば、それだけで有無を言わせず断罪が可能となった。

治安維持法の定型的パターンにもとづいて適用すれば、あらゆる事例に対する司法処断がなしえることになり、拡張解釈が自在になった。少し工夫を要するのは、共産党やコミンテルンとそれらとはほど遠い労働運動や研究会・読書会などをどのように結びつけるかだった。特高警察においては拷問にものを言わせて「自白」を強要することで、思想検事や予審判事においては詐術をも用いて巧妙に調書を作成することでこれらの結びつけを可能にした。

このようにみてくると、やはり行きつくのは特高警察や思想検事、判事、そして行刑を担当する刑務官らを、その職務に駆り立てたものは何だったのだろうか、という疑問である。彼らは職務を嫌々ながらやっていたわけではない。むしろ使命感を燃やして、あるいは重大な責務と自覚して、治安維持法事件の司法処分を励行することに積極的であった。そこに駆り立てたものとは「国体」観念の信奉ないし呪縛ということになるが、それだけでは説明にならない。どのように「国体」観念を信奉するようになり、呪縛されていったのか、という問いに答えなければならないからである。この問題については、治安維持法の「国体」観念に即して別の機会に本格的に考えることにしたい。

そしてもう一つ浮上する疑問は、ここでは検事・判事に限るとするが、警察での拷問による自白の強要について彼らも暗黙裡に知っていたことは疑いない。そうした虚偽の調書をもとに司法処分をおこなっていくことができた彼らの心情はどうなっていたのだろうか、ということである。また、とくに治安維持法の運用の後半において、共産党とも、ましてやコミンテルンとは遥かに遠いところにある研究・サークル活動を治安維持法で断罪していくその心情はどうなっていたのであろうか。それらも「国体」の信奉を絶対視することから良心の痛みすら無縁であったといえば、それまでなのだが。ただ、本書でも言及したように、ごくわずかではあれ、軽微な事件に対する厳重処分に躊躇する司法官が存在したことが確かであるとすれば、なお大多数の司法官に蔓延した思考の停止および「国体」信奉や呪縛がどのようにもたらされたのかが追い求められねばならない。

最後に、治安維持法の悪法性はどこに求められるのだろうか。違法な捜査や拷問と詐術を駆使した取調にもとづく一連の司法処分に、そして法の恣意的な拡張解釈という運用に求められることはいうまでもない。それでは「国体」変革と「私有財産制度」否認を目的として組織された日本共産党への断罪は、治安維持法の悪法性という評価と切り離して考えることができるだろうか。同様に、朝鮮における民族独立運動は真に犯罪的で、弾圧されるのが当然だろうか。拡張解釈の一途をたどったから悪法であるのではない。そうした視点に立って、そもそも初発の時点から治安維持法が悪法であったことを明らかにしなければならない。

さまざまな経緯で図書館・文書館に所蔵されることになった治安維持法の主に司法処分にかかわる記録の探究が、本書成立のうえで大きな比重を占めています。それらの閲覧に便宜を図っていただいた法政大学大原社

会問題研究所、同大学図書館、同志社大学人文科学研究所、同大学神学部図書室、京都大学人文科学研究所図書室、明治大学図書館、東海大学図書館、早稲田大学中央図書館、小樽商科大学図書館、国立国会図書館憲政資料室、国立公文書館、新潟県立文書館、北海道立文学館、矯正図書館にお礼を申しあげます。

前述のNHK・ETV特集「自由はこうして奪われた――治安維持法一〇万人の記録」の制作にあたられた滝川一雅さんとの会話のやりとりからは、治安維持法の実態をどのように多くの方に伝えることができるかという点で、大きな刺激と示唆を得ました。ありがとうございました。

本書の刊行では六花出版の山本有紀乃さん、大野康彦さん、黒板博子さんのご尽力をえました。細部におよぶ行き届いたご配慮に心からお礼を申しあげます。

二〇二一年三月二七日

荻野　富士夫

《出典・所蔵》

はじめに　章扉『無産者新聞』第二一九号　一九二九年四月一五日

第Ⅰ章　章扉（右）JACAR（アジア歴史資料センター）Ref.B04013170400　日本共産党関係雑件　警視庁ニ於ケル共産党事件被告人聴取書2．佐野学（I-4-5-2-3_4）（外務省外交史料館）／（左）米国国立公文書館 RG242

第Ⅱ章　章扉『法律新聞』第四二八一号　一九三八年六月一三日

第Ⅳ章　章扉『赤旗』第二四号特別付録　一九三一年五月一七日／181ページ（右上）『ドキュメント　志賀義雄』五月書房／（左上）『新札幌市史』第五巻通史第五　上　二〇〇二年　札幌市／（右下）『北海タイムス』一九二八年一〇月二五日／（左下）『プロレタリア科学』日本共産党公判闘争傍聴記号　一九三一年一一月

第Ⅴ章　章扉・322ページ『ドキュメント　志賀義雄』五月書房

第Ⅵ章　章扉『ドキュメント　志賀義雄』五月書房

ら

わ

ま

や

は

な

さ

た

か

主要人名索引

あ

な

は

ま

や

ら

た

索引

主要事項索引

あ

か

さ

［治安維持法の歴史Ⅰ］

治安維持法《ちあんいじほう》の「現場《げんば》」——治安維持法事件《ちあんいじほうじけん》はどう裁《さば》かれたか

著者——荻野富士夫
発行日——二〇二一年五月二五日　初版第一刷
二〇二一年一一月二五日　初版第二刷
発行者——山本有紀乃
発行所——六花出版
〒一〇一-〇〇五一　東京都千代田区神田神保町一-二八　電話〇三-三二九三-八七八七　振替〇〇一二〇-九-三二三五二六
校閲——黒板博子
組版——公和図書デザイン室
印刷・製本——モリモト印刷
装丁——臼井弘志

著者紹介——荻野富士夫（おぎの・ふじお）
一九五三年　埼玉県生まれ
一九七五年　早稲田大学第一文学部日本史学科卒業
一九八二年　早稲田大学大学院文学研究科後期課程修了
一九八七年より小樽商科大学勤務
二〇一八年より小樽商科大学名誉教授
主な著書　『特高警察体制史——社会運動抑圧取締の構造と実態』せきた書房、一九八四年／増補版、一九八八年／増補新装版　明誠書林、二〇二〇年／『戦後治安体制の確立』岩波書店、一九九九年／『思想検事』（岩波新書）二〇〇〇年／『特高警察』（岩波新書）二〇一二年／『日本憲兵史』日本経済評論社、二〇一八年／『よみがえる戦時体制』（集英社新書）二〇一八年

ISBN978-4-86617-134-0　